suhrkamp taschenbuch
wissenschaft 2347

Anhand von Begriffen wie Dasein, Zeitlichkeit und Verkörperung und in Rückbesinnung auf eine Traditionslinie, die von Aristoteles bis zu Heidegger und Merleau-Ponty reicht, skizzieren Hubert Dreyfus und Charles Taylor ein radikal neues erkenntnistheoretisches Paradigma, das den Menschen als immer schon in direktem Kontakt mit der Welt begreift: einen robusten pluralen Realismus, der auch in ethisch-politischer Hinsicht einheitsstiftende Kraft hat. Es ist der endgültige Abschied von René Descartes – souverän inszeniert von zwei der bedeutendsten Denker unserer Zeit.

Hubert Dreyfus (1929-2017) war Professor für Philosophie an der Universität von Kalifornien, Berkeley, Mitglied der American Academy of Arts and Sciences und Träger zahlreicher Auszeichnungen.

Charles Taylor ist emeritierter Professor für Philosophie an der McGill University in Montreal und einer der einflussreichsten Sozialphilosophen der Gegenwart. Für sein Werk erhielt er zahlreiche Auszeichnungen, darunter 2008 den Kyoto-Preis, der als »Philosophie-Nobelpreis« gilt. Im Suhrkamp Verlag erschien von ihm zuletzt: *Das sprachbegabte Tier. Grundzüge des menschlichen Sprachvermögens* (2017).

Hubert Dreyfus
Charles Taylor

Die Wiedergewinnung des Realismus

Aus dem Englischen
von Joachim Schulte

Suhrkamp

Titel der Originalausgabe: *Retrieving Realism*
First Edition was originally published in English in 2015
by Harvard University Press.
Erstmals erschienen 2015 bei Harvard University Press.

Bibliografische Information der Deutschen Nationalbibliothek
Die Deutsche Nationalbibliothek verzeichnet diese Publikation
in der Deutschen Nationalbibliografie; detaillierte bibliografische
Daten sind im Internet über http://dnb.d-nb.de abrufbar.

suhrkamp taschenbuch wissenschaft 2347
Erste Auflage 2021

Umschlag nach Entwürfen
von Willy Fleckhaus und Rolf Staudt
Druck und Bindung: C.H. Beck, Nördlingen
Printed in Germany
ISBN 978-3-518-29947-0

Inhalt

Zum Gedenken an Samuel Todes

Vorwort

Die ersten Vorarbeiten zu dem vorliegenden Buch entstanden während eines gemeinsamen dreiwöchigen Studienaufenthalts am Bellagio Center der Rockefeller Foundation. Hier möchten wir der Stiftung dafür danken, daß sie es uns ermöglicht hat, den Weg zu diesem Buch einzuschlagen.

Danken möchten wir außerdem allen unseren Diskussionspartnern, vor allem den vielen Kollegen, die sich an der Dreyfus-McDowell-Debatte beteiligt haben.

Besonders unser Freund, Gegner und Sparringspartner Richard Rorty hat durch seine Einwände dazu beigetragen, unsere Argumentation zu verbessern. Sein vorzeitiger Tod hat ihn daran gehindert, die abschließende Fassung dieses Buchs kritisch zu kommentieren. Das ist freilich nur *einer* der vielen Gründe, warum wir ihn jetzt so sehr vermissen.

Ebenfalls gedenken möchten wir eines weiteren Freunds, nämlich Samuel Todes, dessen bahnbrechende Arbeiten unser Denken geprägt haben. Vielleicht kann dieses Buch dazu beitragen, die Aufmerksamkeit auf seine wichtigen Beiträge zu den hier erörterten Fragen zu lenken.

Danken möchten wir ferner Geneviève Dreyfus und Muhammad Velji für ihre unschätzbare Mitarbeit an der Herstellung der Druckvorlage; und Muhammad Velji sei nochmals ausdrücklich gedankt für die Erstellung des Registers.

Teile der ersten beiden Kapitel wurden bereits im 3. Kapitel des von Joseph K. Schear herausgegebenen Bands *Mind, Reason, and Being-in-the-World* (London: Routledge 2013) veröffentlicht.

1

Ein Bild hielt uns gefangen

»Ein *Bild* hielt uns gefangen.« So heißt es bei Wittgenstein am Anfang der Bemerkung 115 der *Philosophischen Untersuchungen.*[1] Damit bezieht er sich auf das eindringliche Bild vom Geist in seiner Welt, das der mit Descartes beginnenden erkenntnistheoretischen Tradition der Neuzeit innewohnt und zugrunde liegt. Indem sich Wittgenstein des Worts »Bild« bedient, möchte er zu verstehen geben, daß es sich hier um etwas anderes und Tieferes als eine Theorie handelt. Es ist ein weitgehend unreflektiert bleibendes Hintergrundverständnis, das auf diesem Gebiet den Kontext unserer gesamten Theoriebildung stellt und diese Theorien somit prägt. Die These ließe sich so interpretieren, daß sie besagt: Der von Descartes herkommende Hauptstrom des erkenntnistheoretischen Denkens ist in diesem nicht zur Gänze expliziten Bild enthalten und wird daher von ihm geformt. Dies wiederum sei eine Art von Gefangenschaft, denn das Bild habe uns daran gehindert, zu erkennen, was an der ganzen Denkrichtung auszusetzen ist. Da das Bild dermaßen einleuchtend, dem Common sense gemäß und

1 Ludwig Wittgenstein, *Philosophische Untersuchungen* (1953), Frankfurt/M.: Suhrkamp 2003, § 115. Der gesamte Text dieser Bemerkung lautet: »Ein *Bild* hielt uns gefangen. Und heraus konnten wir nicht, denn es lag in unsrer Sprache, und sie schien es uns nur unerbittlich zu wiederholen.« Im Rahmen unserer eigenen Erörterung wollen wir eher geltend machen, daß das Bild in unserer ganzen Denkweise – in unserer Art, die Welt zu objektivieren, und somit in unserer Lebensweise – und daher auch in unserer Sprache verankert ist.

unangreifbar zu sein scheint, seien wir mancherorts nicht dazu in der Lage, »uneingekapselt« zu denken.[2]

Wenn es gelänge, dieses Bild zu bestimmen, würde man einen gewaltigen Irrtum begreifen – so etwas wie einen Rahmenirrtum, der unsere Auffassung verzerrt und uns zugleich daran hindert, die wahre Natur dieser Verzerrung als solche zu erkennen.

Wir glauben, daß Wittgenstein in dieser Hinsicht recht hatte. In unserer Kultur ist ein gewaltiger Irrtum wirksam: ein effektives (Miß-)Verständnis dessen, was Erkenntnis eigentlich heißt, das auf vielen Gebieten unheilvolle Auswirkungen auf Theorie und Praxis nach sich gezogen hat. Um es in einer prägnanten Formel zusammenzufassen, könnte man sagen, daß wir das Erkennen als etwas *Vermittlungsgebundenes* (miß)verstehen. In ihrer ursprünglichen Gestalt ist diese Auffassung in dem Gedanken zum Vorschein gekommen, daß wir die äußere Wirklichkeit durch innere Vorstellungen oder Repräsentationen erfassen. So schreibt Descartes in einem Brief: »Ich bin sicher, daß ich von dem, was außerhalb meiner selbst ist, keine Erkenntnis haben kann außer durch Vermittlung der Ideen in meinem Inneren.«[3] Dieser Satz erhält seinen Sinn vor dem Hintergrund einer bestimmten Topologie von Geist und Welt. Die Wirklichkeit, die ich erkennen will, befindet sich außerhalb des

2 Tatsächlich sagt Wittgenstein an der zitierten Stelle, die Grammatik unserer Sprache führe uns das Bild unaufhörlich immer wieder vor und darum sei es so schwierig, dem Bild zu entkommen. Nach unserer eigenen Auffassung ist diese Ahnung von dem, was in der Grammatik steckt, in Wirklichkeit von einem komplexeren Element unseres Hintergrundverständnisses des Geistes, der Handlungsfähigkeit und der Welt abhängig. Es ist das Ziel des vorliegenden Buchs, die Erklärung dieses Abhängigkeitsverhältnisses weiterzutreiben.

3 René Descartes, Brief an Gibieuf vom 19. Januar 1642 (AT III, 474: »[...] assuré que je ne puis avoir aucune connaissance de ce qui est hors de moi, que par l'entremise des idées que j'ai eu en moi«).

Geistes; meine Erkenntnis dieser Realität ist im Inneren. Diese Erkenntnis besteht in geistigen Zuständen, die den Anspruch erheben, genau das, was draußen ist, darzustellen. Erkenntnis findet dann statt, wenn diese Zustände die Realität tatsächlich in richtiger und zuverlässiger Form wiedergeben. Zur Erkenntnis der Dinge gelange ich nur durch die Vermittlungsleistung (»par l'entremise«) dieser inneren Zustände, die wir als »Ideen« bezeichnen können.

Dieses Bild wollen wir aufgrund der Dezidiertheit des in dem entscheidenden Ausdruck »nur durch (die Vermittlung)« zutage tretenden Anspruchs als »vermittlungsgebunden« bezeichnen. In der Erkenntnis nehme ich mit der äußeren Realität gewissermaßen Kontakt auf, aber es gelingt mir nur durch Mitwirkung bestimmter innerer Zustände. Ein entscheidender Aspekt des Bilds, das hier als etwas Gegebenes vorausgesetzt wird und somit auf dem besten Wege ist, zu einem starren und unangreifbaren Kontext zu gerinnen, ist die Innen-außen-Struktur. Die Realität, die wir zu erfassen trachten, befindet sich draußen, während die Zustände, durch die wir sie erfassen wollen, ihren Ort im Inneren haben. Hier sind die vermittelnden Elemente »Ideen« – innere Vorstellungen oder Repräsentationen. Daher könnte man das Bild im Rahmen dieser Variante als »repräsentationales« Bild bezeichnen. Doch wie wir sehen werden, handelt es sich dabei nicht um die einzige Variante. Gegen diese spezifische Lesart sind Einwände erhoben worden, wobei jedoch häufig die tiefere Topologie übersehen wurde, die sowohl der anfangs gegebenen Lesart als auch den Einwänden den unbemerkt bleibenden Kontext liefert.

Gerade was diesen zuletzt genannten Gedanken betrifft, fällt es besonders schwer, ihm in überzeugender Weise Geltung zu verschaffen. In der heutigen Philosophie gilt Descartes in allen möglichen Hinsichten als vielfach widerlegter Denker. Bei der von ihm getroffenen Unterscheidung zwischen Innen und Außen stützte er sich auf eine drastische Abgrenzung zwischen physischen und psychischen Substanzen, und dieser Dualismus hat heute nur noch sehr wenige Verfechter. Außerdem erscheint das vermittelnde Element – also die Idee, dieser partikelhafte, der Introspektion zugängliche Bewußtseinsinhalt – den meisten zeitgenössischen Erklärungen des Erkenntnisbegriffs fragwürdig und (was noch schlimmer ist) irrelevant. Und diese Litanei der Ablehnungen ließe sich fortsetzen.

Dennoch ist uns etwas Wesentliches geblieben. Denken wir etwa an die »Wende zur Sprache«. Wollte man den Inhalt des Bewußtseins spezifizieren, dürften wir aus der Sicht vieler Gegenwartsphilosophen keine geistigen Bildchen heranziehen, sondern wir müßten uns eher an so etwas wie die Sätze halten, die von dem betreffenden Akteur für wahr gehalten werden – mithin an die Überzeugungen dieser Person (um es etwas umgangssprachlicher zu formulieren). Dieser Wandel ist zwar wichtig, aber er läßt die vermittlungsgebundene Struktur unangetastet. Das vermittelnde Element ist nicht mehr etwas Psychisches, sondern etwas »Sprachliches«. Daher darf es – im Sinne der cartesianischen Unterscheidung gesprochen – in gewisser Weise »draußen« bleiben, denn Sätze zirkulieren in der Öffentlichkeit und werden zwischen Sprechern ausgetauscht. In anderer Hinsicht jedoch stellen wir das gleiche Grundmuster von neuem her, denn das Fürwahrhalten des Satzes ist ein Faktum, das einzelne Sprecher und deren (oft unausgesprochene) Gedanken betrifft: Die Realität ist dort draußen, und das Fürwahrhalten ist im Inneren des Geistes. Über Erkenntnis verfügen wir, wenn diese Überzeugungen (diese für wahr gehaltenen Sätze) in zuverlässiger Weise mit der Wirklichkeit übereinstimmen. Zur Erkenntnis gelangen wir durch die Überzeugungen. (Erkenntnis – also Wissen – ist »begründete, wahre Überzeugung«.)

Oder nehmen wir uns die Hinwendung zum Materialismus vor: Den cartesianischen Dualismus bestreiten wir, indem wir eines der beiden Relata negieren. Demnach gibt es keine »geistige Substanz«; alles ist Materie, und das Denken selbst entspringt dieser Materie. Das ist ein Standpunkt, wie er beispielsweise von Quine vertreten wird. Doch in diesem neuen metaphysischen Rahmen errichtet Quine ein ganz ähnliches Gebäude wie vorher. Unser Wissen erreicht uns durch »Oberflächenreizungen« an jenen Stellen unserer Sinnesorgane, an denen die diversen Reize aus der Umwelt aufprallen. Sie sind es, die die Grundlage unserer Erkenntnis bilden. In anderen Fällen faßt Quine die unmittelbare Beschreibung des Aufprallenden – die Beobachtungssätze – als grundlegend auf, und die Errichtung des Gebäudes der Wissenschaft erfolgt nach seiner Auffassung unter der Bedingung, die zeigt, wie es kommt, daß die (meisten dieser) Beobachtungssätze tatsächlich zutreffen. Bei der einen wie bei der anderen Lesart ist in diesem Fall eine vermittlungsgebundene Struktur (»ausschließlich hierdurch«) gegeben. Bei der These der Unbestimmtheit der Übersetzung stützt sich die Begründung ebenso wie bei der Ungewißheit des Bezugs und der Mannigfaltigkeit der wissenschaftlichen Erklärungen auf Überlegungen, wonach die Entscheidung zwischen verschiedenen ontologischen oder wissenschaftlichen Postulaten stets unterbestimmt bleiben wird, sofern man bei diesen grundlegenden Ausgangspunkten ansetzt.

Hier, das heißt im Rahmen dieser »naturalisierten Erkenntnistheorie«, wird dem »Inneren« ein materialistischer Sinn gegeben. Unsere Kenntnis der Außenwelt gelangt »durch« die Sinnesorgane ins Innere, und somit bestimmen diese Rezeptoren die Grenze – wenn auch nicht in »metaphysischer«, sondern in »wissenschaftlicher« Weise. In ähnlicher Form wiederholt sich die cartesianische Struktur, wie wir sehen, bei verschiedenen Mutmaßungen über ein Gehirn im Tank, das, solange es von einem teuflischen Wissenschaftler mit Input versorgt wird, durch diese Täuschung zu der Überzeugung gebracht werden könne, eigentlich sei es das Gehirn im Körper einer in der Welt handelnden Person. Früher machte sich die Erkenntnistheorie Sorgen wegen der Möglichkeit, ein böser Dämon könne bei gleichbleibendem Bewußtseinsinhalt den Input steuern, so daß sich die Welt verändern könnte, ohne daß wir Kenntnis davon erlangten; und genauso ist es auch heute, wenn unsere Zeitgenossen Drehbücher für einen strukturell ähnlichen Alptraum verfassen, der sich freilich auf das Gehirn bezieht. Da das Gehirn die kausale Grundlage des Geistes sein soll, ist es inzwischen zum materiellen Stellvertreter des Geistes avanciert. Bei dieser Transposition in die »materialistische« Tonlage bleibt die vermittlungsgebundene Struktur ebenso erhalten wie die (jetzt von dem teuflischen Wissenschaftler gesteuerte) vermittelnde Input-Schnittstelle – sie bleibt also ebenso erhalten wie dieser vergleichbare *Ausschließlich-hierdurch*-Anspruch.

Fragt man den Vertreter der Gehirn-im-Tank-Hypothese, warum er sich auf das Gehirn kapriziert, wird er eine Antwort geben, die in etwa darauf hinausläuft, daß das Denken in einem Verhältnis der »Supervenienz« zum Gehirn stehe. Aber woher weiß er das? Woher wissen wir, daß man, um herauszubekommen, was wir unter Wahrnehmung und Denken verstehen, nicht mehr braucht als nur das Gehirn – vielleicht das Gehirn plus das Nervensystem, vielleicht aber sogar den gesamten Organismus oder (was wahrscheinlicher ist) den gesamten Organismus in seiner Umwelt? Die Antwort lautet: Niemand weiß es. Die Gehirn-im-Tank-Hypothese erscheint nur deshalb plausibel, weil die vermittlungsgebundene Struktur so einleuchtend wirkt, also weil wir Gefangene des in der neuzeitlichen Erkenntnistheorie enthaltenen Bilds sind, das verlangt, etwas müsse die Rolle des »Inneren« spielen.

Betrachten wir eine weitere Transposition, nämlich die kritische Wende. Gemeint ist hier der von Kant in Gang gebrachte Wandel. In diesem Fall besteht die Grundbeziehung nicht mehr zwischen der bildähnlichen inneren Repräsentation oder Vorstellung und der äußeren Wirklichkeit. Vielmehr ist es bei Kant oft so, daß das, was bei ihm »Vorstellung« heißt, das gleiche zu sein scheint wie die äußere (empirische) Realität. Aber auf jeden Fall ist es so, daß der Stoff der Anschauung bei Kant in einem anderen Sinn »von außen« kommt, denn im Gegensatz zu dem, was von den durch unseren Geist hervorgebrachten Kategorien geprägt wird, handelt es sich um etwas, was wir empfangen, sobald wir von Dingen »affiziert« werden. Hier nimmt der *Ausschließlich-hierdurch*-Anspruch eine ganz andere Form an. Nur durch die Formung mittels der Kategorien gelingt es, daß uns die Anschauungen mit Gegenständen versorgen – und daß es überhaupt Erfahrung und Erkenntnis gibt. Ohne die Begriffe, die wir selbst beisteuern, wäre die Anschauung »blind«. Ausdrücke wie »innen«, »außen« und »ausschließlich hierdurch« nehmen in Kants Schriften allesamt neue Bedeutungen an (ja, im Fall der beiden zuerst genannten handelt es sich um mehr als nur *eine* Bedeutung). Aber die Grundstruktur bleibt erhalten. Daß sich die Kontinuität hier als bedeutungsvoll und schicksalsträchtig erweist, wird an einem späteren Punkt unserer Erörterung deutlich werden.

Es ist bereits abzusehen, daß das zugrundeliegende Bild der Erkenntnistheorie nach wie vor sehr viel mehr Gefangene in seiner Gewalt hat, als die Kritiker des cartesianischen Dualismus, des Mentalismus oder des »Fundierungsgedankens« normalerweise einsehen. Ja, gerade viele dieser Kritiker werden von ihm gefangengehalten. Später wird deutlich werden, daß sogar etliche von denen, die sich selbst als

Vertreter der »Postmoderne« bezeichnen, dem Kerker nicht entronnen sind. Das wird, wie wir hoffen, an einer späteren Stelle der Argumentation offenkundig werden. Fürs erste sollte jedoch der Gedanke daran genügen, daß es in der Tradition nicht an diversen Formen der Skepsis mangelt, die unsere geistigen Kräfte und die Reichweite der Wissenschaft in Frage stellen. Entstanden ist diese Tradition aus einer antiskeptischen Argumentation (Descartes), und sie hat sich an manchen Wendepunkten der Skepsis zugewandt (Hume – ganz zu schweigen von Quines ontologischer Relativität). Die Frage, warum es so hat kommen müssen, wird an späterer Stelle besprochen werden. Einstweilen müssen wir uns mit den in den vorigen Absätzen gegebenen Hinweisen auf eine gewisse Tiefenkontinuität begnügen.

1

Der Zusammenhang zwischen Skepsis und neuzeitlicher Erkenntnistheorie liegt – in den Schriften Descartes' – von Anfang an auf der Hand. Descartes bedient sich der Skepsis, wie man vielleicht sagen könnte, nicht zur Förderung der Pläne des Skeptikers, sondern zur Begründung seiner eigenen Topologie des Ichs, des Geistes und der Welt. In der ersten seiner *Meditationen* wird der Leser mit der vollen Wucht des ganzen Arsenals skeptischer Argumente bombardiert. Anders als bei den antiken Denkern oder bei dem zeitlich viel näheren Montaigne geht es nicht darum, uns zu der Einsicht zu bringen, wie wenig wir wissen. Im Gegenteil, die Argumentation mündet schließlich in besonders waghalsigen und weitreichenden Gewißheitsansprüchen. Der strategische Sinn dieser Anfangsargumente liegt darin, daß wir gezwungen werden sollen, zwischen Innerem und

Äußerem, zwischen der Realität des Körperlichen und der Realität des Bewußtseinsinhalts zu unterscheiden. Sobald wir erkennen, wie leicht unsere angeblich zuverlässige Kenntnis der äußeren Wirklichkeit von skeptischen Argumenten angefochten werden kann, und sobald wir später einsehen, daß der Inhalt unserer eigenen »Ideen« dasjenige ist, was wir nicht bezweifeln können, werden wir für immer kuriert sein von jener konfusen Verschleifung des Körperlichen und Geistigen, die sich aus der Vereinigung der Substanzen Körper und Geist ergibt, zugleich aber die Hauptquelle des unklaren und wirren Denkens darstellt.

Dieser bedeutende Unterschied in der strategischen Zielsetzung markiert die Trennung zwischen Descartes und jenen Autoren, die bei der Ersten Meditation Pate standen, also den Denkern der Antike und der pyrrhonischen Tradition. Dadurch, daß Descartes ihre Argumente absorbiert hat, ist in Vergessenheit geraten, wie sehr sich ihr Unterfangen von seinem eigenen Vorhaben unterschied, obwohl einige Beinahezeitgenossen wie Montaigne der gleichen Denkrichtung verhaftet waren wie die antiken Philosophen und obwohl diese ältere Denkweise, wie man hinzufügen könnte, später bei Hume eine partielle Rettung erfuhr.

Der antiken Skepsis ging es vor allem um den Nachweis, wie wenig man eigentlich zu wissen beanspruchen darf. Zu jedem Typus von Wissensanspruch gebe es eine Gegenthese, die sich allem Anschein nach mit der gleichen Plausibilität vertreten lasse: Glauben wir, daß wir der Existenz materieller Gegenstände in unserer Umgebung sicher sein können? Nun, wie steht es da mit dem Stock, der in Wasser getaucht krumm aussieht? Und so weiter. In allen diesen Fällen zeigt das Nachdenken, daß die Frage letztlich unentscheidbar ist. *Isosthenaia* regiert – das heißt, beide Seiten sind gleich schwach. Also ist wirkliche Erkenntnis ausgeschlossen.

Welchen Sinn hat es, dergleichen deutlich zu machen?

Unser Ziel im Leben ist der Seelenfrieden – ein Zustand der *ataraxia* oder Unerschütterlichkeit. Doch um dieses Ziel zu erreichen, müssen wir unrealisierbare Vorhaben – wie das einer sicheren Wissenschaft – aufgeben. Aber brauchen wir denn nicht ein gewisses Maß an Kenntnis der Dinge, um unser Leben überhaupt führen zu können? Nach den Geschichten über Philosophen zu urteilen, die gegen Mauern rannten oder in Brunnen fielen, ist mit dieser Frage ein kritischer Einwand genannt, der Nichtphilosophen in der antiken Welt häufig in den Sinn gekommen zu sein scheint. Die Antwort des Skeptikers lautet, daß uns mit der Art und Weise, in der uns die Dinge erscheinen, schon alles gegeben ist, was wir brauchen. Sofern wir uns an diese Erscheinungen halten, wird uns im Regelfall nichts passieren. Wir brauchen nicht auch noch nach wissenschaftlicher Gewißheit darüber zu streben, daß die Erscheinungen auch tatsächlich der »Wirklichkeit« auf der Spur sind.

Nicht nur brauchen wir dergleichen nicht und nicht nur wird es uns unnötig aufregen, wenn wir es vergeblich zu erreichen versuchen, sondern darüber hinaus gilt, wie Sextus geltend macht: Solche Erkenntnis würde, wenn wir ihrer habhaft werden könnten, bloß unseren Seelenfrieden stören. Nach seiner These führt jede Überzeugung, der zufolge etwas von Natur aus gut oder schlecht sei, zu Unruhe, indem sie den Wunsch danach aufkommen läßt, sobald wir die betreffende Sache entbehren, und Verlustängste auslöst, sobald wir sie besitzen. Natürlich kann es vorkommen, daß wir frieren oder Durst haben, aber man macht die Dinge nur noch schlimmer, wenn man meint, es liege im Wesen des erlittenen Schadens, daß er ein Übel darstelle.[4]

Was diese Argumente leisten, ist folgendes: Sie bewerk-

---

4 Leo Groarke, *Greek Scepticism: Anti-Realist Trends in Ancient Thought*, Montreal: McGill-Queen's University Press 1990, S. 134.

stelligen so etwas wie eine Bekehrung, durch die man das Stadium des eifrigen Wahrheitssuchers hinter sich läßt und die Fähigkeit erlangt, das Urteil in der Schwebe zu lassen, um sodann ein Leben ohne wissenschaftliche Gewißheit – *adoxastas* – zu führen.

Es geschieht leicht, daß die »Erscheinungen«, auf die man sich hier beruft, mit den Cartesischen »Ideen« gleichgesetzt werden. Das ist jedoch, wie Burnyeat darlegt, ein Irrtum.[5] Der Grund liegt darin, daß »Erscheinungen« keine ontologisch definierte Klasse bilden, die den Realitäten gegenüberstünde. Sie ähneln nicht so sehr einem geistigen Gehalt bestimmter Art, sondern eher einem momentanen So-Aussehen der Dinge. Eigentlich ist es nicht einmal nötig, dieses So-Aussehen überhaupt im Geist anzusiedeln. Daß der ins Wasser getauchte Stock gekrümmt aussieht, könnte man ebensogut als ein Merkmal der ins Wasser getauchten Stöcke auffassen. Eine weitere Möglichkeit wäre die, daß die Art und Weise, in der wir als beseelte Körper Kälte, Wärme, Schmerz usw. empfinden, als Erscheinung gilt. Wenn von *phainomena* bzw. *phantasiai* die Rede ist, heißt das nicht immer, daß Sinneswahrnehmungen (*aisthêta*) gemeint sind. Denn darunter fällt beispielsweise auch die *phantasia*, daß nicht alle *phantasiai* wahr seien, sowie die Schlußfolgerung der skeptischen Argumentation, wonach alles relativ sei.[6]

Diese Unterscheidung bezieht sich auf den vermuteten epistemischen Rang des So-Aussehens der Dinge und damit

5 Hier stützen wir uns vor allem auf die Ausführungen von Myles Burnyeat in »Can the Skeptic Live His Skepticism?« (in: ders., *Explorations in Ancient and Modern Philosophy*, Band I, Cambridge: Cambridge University Press 2012, 205-235) sowie »Idealism and Greek Philosophy: What Descartes saw and Berkeley missed« (in: ebd., 245-275).

6 Burnyeat, »Can the Skeptic Live His Skepticism?«, 217f.

auf die Frage, ob sie jemals den Ehrentitel der echten Erkenntnis verdienen. Daß die *phantasiai* eine bestimmte Art von Entitäten bilden, ist damit keineswegs nachgewiesen. Doch genau darin besteht das Unterfangen, auf das sich Descartes einläßt. Für seine Argumentation ist es entscheidend, den Nachweis dafür zu erbringen, daß die »Ideen« eine bestimmte Art von inneren, mentalen Entitäten bilden, die sich von den äußeren insofern abheben, als sie in bestimmten Hinsichten gegen skeptische Einwände gefeit sind. Es ist ein wichtiger Schritt des Cartesischen Gedankengangs zu zeigen, daß es möglich ist, im Hinblick auf Erscheinungen über gewisse Erkenntnis zu verfügen. Das ist der Grund, warum die ontologische Unbestimmtheit des antiken Begriffs der *phantasia* einer Klärung zugeführt werden muß. Daß ich Kälte, Wärme oder Schmerzen empfinde, muß in ontologischer Hinsicht aufgespalten werden in einen äußeren, physischen Zustand der niedrigen oder hohen Temperatur bzw. der Gewebeschädigung einerseits und einen inneren, rein mentalen Eindruck andererseits. Descartes ersetzt die herkömmliche, aus der Antike stammende Topologie der Seele mit ihrer Dreiteilung in *aisthêsis*, *phantasia* und *nous* (Wahrnehmung, Vorstellung und Verstand) durch das neue Einkammersystem, in dessen Rahmen alles zusammen erscheint. Nach Rortys Beschreibung handelt es sich hier um die »Idee eines einzelnen inneren Raumes, in dem körperliche und perzeptuelle Empfindungen [...], mathematische Wahrheiten, moralische Regeln, die Idee Gottes, depressive Stimmungen und die übrigen, heute ›mental‹ genannten Vorgänge Objekt der Quasibeobachtung waren«.[7]

---

7 Richard Rorty, *Philosophy and the Mirror of Nature* (1979), Princeton, NJ: Princeton University Press 2009, 50 (übers. von Michael Gebauer: *Der Spiegel der Natur*, Frankfurt/M.: Suhrkamp 1987, 63 f.).

Das entspricht dem neuen Oberbegriff *cogitare* (oder *penser*), unter den nun der gesamte Bereich der psychischen Zustände fällt: »Ein denkendes Ding. Was ist das? – Ein Ding, das zweifelt, einsieht, bejaht, verneint, will, nicht will, das auch bildlich vorstellt und empfindet.«[8] Die Sinne und die Vorstellungskraft werden nun insofern unterschieden, als sie die Quelle einiger, aber nicht aller *cogitationes* sind. Die Einsicht in diese Sachlage zeigt uns, wie wir mit diesen *cogitationes* umgehen und inwieweit wir uns auf sie verlassen sollten. Es gibt allerdings nur *einen* Ort, an dem sie alle erscheinen.

Ebendarum ist dieser *eine* Ort grundverschieden vom Leib, an dem die Orte der antiken Auffassung anhand des höheren oder geringeren Grades der Durchdringung unseres körperlichen Daseins auseinandergehalten wurden. Jetzt haben wir es mit der Begründung einer neuen und radikalen Form von Dualismus zu tun, mit Bezug auf die wir in den folgenden Stadien unseres Gedankengangs von der »dualistischen Einteilung« sprechen wollen.

Warum ist das für die Cartesische Strategie von Belang? Der Grund ist folgender: Es gelingt uns, eine Art von Entitäten zu isolieren, mit Bezug auf die wir Gewißheit beanspruchen können, indem wir zunächst die Ideen als eine spezielle Art von Dingen abtrennen, deren *esse* nichts anderes ist als *percipi* – das heißt, deren grundlegender Existenzmodus darin besteht, daß sie uns »im Inneren« erscheinen. Damit wird dem skeptischen Fäulnisprozeß – dem unaufhörlichen Rückzug vor dem faktischen Eintritt der *isosthe-*

8 »Qu'est-ce qu'une chose qui pense? C'est-à-dire une chose qui doute, qui conçoit, qui affirme, qui nie, qui veut, qui ne veut pas, qui imagine aussi, et qui sent.« René Descartes, *Meditationes de Prima Philosophia*, 2. Meditation, 8 (übers. von Gerhart Schmidt: *Meditationen über die Erste Philosophie*, Stuttgart: Reclam 1986, 87).

neia – Einhalt geboten. So kommen wir zu einer festen Grundlage und können sagen: »Zumindest *dies hier* steht unbezweifelbar fest.« Das wiederum hat den Sinn, daß es uns eine Grundlage verschafft für die Rückkehr und anschließende Rückeroberung eines Teils jenes Territoriums, das in der Ersten Meditation scheinbar abgetreten wurde. Hier findet Descartes – so ähnlich, wie General MacArthur seine Zuflucht in Australien fand – einen sicheren Hafen, von wo aus sein Rückkehrgelübde erfüllt werden kann. Denn auf dem Weg über das *cogito* und den anschließenden Beweis für die Existenz Gottes gehen wir aus von der unbestreitbaren Tatsache des Habens bestimmter Ideen, um dann fortzuschreiten zur Gewißheit im Rahmen einer wissenschaftlich etablierten Ordnung äußerer Dinge. Wie sich herausstellt, untergräbt sich die Skepsis selbst, sobald man sie benutzt, um den neuen Dualismus zwischen Innen und Außen und damit das neue Gebiet des Inneren zu begründen, dessen Inhalte gegen skeptische Einwände (angeblich) immun sind. Einen Plan, der noch weiter vom Vorhaben der antiken Denker (oder Montaignes) entfernt wäre, kann man sich gar nicht vorstellen.

Damit ist einer der Gründe für die Erfindung dieser neuen Art von Entitäten – also der »Ideen« – genannt. Aber dieses Geschehen war seinerzeit doppelt überdeterminiert: Es kam nicht nur wegen der Rolle zustande, die es im Rahmen eines fundierungstheoretischen Unterfangens spielen sollte, sondern auch unter dem Einfluß der Mechanisierung des Weltbilds, die damals durch die Arbeiten von Galileo und anderen Vorkämpfern der wissenschaftlichen Revolution bewerkstelligt wurde. Die als Vorgang innerhalb der materiellen Natur aufgefaßte Wahrnehmung ließ sich am ehesten als Eindruck verstehen, der im Geist durch die umgebende Wirklichkeit hervorgerufen wird. Ideen werden, wie Locke es später formuliert, »durch die Einwirkung von sinnlich nicht wahrnehmbaren Partikeln auf unsere Sinne [in uns erzeugt]«.[9] So gesehen, ist die Idee die erste Wirkung, die dieser Vorgang des Aufprallens jener Partikel im Geist hinterläßt, also noch ehe irgendwelche Verknüpfungen oder Verbindungen hergestellt werden, die der Geist selbst herbeiführt. Die Idee ist das, was der Geist rein passiv empfängt – der auf ihn gemachte »Eindruck« (um den später von Hume eingeführten Ausdruck zu benutzen). Um es nochmals in der Terminologie Lockes zu formulieren: »Hierbei verhält sich der Verstand rein passiv; es hängt nicht von seinen Kräften ab, ob er zu diesen Anfängen oder Materialien der Erkenntnis [...] gelangt oder nicht.«[10]

Die mechanistische Erklärung konnte dieser Entität – dem passiven Eindruck – einen Ort zuweisen. Dementsprechend wurde diese Entität im Rahmen des kausalen Ansatzes definiert. Aber der strategische Ansatz, der auf das fundierungstheoretische Unterfangen abhob, bedurfte ebenfalls einer derartigen Entität. Diese bestimmte den Punkt, an dem das Projekt der fundierungstheoretischen Rekonstruktion der Erkenntnis ansetzen konnte. Dem strategischen Ansatz zufolge war die basale (von Locke später als »einfach« bezeichnete) Idee jener Inhalt, der seinerseits nicht als das Ergebnis einer Deutung oder Folgerung von seiten des Geistes interpretiert werden konnte. Denn andernfalls müßte man tiefer in die Deutungs- oder Folgerungsbasis

---

9 John Locke, *An Essay Concerning Human Understanding* (1690, 4. Aufl. 1700), II.VIII.13 (übers. von C. Winckler: *Versuch über den menschlichen Verstand*, Hamburg: Meiner 1981, 149). Im IV. Buch (Kapitel 11, Abschnitt 11) spricht Locke von *globules* (Korpuskeln).

10 Ebd., II.I.25 (Übers., 126). Siehe auch die Stelle II.XXX.2, an der Locke sagt, der Geist verhalte sich »hinsichtlich seiner einfachen Ideen völlig passiv« (469), sowie die Stelle II.II.2 (127), wo er ausführt, es liege nicht in unserer Macht, eine einfache Idee zu erschaffen oder zu zerstören.

hinabgraben, um zu einem festen Fundament zu gelangen. Vom Standpunkt des kausalen Ansatzes wurde diese identische Idee als etwas rein passiv Empfangenes, als bloßer Eindruck aufgefaßt. Das vor jeder Deutung Gegebene und das passiv Empfangene vereinigen sich sodann als die beiden Seiten ein und derselben Entität – als zwei Möglichkeiten der Beschreibung ihrer eigentlichen Natur. Kausale Passivität und Freiheit von jeglicher Deutung werden als zwei Beschreibungen desselben Zustands angesehen. Das ist die Grundlage dessen, was später als »Mythos des (bloß) Gegebenen« bezeichnet wurde,[11] sowie aller Verwechslungen zwischen dem »Raum der Ursachen« und dem »Raum der Gründe«, die damit einhergingen. Außerdem läuft die Sache auf eine Verdinglichung des Denkens hinaus.[12]

---

11 Diese Formulierungsweise stammt von Wilfrid Sellars. Siehe die Abhandlung »Empiricism and the Philosophy of Mind« (1956), abgedr. in: Sellars, *Science, Perception, and Reality*, London: Routledge & Kegan Paul 1968, 127-196, hier: 196; separate Neuausgabe Cambridge, MA: Harvard University Press 1997 (übers. von Thomas Blume: *Der Empirismus und die Philosophie des Geistes*, Paderborn: Mentis [2]2002, 106).

12 Das wird nirgends deutlicher als bei Locke, der die Metapher des Bauens aus gegebenen Materialien im Zuge seiner Erläuterung der Verfahrensweise des Geistes bis zum Äußersten treibt. Für ihn sind Ideen »Baustoff« (*materials*), und er sagt, »wie kunstreich und geschickt [die Macht des Menschen] auch gehandhabt werden möge, reicht [sie] nicht weiter als bis zu der Zusammensetzung und Zerlegung des ihm in die Hände gelieferten Materials« (II.II.2 [128]). Nachdem Locke über die Bildung komplexer Ideen aus einfachen gesprochen hat, fährt er fort und schreibt: »Hieraus erhellt, daß die Kraft des Menschen und die Methoden, mit denen er operiert, in der intellektuellen Welt annähernd die gleichen sind wie in der materiellen. Auf beiden Gebieten nämlich hat der Mensch über die Materialien keine Gewalt; er kann sie weder schaffen noch vernichten; alles, was er tun kann, besteht darin, daß er sie entweder miteinander vereinigt, sie nebeneinanderstellt oder vollkommen trennt« (II.XII.1 [186]).

2

Die dualistische Theorie der Repräsentation – diese Theorie der Erkenntnis als einer inneren Abbildung der äußeren Realität –, die sich, wie wir gesehen haben, im siebzehnten Jahrhundert bei Descartes und Locke herauskristallisiert, ist der Ursprung dessen, was wir die Tradition der vermittlungsgebundenen Erkenntnistheorie nennen. Nach der von uns verfochtenen These handelt es sich dabei um eine wichtige Tradition, deren Angehörige von einem bestimmten *Bild* des Geistes in der Welt zusammengehalten werden, obwohl sie im Hinblick auf viele Streitfragen völlig verschiedener Meinung sind und obwohl ihre modernen Vertreter der Ansicht sind, sie hätten sich ganz und gar von den Fesseln des Cartesianismus befreit.

Um welches Bild handelt es sich nun? Anders ausgedrückt: Welches sind die Elemente der Kontinuität, die alle Unterschiede überbrücken, und zwar sogar jene, die aus Sicht der Zeitgenossen von größter Tragweite sind. Hier wollen wir vier miteinander verflochtene Stränge auseinanderhalten. In bestimmten Fällen kann es zwar sein, daß der eine oder andere dieser Stränge gekappt wurde, aber die Kontinuität wird von den übrigen trotzdem gewahrt.

1. Der erste Strang ist die Struktur »einzig und allein hierdurch«, also jene Struktur, welche die Bezeichnung »vermittlungsgebunden« rechtfertigt: Unsere Erkenntnis der Welt – bzw. unser Zugang zur Welt »außer« uns, zur Welt jenseits der Grenzen des Geistes/Organismus – kommt einzig und allein durch bestimmte, im Inneren angesiedelte Merkmale des Geistes/Organismus zustande. Diese Merkmale können als Repräsentationen oder Abbildungen angesehen werden, sei es als Ideen, Überzeugungen oder für wahr gehaltene Sätze. Oder sie können im Anschluß an die Tradition der kritischen Philosophie als kategoriale

Formen aufgefaßt werden, als Möglichkeiten der begrifflichen Strukturierung oder der Interpretation des Inputs. Häufig verbinden sich diese beiden Ansätze in der Vorstellung, unsere Abbildungen der äußeren Wirklichkeit würden unweigerlich von den Kategorien strukturiert, die entweder aus unserer Natur hervorgehen oder sich im Laufe der Zeit entwickelt haben. Im einen wie im anderen Fall existiert die epistemische Beziehung zu der uns umgebenden Welt nur in und durch diese Formen und/oder Abbildungen.

2. Es ist eine normale Implikation dieses Bilds der Vermittlungsgebundenheit, daß der Inhalt unserer Erkenntnis durch Analyse in klar bestimmte, explizite Elemente zerlegt werden kann. Dieser Inhalt besteht aus »Ideen«, die wir à la Descartes und Locke selbst zusammengesetzt haben. Oder er besteht (einer heutzutage gängigen Spielart des Bilds entsprechend) aus Überzeugungen bzw. für wahr gehaltenen Sätzen. Als Vorbild dient hier das Explizite, Ausformulierte. Im Idealfall könnte man sich vorstellen, daß ein Inventar dessen, was wir wissen, angelegt wird. Obschon es in *einem* Sinne unmöglich wäre, dieses Verzeichnis zu vervollständigen, da die möglichen Folgerungen aus unseren Überzeugungen potentiell zu keinem Abschluß kommen, hätten wir es dennoch stets mit expliziten Folgerungen aus expliziten Elementen zu tun.

3. Beim Versuch, unsere Überzeugungen zu begründen, können wir diese expliziten, ausformulierten Elemente niemals hinter uns lassen. Sie sind unhintergehbar. Das gilt vor allem für jene Elemente, die – sofern es dergleichen überhaupt gibt – den Status unmittelbarer Gegebenheiten innehaben.

4. Der vierte Strang ist die oben so bezeichnete dualistische Einteilung, die Unterscheidung zwischen dem Mentalen und dem Physischen. Das Bleibende ist hier nicht der

faktische Glaube an eine Form von Dualismus, sondern der begriffliche Gegensatz. Die Vorstellung von einer wie auch immer beschaffenen Seele oder immateriellen Substanz wird heute von vielen Zeitgenossen voller Verachtung abgelehnt. Das gesamte Mobiliar des Himmels und der Erde könne letzten Endes als etwas Materielles erklärt werden. Aber indem diese Zeitgenossen so verfahren, bewegen sie sich nach wie vor im Rahmen des gleichen Begriffsrasters. Erstens ist das, was nach ihrer These die universelle Grundlage aller Phänomene ausmacht, ebenjenes »Physische«, das aus der Cartesianischen Revolution hervorgegangen ist, das heißt: Die materielle Welt wird nicht mehr als Äußerung oder Manifestation von Bedeutungen – »IDEEN« – aufgefaßt, sondern sie ist das jeglicher inneren Teleologie entbehrende Gebiet der reinen Wirkursächlichkeit. Demnach wird bei der Bewegung hin zum Materialismus zwar die Einteilung akzeptiert, doch zugleich wird behauptet, eigentlich komme nur die eine der beiden Seiten zum Tragen. Zweitens jedoch muß das »Mentale« auch für diese Zeitgenossen als Kategorie in Kraft bleiben, denn der Materialismus ist eher ein Programm als eine Theorie. Es muß ja erst noch nachgewiesen werden, daß Denken, Fühlen, Erkennen und Handeln – alle diese Phänomene im Bereich des Geistes oder Verstandes – tatsächlich im Sinne einer ausschließlich aufs Materielle abhebenden Terminologie erklärt werden können. Aber um etwas zu erklären, muß man es zunächst einmal herausgreifen; und hier wird das zu Erklärende im Sinn der Grundterminologie der dualistischen Einteilung herausgegriffen, wobei das »Mentale« als Bereich der inneren Erscheinungen gilt, in dem das Sein nichts anderes ist als das Erfahrenwerden. Daher rührt die Konzentration auf Sinnesempfindungen, unmittelbare Gefühle und »Qualia«, die das ganze reduktionistische Unterfangen auszeichnet, bei dem es darum geht, uns von der Vorstellung zu überzeugen, letzten Endes handele es sich dabei »nur« um Zustände unseres Gehirns.

Die dualistische Einteilung: Es gibt körperliche, ausgedehnte Dinge, und außerdem gibt es von den physischen Dingen verschiedene und somit »geistige«, nicht ausgedehnte, ganz und gar nichtphysische Dinge. Das ist ein Ergebnis, das die Mechanisierung des Weltbilds mit sich bringt. Die Trennung des Mentalen vom Physischen gilt nunmehr als eine evidente Unterscheidung. Daneben gibt es aber auch das Problem ihrer Verbindung, das sogenannte Leib-Seele-Problem. Das ist eine durch und durch moderne Auffassung. Es wäre uns schwergefallen, jemandem wie Platon oder Aristoteles diese Denkweise zu erklären.

Aber auch wir können nach einigem Nachdenken erkennen, daß diese Form der Aufspaltung der Dinge nicht unbedingt »evident« sein muß. Denken wir etwa an das »körperliche« Begehren im Gegensatz zu »höheren« und weniger körperlichen Formen des Begehrens. Mit dieser Unterscheidung können wir nach wie vor etwas anfangen, obwohl wir die implizite Hierarchie vielleicht im Namen einer den Wert des sinnlichen Lebens bejahenden, humanistisch geprägten moralischen Gesinnung ablehnen wollen. Von hier aus können wir zurückschauen und die oben erwähnte ältere Topologie mit ihrer Einteilung in Sinneswahrnehmung, Vorstellung und Verstand (*aisthesis*, *phantasia*, *nous*) betrachten. Diese Topologie ist etwas völlig anderes als die moderne Vorstellung vom »Geist« als einem einzigen »Raum«, auf die wir uns weiter oben in Zusammenhang mit Descartes bezogen haben.

Von Herbert Feigl wird unsere Unterscheidung mit Hilfe der folgenden Terminologie definiert: Das »Mentale« wird durch das »Phänomenale« bestimmt, also durch etwas, wozu wir mittels »Bekanntschaft« direkten Zugang haben. »Bekanntschaft als solche« bedeutet die »unmittelbare Erfahrung selbst als Erlebtes, als Angenehmes oder Erduldetes«.[13]

Der Grundgedanke ist hier der, daß man zunächst von etwas ausgeht, was nur aus der Perspektive der ersten Person Singular erreichbar ist, und dieses Etwas sodann als eigene Entität betrachtet. Man hat es also nicht mit *einer* Entität zu tun, die – wie zum Beispiel mein sich entfaltendes Leben – aus verschiedenen Blickwinkeln betrachtet wird. Doch neben der von außen beobachtbaren Realität postulieren wir etwas, dessen *esse* nichts anderes ist als *percipi* (um Berkeleys Formulierung zu übernehmen). Dies wiederum wird im Hinblick auf die Innen/außen-Struktur erklärt, obgleich die Rationalisierungen der inneren Wirklichkeit anderer Art sind. Aus der Sicht des Materialismus kann man sie einfach als »Erscheinung« begreifen. Doch was Descartes und die früheste Form der Erkenntnistheorie betrifft, begegnen wir an dieser Stelle der immateriellen Substanz. Das ist der Grund, warum es hier keinen Zugang von außen gibt.

Die älteren ontologischen Theorien aus vorneuzeitlichen Epochen gingen bei der Aufteilung der Dinge anders vor. Was wir als Geist und Körper begreifen, durchdringt sich wechselseitig. Aus der Sicht von Platon und Aristoteles beispielsweise werden die Dinge, die uns umgeben, von Ideen, also Formen geprägt. Die Vorbilder, auf die man sich stützte, waren zum Teil Lebewesen und zum Teil Artefakte. Zwecke spielten in alles hinein. Das galt aber auch für die impliziten Ontologien des Alltagslebens vorneuzeitlicher Epochen, in denen die Menschen in einer sozusagen verzauberten Welt lebten (um eine Formulierung von Weber umzumodeln). Dort konnte man auf Dinge stoßen, die – wie etwa Liebestränke – Kausalkräfte besaßen, welche in einer

13 Herbert Feigl, *The »Mental« and the »Physical«: The Essay and the Postscript*, Minneapolis: University of Minnesota Press 1967.

auf Sinnbegriffe bezogenen Terminologie definiert waren. Diese Tränke deutete man nicht wie ein modernes Aphrodisiakum, das Begierde erwecken kann, ohne jedoch zu bestimmen, welchen Sinn dieses Begehren letztlich für den Menschen hat. Damals handelte es sich wirklich um Liebestränke. König Marke vergibt Tristan und Isolde deshalb, weil er erkennt, daß sie zum Zeitpunkt ihrer Missetat dieser Zauberkraft erlegen waren.

Oder denken wir an eine Reliquie mit Heilkräften. Das ist nicht so etwas wie eine Arznei, die ein bestimmtes Übel kuriert, sondern hier wird der Mensch von allem möglichen geheilt, was ihn plagt. Ein weiteres Beispiel ist die Melancholie, die mit schwarzer Galle gleichgesetzt wurde. Der Grundgedanke war der, daß Stimmung und Substanz eins sind. »Moderne« Überzeugungen haben diese Struktur nicht. Freilich kennen wir chemische Präparate, deren Einnahme Depressionen auslösen kann. Die Niedergeschlagenheit ist eine Wirkung, die sich der Art und Weise verdankt, in der das Präparat die chemischen Verhältnisse im Körper verändert. Aus unserer Sicht besteht jedoch zwischen dem Sinn und dem Präparat selbst keine Beziehung der Substanzgleichheit.

Die Wirkung des Präparats können wir als ein Eindringen auffassen – als etwas, wogegen man ankämpfen kann. Möglicherweise stellt sich sogar Erleichterung ein, wenn man erfährt, daß man sich aufgrund eines chemischen Präparats unwohl fühlt, denn in diesem Fall ist man nicht wirklich betroffen. Die Schwermut hat keinen triftigen Grund, sondern es handelt sich um eine Stimmung, von der man sich befreien kann. Früher jedoch war es so: Sobald man erfuhr, daß man an schwarzer Galle litt, wußte man, daß man in die Fänge der wahren Macht geraten war.[14]

---

14 Eine ausführlichere Erörterung dieses Sachverhalts findet der Leser im 11. Kapitel von Charles Taylors Buch *Sources of the Self*, Cam-

Der postcartesische Dualismus der Neuzeit hat keine Ähnlichkeit mit dem platonischen Dualismus. Denn nach Platon bringt das Niedrigere das Höhere zum Ausdruck. Dementsprechend lösen wir uns vom Niedrigeren, indem wir durch es das Höhere lieben. Das ist die im *Gastmahl* beschriebene Bewegung des Eros. Descartes hingegen löst sich vom Körperlichen, indem er es verdinglicht und es bloß als toten, ausdruckslosen Stoff sieht.

Im Grunde kann man sagen: Der grundlegende Schachzug der neuzeitlichen dualistischen Einteilung sowie der Mechanisierung des Weltbilds war ebendieses cartesianische Desengagement, das der Welt der uns umgebenden Gegenstände jeglichen Sinn nimmt, sei es den gewöhnlichen Alltagssinn, den die Dinge für uns als körperliche Akteure haben – etwa daß sie für uns erreichbar sind oder nicht, daß sie uns nötigen oder in Ruhe lassen, daß sie anziehend oder abstoßend, einladend oder ausgrenzend wirken –, oder seien es ihre durch die IDEEN bestimmten inneren Zwecke. Descartes wollte sich nicht damit begnügen, im Anschluß an Galileo die teleologische Naturauffassung früherer Zeiten zu negieren, sondern ihm ging es um eine gründlichere, unseren lebendigen Körper einschließende Verdinglichung des Materiellen. Wir sollten uns zurückziehen aus der gewöhnlichen, verkörperten Perspektive, aus der die empfundene Wärme als etwas im Gegenstand und der Schmerz als etwas im Zahn Befindliches gesehen wird, um den Vorgang in der gleichen Weise zu erfassen, in der es einem außenstehenden Beobachter möglich ist, aus dessen Blickwinkel bestimmte Erfahrungen im Geist durch bestimmte Zustände in der physischen Welt verursacht werden, wie zum Beispiel die kinetische Energie der Moleküle im Gegenstand oder die Karies im Zahn.

---

bridge, MA: Harvard University Press 1989 (übers. von Joachim Schulte: *Quellen des Selbst*, Frankfurt/M.: Suhrkamp 1996).

Daß das der Schritt ist, durch den in diesem Bereich der Sinnesempfindungen und der sekundären Eigenschaften Klarheit und Deutlichkeit zustande kommen, wird von Descartes bei mehreren Gelegenheiten offenkundig gemacht. An einer Stelle sagt er beispielsweise, daß »die Vorstellungen von Wärme und Kälte so wenig klar und deutlich« sind. In einem anderen Passus schreibt er, es müsse »äußerst sorgfältig beachtet werden, daß zwar ein Schmerz und eine Farbe und das übrige so Beschaffene klar und deutlich erfaßt wird, sofern es allein [...] als Gedanke angesehen wird«. An einer dritten Stelle sagt er: »Die sinnlichen Wahrnehmungen sind mir nämlich eigentlich nur dazu von der Natur verliehen, um dem Geist anzuzeigen, was dem Zusammengesetzten, dessen Teil er ist, zuträglich oder nicht zuträglich ist [...].«[15] Anders ausgedrückt: Diese unklaren Erfahrungen werden klar, wenn man sie aus der Außenperspektive betrachtet und als vom Körper zum Geist verlaufende Kausalbeziehungen mit Überlebensfunktionen auffaßt.

Diese dualistische Einteilung ist, ebenso wie die ihr zugrundeliegende Abkopplung von der Perspektive der Verkörperung, im Rahmen unserer Tradition zur angemessen »wissenschaftlichen« Einstellung zu allem Menschlichen geweiht worden. Ebenso offenkundig (wenn nicht *noch* offenkundiger) wird das bei dem materialistischen Bestreben, alles Handeln und Denken durch Bezugnahme auf die allem Sinn entkleidete Materie zu erklären, wie es bereits in der dualistischen Ausgangsperspektive von Descartes und Locke angelegt ist.[16] Reflektiert wird es auch von der aus-

15 Dritte Meditation, Abschn. 19 (*Meditationen*, 119); *Die Prinzipien der Philosophie*, Erster Teil, Abschn. 68 (übers. von Christian Wohlers, Hamburg: Meiner 2005, 75); Sechste Meditation, Abschn. 15 (*Meditationen*, 199).

16 Jennifer Hornsby beschreibt den »wissenschaftlichen Naturalismus« als Vorhaben mit dem Ziel, die Handlungen, Gefühle, Absichten usw.

gelaugten Kategorie des »Mentalen« als innerer Erscheinung – einerlei, ob letzten Endes gezeigt werden soll oder nicht, daß das Geistige mit Gehirnzuständen »identisch« ist.

Das ist der ausschlaggebende Hintergrundgedanke bei der von Kritikern der vermittlungsgebundenen Tradition häufig aufgestellten Behauptung, die in moderner Zeit gängigen reduktionistischen Theorien des Geistes seien ihrem Wesen nach immer noch »cartesianisch«. Damit ist ein Vorwurf erhoben, der von Verfechtern des Reduktionismus als grotesk deplaziert und unfair wahrgenommen wird. Relevant ist hier auch die in den letzten Jahrzehnten aufgekommene Modeströmung zugunsten von Theorien über das Denken, die auf der Vorstellung beruhen, das Gehirn arbeite in manchen Hinsichten wie ein Digitalrechner. Diese Theorien waren über eine Reihe von Jahrzehnten sehr beliebt, und im Grunde sind sie aus der Vorstellungswelt vieler Kognitionswissenschaftler auch heute noch nicht völlig verdrängt worden.

Das Computermodell legt alle vier bleibenden Stränge der oben skizzierten Tradition des Gedankens der Vermitt-

---

der Personen aus der von Naturwissenschaftlern eingenommenen »objektiven, in der dritten Person artikulierten Perspektive« zu erklären. Diesem Vorhaben liege die Überzeugung zugrunde, alles Reale müsse aus dieser Perspektive verständlich sein. Hornsbys Argumentation läuft darauf hinaus, daß viele Phänomene im Leben einer Person einfach verschwinden, sobald man eine solche Perspektive einnimmt. Nach Hornsbys Vorschlag sollte man sich gegen diese im modernen Denken weitverbreitete Strömung wehren und einen »naiven« Naturalismus vertreten, der den Unterschied zwischen dem Menschen und dem Unbelebten gelten läßt. Siehe Jennifer Hornsby, *Simple Mindedness*, Cambridge, MA: Harvard University Press 1997, 4f. Mit ihrem Standpunkt sind wir in hohem Maße einverstanden, ja, wir wissen sogar die Ironie zu schätzen, die darin liegt, daß sie ebenjenen Titel zur Bezeichnung ihrer These verwendet, die um so vieles raffinierter ist als der von ihr angegriffene unreflektierte Szientismus.

lungsgebundenheit an den Tag. (1) Der Geist wird hier als etwas beschrieben, was aus seiner Umgebung »Inputs« empfängt und seinerseits »Outputs« hervorbringt. (2) Berechnungen werden auf der Grundlage von klar definierten Informationsbrocken vorgenommen, die anschließend verarbeitet werden. Das Gehirn berechnet explizite Informationsstücke. (3) Als Computer ist das Gehirn ein rein »syntaktischer« Motor. Daß seine Berechnungen auf die Welt »Bezug« nehmen, kommt durch die »Inputs« zustande. (4) Die Theorie stützt sich auf den materialistischen Grundgedanken, diese mentalen Arbeitsschritte seien durch die physikalischen Arbeitsschritte des Fundamentalmotors – also des Gehirns – zu erklären. Während Mechanismus und Formalismus (im Sinne des Antriebs mittels formaler Vorgänge) von Descartes auf die beiden Substanzen – Körper und Geist – verteilt wurden, sind sie jetzt im Körper wiedervereinigt. Dabei handelt es sich aber nicht um eine rein äußerliche Synthese. Das Denken nach expliziten, formalen Regeln paßt zum Mechanismus, denn von beiden Seiten werden die dem Menschen als einem verkörperten, sozialen und kulturellen Akteur zukommenden Intuitionen nicht völlig transparenter Art ausgeschlossen. Gemeint sind Intuitionen wie die: daß ich merke, ob ich über diesen Graben springen kann, ob der andere wütend auf mich ist, oder daß die Atmosphäre bei unserer Party plötzlich angespannt ist.

Eigentlich liegt dieser Zusammenhang auch den maßgeblichen Einsichten Alan Turings zugrunde, wonach ein rein formales System von einer Maschine gesteuert werden können muß, denn in diesem Fall weiß man, daß keine jener nichttransparenten Intuitionen unbewußt und ungewollt die Lücken in dem betreffenden Gedankengang ausfüllt. Marvin Minsky formuliert es so: »Wenn der Vorgang von einer ganz simplen Maschine ausgeführt werden kann, so daß ›Innovation‹ oder ›Intelligenz‹ weder zur Debatte stehen noch gebraucht werden können, dann können wir sicher sein, daß die Angabe vollständig ist und daß wir es mit einem ›effektiven Verfahren‹ zu tun haben.«[17] John Haugeland spricht hier von dem »Prinzip der Automatisierung«: »Überall dort, wo die zulässigen Schritte eines formalen Systems vollständig von Algorithmen determiniert sind, kann dieses System automatisiert werden.«[18]

3

Wir sind sicher, daß viele Leser die bleibende Kraft der vier genannten Stränge nicht als etwas Überraschendes und erst recht nicht als etwas Besorgniserregendes sehen werden, also (1) die Struktur des »einzig und allein hierdurch«, (2) die Explizitheit des Inhalts, die sich (3) weder hinter- noch unterschreiten läßt, und (4) die dualistische Einteilung. Sind dies denn nicht die unausweichlichen Schlußfolgerungen des von der modernen Wissenschaft geprägten Common sense? Gibt es mit Bezug auf diese Dinge überhaupt andere Denkmöglichkeiten?

Aus unserer Sicht ist diese Reaktion weder überraschend noch beunruhigend. Was sollte man sonst erwarten, wenn man es mit einem jener tief verwurzelten Bilder (im Sinne Wittgensteins) zu tun hat, also mit einem jener Bilder, die uns gerade deshalb »gefangenhalten«, weil sie so selbstverständlich zu sein scheinen, so unangreifbar und alternativlos?

---

17 Siehe Marvin Minsky, *Computation and Infinite Machines*, Englewood Cliffs, NJ: Prentice Hall 1967, 105.

18 Siehe John Haugeland, *Artificial Intelligence: The Very Idea*, Cambridge, MA: Bradford/MIT Press 1985, 82.

Doch dabei können wir es nicht belassen: Wir können nicht in einer Pattsituation bleiben, in der sich keine der beiden Seiten von den Ansprüchen der jeweils anderen beeindrucken läßt. Die Überwindung dieser Situation gehört zu den Zielsetzungen des vorliegenden Buchs, und außerdem wollen wir überzeugend darlegen, daß es tatsächlich ein Bild – und zwar ein unzulängliches Bild – gibt, von dem das Denken schon viel zu lange beherrscht wird. Unsere weiteren Ausführungen werden dieses Vorhaben hoffentlich voranbringen. Doch an dieser Stelle könnte es vielleicht von Nutzen sein, einige der allzu fest sitzenden Anschauungen zu lockern, um darauf hinzuweisen, daß es zu dem durch (1) bis (4) definierten Bild Alternativen gibt und gegeben hat.

Welche Elemente gehören zu einer Alternative? Sofern die vier genannten Bestandteile eine Theorie der Vermittlungsgebundenheit definieren, müßte eine Alternativauffassung eigentlich »Kontakttheorie« heißen. Während eine Vermittlungstheorie nach Erkenntnis strebt, die sich durch ein vermittelndes Element ergibt, so daß wir nur vermittels einer Zwischeninstanz – Abbildung oder Kategorie – erkennend mit dem Realen in Verbindung kommen, liefern Kontakttheorien eine Erklärung, wonach Erkenntnis darin besteht, daß wir mit der erkannten Wirklichkeit unmittelbar in Kontakt treten.

Das klingt ein wenig nach einer Theorie, die früher als »naiver Realismus« bezeichnet wurde (wobei man diesen Namen in möglichst herablassendem Ton aussprach). Denn natürlich kommt diese Anschauung jenen, die völlig im Bild der Vermittlungsgebundenheit aufgehen, schrecklich unbedarft und unausgegoren vor. Unsere philosophische Überlieferung kennt aber einige ziemlich ausgeklügelte Anschauungen, bei denen es sich um Kontakttheorien handelt. Denken wir beispielsweise an Platons im *Staat* dargelegte Analyse der echten Erkenntnis (im Gegensatz zur schattenhaften und vergänglichen Meinung). Hier hängt alles von der Grundfrage ab, mit welcher Realität man in Kontakt ist: mit dem wirklich Wirklichen und Unveränderlichen oder mit dem in ständiger Veränderung begriffenen Fließen? Dabei beruft sich Platon auf das Bild des Seelenauges, das sich entweder der dunklen Seite des Universums zuwendet und nur auf die sich ständig bewegenden und flüchtigen Abbilder konzentriert ist oder herumschwenkt auf die andere Seite, wo das Licht die ewigen IDEEN beleuchtet.[19] Hier gibt es nicht einmal die Andeutung eines vermittelnden Elements, und nichts trennt uns von der Realität. Echte Erkenntnis ist eine Form von unmittelbarem Kontakt.

Dem könnte man natürlich entgegenhalten, daß wir es hier gar nicht mit echter »Theorie«, sondern durchweg mit Metaphern zu tun haben. Doch nun könnte man einen Blick auf Aristoteles und die Erkenntnisauffassung werfen, die er in *De Anima* darlegt. Hier sagt er, daß echte Erkenntnis (*epistêmê*) mit ihrem Gegenstand eins ist.[20] Dem scheint folgende Vorstellung zugrunde zu liegen: Genauso wie der reale Gegenstand das ist, was er ist, weil er von der seiner Art entsprechenden FORM (*eidos*) geprägt ist, so kann auch der Verstand (*nous*) in seiner eigenen, davon ganz verschiedenen Weise durch unterschiedliche *eidê* geformt werden. Bei der richtigen Erkenntnis eines Gegenstands wird der *nous* durch denselben *eidos* geformt, der auch den Gegenstand prägt. Eine Kopie oder ein Abbild steht hier gar nicht zur Debatte; jeder Art entspricht genau ein *eidos*. Wenn ich

19 Im *Staat* (518c-d) spricht Platon von einer »Bekehrung«, einer »Umkehrung« (*periagôgê*).

20 »Das verwirklichte Wissen aber ist dasselbe wie der Gegenstand« (*to d' auto estin hê kat' energeian epistêmê tôi pragmati*), *De Anima*, Buch III, 430 a 20 (vgl. 431 a 1) (übers. von Gernot Krapinger: *Über die Seele*, Stuttgart: Reclam 2011, 155).

dieses Tier dort sehe und es als Schaf erkenne, sind Geist und Gegenstand eins, weil sie insofern zusammenkommen, als sie vom selben *eidos* geformt werden.[21] Darum ist es das *verwirklichte* Wissen, das mit seinem Gegenstand eins wird. Wollte man hier ein Bild ins Spiel bringen, um den Grundgedanken intuitiv zu unterfüttern, könnte man sich die FORM als eine Art Rhythmus denken, der sowohl die Gegenstände als auch den Verstand prägt. Wo es Erkenntnis gibt, verbindet der gleiche Rhythmus Geist und Ding. In dieser *einen* Bewegung werden sie eins. Hier wird ein unmittelbarer Kontakt hergestellt.

Wir sind also doch schwach geworden und haben Metaphern ins Spiel gebracht. Das sagt vielleicht etwas über das Theoretisieren in der Philosophie und weniger über unseren Mangel an theoretischem Vermögen. Aber immerhin hoffen wir gezeigt zu haben, daß im Rahmen unserer philosophischen Tradition tatsächlich Kontakttheorien aufgestellt worden sind und daß diese Theorien nicht unweigerlich abwegig sein müssen. Doch im Fall dieser beiden berühmten Denker der Antike hängt das Verständnis des Kontaktbegriffs in sehr hohem Maße von ihrer Ontologie ab, also eigentlich von der Theorie der FORMEN und mithin von der Vorstellung, daß die uns umgebende Wirklichkeit erst kraft ihrer Prägung durch IDEEN das ist, was sie ist. Aber sobald wir die galileische Revolution und die Mechanisierung des Weltbilds hinter uns haben, kann uns diese frühere, in den Kosmos eingebettete Teleologie selbst dann nicht mehr plau-

21 Später sagt Aristoteles, »das Wissen ist also irgendwie identisch mit dem, was man wissen kann, die Wahrnehmung aber mit dem, was man wahrnehmen kann«, was aber nicht heißt, daß das Wahrnehmungs- und das Erkenntnisvermögen mit dem Gegenstand als materieller Entität identisch seien, »denn nicht der Stein ist in der Seele, sondern seine Form« (431 b 22 und 432 a 1; *Über die Seele*, 163). Im *eidos* kommen Geist und Gegenstand zusammen.

sibel erscheinen, wenn wir die Revolution und die Mechanisierung nicht auf das menschliche Denken und Handeln übertragen.

Was nun im Rahmen der neuzeitlichen Philosophie tatsächlich zum Vorschein kommt, ist also eine neue, von der einstigen Teleologie unabhängige Form von Kontakttheorie. Im frühen zwanzigsten Jahrhundert hat dieser Theorietypus einen hohen Grad an eigener Klarheit und Artikuliertheit erreicht. Unter denen, die zur Formulierung dieser Theorie beigetragen haben, stechen unter anderem Heidegger, Merleau-Ponty und Wittgenstein hervor. Ein grundlegender Schritt, der zur Entstehung dieser Theorie führt, ist die neuerliche Einbettung des Denkens und Erkennens in die physischen und soziokulturellen Zusammenhänge, in denen gedacht und erkannt wird. Es wird versucht, den Rahmen oder Kontext zu artikulieren, in dem unsere expliziten Abbildungen der Realität Sinn haben, und zu zeigen, inwiefern sich das nicht trennen läßt von unserem Tun als ebendiese körpergebundenen, sozialen und kulturellen Wesen. Der Kontakt, um den es hier geht, wird nicht auf der Ebene der IDEEN hergestellt, sondern er ist etwas Ursprüngliches, dem wir nie entkommen. Es ist der Kontakt lebendiger, tätiger Wesen, zu deren Lebensform es gehört, daß sie in einer Welt handeln und sich an dieser Welt, die ihrerseits auf sie einwirkt, abarbeiten. Diese Wesen setzen sich mit einer Welt und mit ihresgleichen auseinander. Dieser ursprüngliche Kontakt wiederum liefert den sinnstiftenden Kontext für alle ihre Erkenntniskonstruktionen, die – egal, in welchem Maße sie sich auf vermittelnde Abbildungen verlassen – in puncto Sinn von dieser ursprünglichen und unauflöslichen Involviertheit in die sie umgebende Wirklichkeit abhängen.

4

Im 2. Kapitel wollen wir bestimmte Aspekte dieser Theorie erläutern. Doch zunächst möchten wir hier einen Gegensatz zwischen der Logik der vermittlungsgebundenen Theorien und der Logik der Kontakttheorien darlegen, denn die Verkennung dieser Unterschiede hat zu zahlreichen Mißverständnissen und zu viel verständnislosem Aneinandervorbeireden geführt.

Der Kontakttheorie zufolge ist die Wahrheit etwas, was sich selbst beglaubigt. Sobald man da ist, weiß man auch, daß man da ist. Der vermittlungsgebundenen Theorie zufolge kann es sich dagegen niemals so verhalten. Ein verbreiteter Ansatz ist der, daß man Erkenntnis, also Wissen, als eine gerechtfertigte, wahre Überzeugung auffaßt. Als erstes kommt die Überzeugung – das, was man zu sagen geneigt ist. Um zur Ebene des Wissens emporzuklimmen, muß diese Überzeugung zunächst einmal wahr sein und beispielsweise mit dem Sosein der Dinge übereinstimmen. Darüber hinaus muß es triftige Gründe dafür geben, daß man die betreffende Überzeugung vertritt. Zur Bestimmung der triftigen Gründe wiederum richten wir unser Augenmerk auf die Suche nach Merkmalen bzw. Kriterien.

Hier gibt es zwei wichtige Merkmale der Rechtfertigung (oder Begründung), die den Unterschied zu Kontakttheorien kennzeichnen. Das erste besteht darin, daß ich dazu imstande sein soll, mein Vertrauen in die Wahrheit der jeweiligen Überzeugung durch Bezugnahme auf eine endliche Anzahl von unterscheidbaren, isolierbaren und kriterial verwendbaren Merkmalen zu erklären.

In vielen Lebenszusammenhängen scheint es, intuitiv gesehen, durchaus nicht auf der Hand zu liegen, daß diese Forderung angebracht ist. Ich bin gewiß, daß wir jetzt das Jahr 2014 schreiben, daß ich mich in den Laurentinischen

Bergen befinde, daß ich Vorlesungen über Erkenntnistheorie zu schreiben versuche, usw. Sollte mich jemand fragen, warum ich meiner Sache so sicher bin, kann ich nur stottern. Ich weiß einfach nicht, was ich antworten soll. Oder vielleicht sollte man es besser *so* formulieren: Ich weiß nicht, wo ich anfangen soll. Hier gibt es zu viele Dinge, die man anführen könnte. Doch damit haben wir den eigentlichen Kern dessen, was hier seltsam zu sein scheint, noch nicht erreicht. Es handelt sich nämlich nicht bloß darum, daß es eine Menge unabhängig voneinander identifizierbarer Zeichen gibt, sondern eher darum, daß es hier völlig verschiedenstufige Überlegungen gibt. Die genannten Dinge gehören zum Hintergrund, der als feststehend aufgefaßt wird, während wir damit beschäftigt sind, andere Dinge zu untersuchen oder zu prüfen.

In *Über Gewißheit* erwähnt Wittgenstein Probleme, die sich ergeben würden, wenn jemand fragte, ob die Welt nicht vielleicht erst vor fünf Minuten entstanden sei.[22] So wie wir sie vor uns haben, ist uns die Welt in der von uns erlebten Form gegeben, samt allem, was wir als Anzeichen früherer Zeitalter auffassen, einschließlich unserer Erinnerungsüberzeugungen und der Fossilien in den Gesteinen – aber trotz allem soll sie erst vor wenigen Minuten entstanden sein. Wenn nun jemand diese ein wenig weithergeholte Annahme äußert, und wir für unser Teil lehnen sie ab – heißt das, daß wir immer schon die Überzeugung vertreten haben, die Welt sei in unvordenklichen Zeiten entstanden? Haben wir uns immer schon nach der »Annahme« gerichtet, die Welt sei uralt? Diese Formulierungen treffen offenbar nicht ganz zu. Vielmehr sollten wir sagen, daß das in unvordenk-

22 Eine Frage dieser Art wird im § 84 von *Über Gewißheit* (Frankfurt/M.: Suhrkamp [14]2015) aufgeworfen, und auf diese Frage kommt Wittgenstein dann an anderen Stellen immer wieder zu sprechen.

liche Zeiten zurückreichende Alter der Erde als eine Art Rahmen oder Kontext fungiert, der sehr vielen Fragen, die wir stellen, und Forschungen, denen wir nachgehen, überhaupt erst Sinn verleiht. Dazu gehören etwa die Datierung dieser Fossilien, die Schätzung des Alters dieser Berge, die Erklärung bestimmter Landschaftsmerkmale mit Hilfe der Hypothese, daß der Ozean früher bis hierhin reichte, und dergleichen mehr. Dieser Rahmen ist weder eine Annahme noch eine Vermutung, sondern er wird von uns einfach als Rahmen hingenommen, ohne in Frage gestellt zu werden. Ehe dieser sonderbare Vorschlag gemacht wurde, ist es uns eigentlich nie in den Sinn gekommen, daß man den Rahmen auf diese Weise in Frage stellen könnte.

Heißt das, daß wir nicht hinreichend auf der Hut gewesen sind, also uns nicht bemüht haben, bis zu den eigentlich fundamentalen Gründen unserer Überzeugungen vorzudringen? Heißt es, daß wir unser Wissen umdeuten und jetzt die Prämisse hinzunehmen müssen, daß die Welt nicht erst vor fünf Minuten entstanden ist? Nein, Wittgenstein geht es vielmehr darum, daß diese Art von fundierungstheoretischem Ehrgeiz fruchtlos ist. Wir denken immer schon und unweigerlich in einem solchen hingenommenen Rahmen. Anders gesagt: Die Anzahl der Dinge, mit Bezug auf die ein exzentrischer, philosophischer Kopf Fragen aufwerfen könnte, läßt sich nicht bestimmen – sie ist endlos. Wir würden das Fundament nie erreichen. Es liegt in der Natur der Dinge, daß stets der eine oder andere Rahmen gegeben ist und unserem Tun Sinn verleiht. Der Rahmen wechselt, sobald wir lernen, bestimmte Dinge in Frage zu stellen, aber als Klasse genommen, kommen wir um solche Rahmenstrukturen nicht herum. Speziell unser Wo und unser Wann gehören zum Rahmen unseres Lebens, mit Bezug auf den wir unseren diversen Beschäftigungen nachgehen, und zwar einschließlich derjenigen, die wir in Frage stellen und über die wir uns streiten.

Der vermittlungsgebundene Ansatz dagegen scheint jede Überzeugung so auffassen zu wollen, als wäre sie selbständig, allein und ohne jeden Rahmen. Daher sei es sinnvoll, die Rechtfertigung bzw. Begründung als etwas aufzufassen, bei dem man sich ausschließlich auf Kriterien stützt. Warum meint man das? Weil es der richtige, besonnene Weg zu sein scheint. Da wir Irrtümer begangen haben, hat sich der Rahmen schon häufig als unzuverlässig und fehlerhaft konstruiert erwiesen. Um ein Beispiel zu nennen: Der erste zeitliche Makrorahmen unserer Zivilisation war in der biblischen Geschichte enthalten, die zunächst nicht »buchstäblich« genommen wurde, da sich diese Frage vor der Neuzeit nicht in ihrer heutigen Form gestellt hat, sondern diese Geschichte wurde in der gleichen Weise verstanden, in der man ähnliche Legenden üblicherweise auffaßte. Die biblische Erzählung liefert uns die Abfolge wichtiger Ereignisse seit dem ersten Anfang. Später, im achtzehnten Jahrhundert und danach, stellte sich das Gefühl von einem »dunklen Abgrund der Zeit« ein. In diesem viel späteren Rahmen ergab sich die Hypothese einer erst kürzlich stattgefundenen Weltentstehung mitsamt allen Zeichen für eine längerfristige Existenz als Reaktion von seiten einer »buchstäblichen« Deutung, die einer Wiederherstellung der biblischen Autorität dienen wollte.

Es hat also Korrekturen gegeben; und wo sie ausgeführt wurden, hat man normalerweise triftige Gründe dafür gehabt. Was wäre dann auszusetzen an der Feststellung, daß wir stets Gründe brauchen, und zwar selbst dann, wenn wir uns nicht darüber im klaren sind, daß wir bestimmte Dinge glauben, ohne angemessene Gründe dafür zu haben? Läuft die unkritische Hinnahme des Rahmens nicht auf eine Form von Dogmatismus hinaus, mithin auf die Behauptung, wir könnten uns niemals irren? Eigentlich nicht, denn es gibt Szenarien mit Irrtum und Korrektur, wie wir es eben anhand des Beispiels unseres Zeitrahmens gesehen haben. Außerdem gibt es weitere anerkannte prekäre Situationen banalerer Art, beispielsweise Situationen, in denen man hereingelegt, betäubt oder sonstwie manipuliert wird. Man kann eine ganze Reihe von Geschichten über mögliche Irrtümer erzählen, um unseren Standpunkt in Zweifel zu ziehen. Wird eine solche Vermutung geäußert, kann es sein, daß wir tatsächlich Untersuchungen anstellen müssen, die dann im Hinblick auf die erzählte Geschichte durchgeführt werden. Die Antwort des Kontakttheoretikers besagt jedoch, daß dieser (Ausnahme-)Fall ebenfalls im Kontext unserer allgemeinen Weltauffassung behandelt werden müßte.

Der springende Punkt ist nun folgender: Solange es nicht gelingt, die Vorstellung von einer fundierungstheoretischen Begründung, die bis hin zu unanfechtbaren Elementen, uninterpretierten Eindrücken oder »einfachen Ideen« reicht, verständlich darzulegen, wird sich unser Denken stets in einem Rahmen abspielen, der für potentielle Einwände und Korrekturen anfällig ist. Das Vertrauen, das wir jeweils in einen solchen Rahmen setzen, reflektiert unser Gefühl, daß wir, solange wir in seinem Bereich operieren, mit der Realität in Kontakt stehen. Es kann durchaus sein (ja, man darf getrost sagen: Es wird bestimmt vorkommen), daß sich dieses Vertrauen in der einen oder anderen bisher unvorhersehbaren Weise als unangebracht erweist. Doch das gilt nie fürs Ganze, denn nur innerhalb eines reparierten Rahmens werden wir mit diesen Irrtümern zurechtkommen. Innerhalb des Rahmens ist es natürlich so, daß man zur Beilegung von Streitfragen Gründe anführt und Kriterien heranzieht. Wir formulieren Darstellungen, mit Bezug auf die wir fragen, ob sie wirklich zutreffen. Unsere Überzeugungen und Theorien behandeln wir als etwas, was der Realität gegenübersteht und zu ihr in Beziehung gesetzt werden soll. All dies geschieht jedoch innerhalb eines umfassenderen

Zusammenhangs des mutmaßlichen Realitätskontakts. Diese Mutmaßung kann irrig sein, aber niemals zur Gänze. Das ist der Aspekt, der von Kontakttheorien erfaßt wird, während er den vermittlungsgebundenen Ansätzen entschlüpft.

Aufgrund unseres Rahmens werden bestimmte Annahmen so wirken, daß man sie nicht ernst nehmen kann oder sie sogar als absurd abtun muß. Das gilt etwa für die oben erzählte Geschichte über die erst fünf Minuten zurückliegende Weltentstehung. Kann es sein, daß wir uns irren? Ist es womöglich so, daß die krassen Erneuerer wirklich auf einer heißen Spur sind? Das kann zwar zutreffen, aber es verhält sich gewiß nicht immer so. Denken wir etwa an die forcierten, zwanghaft mißtrauischen Argumente der heutigen Holocaust-Leugner.

Das zweite Merkmal, mit Bezug auf das sich die Auffassungen von Begründungen voneinander unterscheiden, betrifft die Art und Weise, in der wir in der Zeit leben. Unser allgemeines Gefühl im Hinblick darauf, wo und wann wir existieren und womit wir uns beschäftigen, ist vom zurückgelegten Weg abhängig. Ich weiß, daß ich hier in den Laurentinischen Bergen bin, denn ich bin hierher gereist. Unser Verständnis der Dinge ist nicht bloß in eine zeitlose oder in eine zeitpunktförmige Gegenwart eingebettet. Wir kennen auch Formen des Verstehens, die an das Perfekt gebunden sind: Hier sind wir, weil wir einen Weg zurückgelegt haben, der hierher führt. »Wir sind hier angekommen«, wie man zu sagen pflegt.

Das Gegenstandsverständnis zeitlicher Wesen wird nicht durch eine Reihe präsentischer Behauptungen artikuliert, wonach sich die Dinge auf diese oder jene Weise verhalten, wobei die kriterialen Zeichen zum Teil Erinnerungen sind, die beanspruchen, von vergangenen – man könnte auch sagen: aoristischen – Ereignissen zu handeln. Es gibt eine bekannte Erörterung von Benveniste, der zufolge das französische Perfekt (*le passé composé*) die beschriebenen Ereignisse zu der Situation des Sprechers in Beziehung setzt, während der Aorist (*le passé simple*) diese Beziehung unbestimmt läßt.[23] Der Gedanke, um den es uns an dieser Stelle geht, ist der, daß es bestimmte Aspekte unserer Realitätsauffassung gibt, die nur durch perfektisch formulierte Aussagen angemessen ausgedrückt werden können. Ein Beispiel ist die Feststellung, man wisse, daß man hier sei.

Das gehört der Kontakttheorie zufolge mit zu den Grundlagen der selbstbeglaubigenden Natur der Wahrheit. Man weiß es, weil man da ist. Das wiederum läßt sich nicht trennen von dem Umstand, daß man einen hierher führenden Weg zurückgelegt hat. Unser Realitätsverständnis ist, wie man sagen könnte, an Übergänge gebunden. Auf diesen Gedanken werden wir später zu sprechen kommen, wenn es um die Argumentationsformen geht, die uns bei der Auseinandersetzung mit anderen Einstellungen zur Verfügung stehen. Denken wir jedoch an den banalen Fall des Träumens: Ich wache auf, und genau das ist es, was mir die Sicherheit gibt, daß ich wirklich hier und in Kontakt mit der Wirklichkeit bin. Etwas Ähnliches sagt Platon mit Bezug auf die Dialektik: Man weiß, daß man da ist – daß man in Kontakt mit dem wirklich Wirklichen steht –, weil man sich aus dem Irrtum herausgearbeitet hat und hierher emporgeklettert ist.

Die Überzeugungskraft skeptischer Traumargumente rührt, wie man an Descartes' Erster Meditation ablesen kann, daher, daß sie uns einen Platz innerhalb des Traums zuweisen. In diesem Augenblick ist es nicht nur möglich, sondern für gewöhnlich geschieht es tatsächlich, daß man sich in die Irre führen läßt. Doch im Rahmen des perfektisch formu-

---

23 Émile Benveniste, *Problèmes de linguistique générale*, Paris: Gallimard 1966, Band 1, Kapitel 19.

lierten Bewußtseins, erwacht zu sein, stellt sich hier keine weitere Frage.

Aber wie steht es mit der Annahme, das Leben selbst sei so etwas wie ein Traum? Ist das Leben, wie es bei Calderòn (*La vida es sueño*) heißt, wirklich ein Traum? Mag sein, aber dann nur im Verhältnis zu einem tieferen Erwachen. Und daß es sich so verhält, können wir nur im Vorgang dieses Erwachens erkennen.

Aus der Sicht der vermittlungsgebundenen Deutung der prekären Traumsituation stellt sich meine Situation (wie etwa bei Descartes) so dar, als wäre ich mit einer überzeugenden Erscheinung konfrontiert worden, die mir jetzt unwirklich vorkommt. Das perfektisch formulierte Bewußtsein stellt jedoch klar, daß da nichts überzeugend war, denn die Dinge bewegten sich ja überall völlig regellos umher. Träume sind berüchtigt dafür, daß sie unberechenbar und überspannt wirken, sobald man sie nach dem Erwachen zu beschreiben versucht. Nur mein kritischer Abstand war gleich null oder sehr gering. Das gleiche gilt auch für viele Halluzinationen.

Diese beiden Gedanken gehören zusammen. Unsere partikelhaften Bewußtseinsmomente – unser Erfassen einzelner Dinge – sind eingebettet in eine allgemeinere Rahmenszene, die ihnen Sinn verleiht. Diese Szene ist holistisch. Man kann sie nicht in einen Haufen partikelhafter Auffassungsmomente zerlegen. Außerdem ist sie etwas Unvermeidliches (womit im Grunde das gleiche aus einem anderen Blickwinkel konstatiert wird). Alle partikelhaften Auffassungsmomente setzen sie voraus und stützen sich auf sie. Zweitens hat diese holistische Szene zeitliche Tiefe. Das ist die Einsicht, die Heidegger mit seinem Begriff der Zeitlichkeit erkundet.

Der hauptsächliche Streitpunkt zwischen unseren beiden Theorien betrifft den Rahmen. Natürlich stimmen Kontakttheorien der Ansicht zu, daß bestimmte Fragen – nämlich jene, die *innerhalb* des Rahmens gestellt werden – durch Berufung auf Kriterien behandelt werden können. Das gilt aber nicht für alle. Vermittlungsgebundene Theorien dagegen haben die Tendenz, dieses Verfahren überall anwendbar zu machen. In ihrem innersten Wesen ist die vermittlungsgebundene Theorie die Beschwörung einer tauglichen Methode und der universellen Anwendbarkeit dieser Methode. Vorausgesetzt wird dabei die Haltung des forschenden Geistes, der auf der Hut ist und nicht ohne weiteres auf mögliche Täuschungen hereinfallen will. Oder sie macht sich, dem Vorbild eines guten Prozeßanwalts folgend, einen forensischen Stil zu eigen: Akzeptieren Sie nicht einfach das Gesamtbild, das Ihnen vorgelegt wird! Zerlegen Sie die Dinge in ihre Bestandteile! Was haben Sie denn wirklich gesehen, Herr Schmidt? Bitte, geben Sie uns genau Auskunft! Und ziehen Sie bitte keine Schlußfolgerungen!

Daß diese Haltung plausibel wirkt, verdankt sie weitgehend dem mit der galileischen Revolution unabtrennbar verbundenen Bewußtsein von der Unzuverlässigkeit der »natürlichen« Einstellung des Common sense zu den Dingen. Die Sonne scheint ja tatsächlich »unterzugehen«. Die Karre scheint wirklich anzuhalten, sobald man aufhört, sie zu schieben. Dennoch wissen wir, daß die Dinge anders ablaufen. Der Fundierungsgedanke ist nichts anderes als die Weigerung, dieser guten forensischen Methode irgendwelche Grenzen zu setzen. Das ist der Gedanke, der uns von Descartes und Locke geboten wird. Man geht vom rein Gegebenen aus, um sodann durch das Ziehen verantwortungsvoller Schlüsse etwas aufzubauen. Im Grunde ist diese klassische Erkenntnistheorie eine Ontologisierung der guten Methode. Das richtige Verfahren, um mit Rätseln fertig zu werden und ein zuverlässiges Wissenskorpus aufzubauen, besteht darin, daß man das jeweilige Problem in Teilfragen zerlegt, die Schlußketten nachvollzieht, immer tiefer gräbt, bis man einen von Schlüssen freien Ausgangspunkt erreicht hat, um sodann mit Hilfe eines zuverlässigen Verfahrens den Bau zu errichten. Sobald es einem so vorkommt, als sei dies das überall anwendbare Patentrezept fürs Denken, hat man ein überwältigendes Motiv dafür, zu glauben, das sei die Art und Weise, in der der Geist arbeitet, wenn er die Welt erfaßt. Denn wenn es sich nicht so verhielte, müßte man die verheerende Schlußfolgerung ziehen, der zufolge die einzige zuverlässige Methode im wichtigsten aller Zusammenhänge gar nicht anwendbar ist, nämlich dort, wo es um den Aufbau unserer Welterkenntnis geht. Die Erkenntnistheorie diktiert also die Ontologie. Der Fundierungsgedanke bestimmt die tatsächliche Funktionsweise des Geistes. Allerdings kann es sein, daß er schlampig und unaufmerksam verfährt und einer äußeren Autorität gehorcht. Aber er kann auch sorgfältig, sich selbst auf die Probe stellend und selbstverantwortlich verfahren.

Hier kann man sehen, daß es leicht zu Mißverständnissen kommen kann. Denn aus dem Blickwinkel des von dieser vermittlungsgebundenen Tradition zehrenden Vorstellungsvermögens sieht es so aus, als sei es in der Regel möglich, Gründe für unsere Überzeugungen anzuführen und Kriterien ausfindig zu machen, die zeigen, daß diese Überzeugungen zutreffen. Wo das nicht der Fall ist, liege es daran, daß wir zum Fundament vorgedrungen sind: zu dem rein Gegebenen, das jeglicher Deutung vorgeordnet sei. Dieses rein Gegebene sei das »Unkorrigierbare«. Wir können es zwar bezweifeln, aber wir können es nicht verbessern, berichtigen oder hinterfragen. Wenn nun Kontakttheoretiker von Dingen sprechen, die wir wissen, weil wir vor Ort sind – also von Dingen, die wir ohne erkennbare Kriterien erfassen –, sieht es natürlich so aus, als ob sie über Dinge redeten, die »unkorrigierbar« sind. Das ist jedoch, wie wir schon gesehen haben, nicht der Fall. Der Rahmen kann in Frage gestellt und berichtigt werden. Aber die Vorstellung von etwas, was verbessert werden und dennoch ohne Kriterien erkannt werden kann, hat nach fundierungstheoretischer Auffassung keinen Sinn. So kommt es, daß wir letzten Endes häufig aneinander vorbeireden.

Die Ironie der Sache liegt nun darin, daß diese sorgfältig aufgestellte Fundierungstheorie zum Schluß ein weiteres, ein unreflektiertes Bild hervorgebracht hat: einen neuen »Common sense«, der seinerseits in Frage gestellt werden muß. Das ist die Aufgabe, die wir im 2. Kapitel zu erfüllen versuchen werden.

5

Einige Gründe, die für die vermittlungsgebundene Theorie sprechen, wurden implizit in den vorigen Absätzen genannt. Diese Theorie reflektiert ein kritisches Bewußtsein, das nicht dazu bereit ist, gewisse Dinge einfach auf Treu und Glauben hinzunehmen oder die erstbeste, unkomplizierteste oder bequemste Deutung zu akzeptieren. Sie verlangt eine selbstverantwortliche, vernunftbezogene Bestätigung von Überzeugungen, die allzu häufig übernommen werden, ohne daß man sich Gedanken darüber macht. Doch das ist nicht bloß eine erkenntnistheoretische Haltung, sondern Bestandteil eines umfassenderen Ideals – des Ideals der Freiheit und der persönlichen Verantwortung –, und dieses Ideal bestimmt nicht nur eine Art und Weise, der wissenschaftlichen Tätigkeit nachzugehen, sondern darüber hinaus eine Form des In-der-Welt-Seins überhaupt.

Darüber, daß diese Ethik der persönlichen Verantwortung eine Schlüsselkomponente der abendländischen Moderne bildet, sind wir uns freilich völlig im klaren. Im Rahmen der religiösen Reformbewegungen spielt sie auf protestantischer wie auf katholischer Seite eine Hauptrolle, und anschließend nimmt sie weltliche Formen an. Auf diese Weise kommt sie in den Idealen der Vernunft und der Autonomie zum Ausdruck sowie in den politischen Normen, die mit dem Gedanken der Selbstverwaltung einhergehen. Im Grunde ist das Wort »kritisch« zu einem Schlüsselwort der Billigung geworden. Wird es zur Selbstbeschreibung verwandt, gilt es als Bejahung des eigenen Standpunkts.

Um noch eine Stufe tiefer zu gehen: Hier hat auch die Haltung des Desengagements von einer starken ethischen Einfärbung profitiert. Diese Haltung wird hochgeschätzt, da man meint, sie stünde in untrennbarer Verbindung mit jener Freiheit, Verantwortung und Durchsichtigkeit für uns selbst, zu der wir durch die reflektierte Betrachtung des eigenen Denkens vorstoßen. Aber die dadurch bewerkstelligte Verdinglichung der Welt ist zugleich die Bedingung dafür, daß es bis zu einem gewissen Grad gelingt, diese Welt zu beherrschen. Solange wir uns selbst als Bewohner eines Kosmos sehen, der bestimmte moralische und spirituelle Bedeutungen an den Tag legt, wird – oder sollte – unsere Einstellung von den Bedeutungen, die den Dingen innewohnen, bestimmt werden. Doch sobald wir dahin gelangen, die Welt als Mechanismus zu sehen, als einen Bereich der Wirkursachen, aber ohne inneren Zweck, steht es uns frei, sie als ein neutrales Gebiet zu behandeln, auf dem unser Hauptinteresse der Frage gilt, wie wir mit unseren eigenen Zwecken umgehen sollen. Die Zweckmittelrationalität wird zur allein angemessenen Kategorie, und das Wissen kann jetzt als Grundlage der Macht aufgefaßt werden.

Um noch eine Stufe tiefer zu gehen: Das Desengagement ist nicht nur eine Quelle der Macht, sondern auch ein Werkzeug der Entzauberung. Die Welt hört auf, der Ort der Geister und der Zauberkräfte zu sein. Und damit wird eine der uralten, ursprünglich gegebenen Quellen der das menschliche Leben prägenden und in der Kindheit jedes einzelnen ohne weiteres erneuerbaren Furcht- und Ehrfurchtgefühle negiert und außer Kraft gesetzt. Im Verhältnis zu dem seit unvordenklichen Zeiten bestehenden Empfinden, den Geistern und magischen Kräften ausgeliefert zu sein, kommt nun ein Gefühl der Unverletzlichkeit auf, aber zugleich ahnt man, daß diese Unverletzlichkeit das Ergebnis mühevoller Arbeit ist. Es bedurfte großer Anstrengungen, ja sogar eines gewissen Muts, diese uralten Ängste zu bezwingen und das tröstliche Heimatgefühl preiszugeben, mit dem uns ein Bedeutungen tragender Kosmos erfüllen kann. Auf diese Weise wird ein Gefühl des Stolzes erzeugt.

Der für die Neuzeit kennzeichnende desengagierte Handlungsbegriff führt zur Entstehung eines Diskurses der Selbstbeweihräucherung, in dessen Rahmen der Mut und die Mühe gelobt werden, denen sich die Geburt des freien, kritischen Akteurs verdanke. Ein typisches Beispiel ist die Schilderung von Ernest Jones, der zufolge Freud als ein in der Nachfolge von Kopernikus und Darwin stehender Held der Moderne anzusehen ist. Jede dieser drei Persönlichkeiten war dazu bereit, das dem Ich schmeichelnde und tröstliche Bild von einer Bedeutungen tragenden und uns selbst einen Ehrenplatz zugestehenden Welt fallenzulassen – einerlei, ob es sich um die im Mittelpunkt des Kosmos ruhende Welt handelt, in der die Menschen von den Tieren grundverschiedene Wesen sind, oder um eine Welt, in der der menschliche Geist weit oberhalb der körperlichen Empfindungen schwebt, um sich dort der beunruhigenden, ja beängstigenden Wahrheit zu stellen.

Die vermittlungsgebundene Erkenntnistheorie hat also

weit mehr zu bieten als die ihr nachgesagte Leistungsfähigkeit als Urheberin gültiger und zuverlässiger Überzeugungen. Die entsprechende Existenzform geht mit überzeugenden Idealen und einem Gefühl der Würde einher. Diese Ideale und dieses Gefühl wiederum tragen dazu bei, den Eindruck zu erwecken, eine solche Theorie sei unangreifbar und kenne keine Alternative. Aber um die Versuche der Dekonstruktion des vermittlungsgebundenen Ansatzes zu verstehen, sollten wir auch zur Kenntnis nehmen, daß die desengagierte Haltung heftige Reaktionen ausgelöst hat, die seit der Romantik ständig an Kraft gewonnen haben. Das Gefühl ist immer stärker geworden, die desengagierte Haltung trenne uns von der Welt, der Natur, der Gesellschaft und sogar von unserer eigenen emotionalen Natur. Wir sind gespaltene Wesen, die der Heilung bedürfen. Die objektive, zweckmittelrationale Einstellung zur Natur macht die Gemeinschaft mit ihr bzw. das Gefühl, in ihr aufzugehen, unmöglich. Selbstverantwortung wirft uns zurück auf die erste Person Singular und sorgt dafür, daß wir dem Monologischen Vorrang vor dem Dialogischen einräumen.

Alle diese Vorwürfe haben – einerlei, ob sie berechtigt sind oder nicht – dazu beigetragen, die Einwände gegen den vermittlungsgebundenen Ansatz zu nähren. Der Kampf zwischen den beiden genannten Deutungsansätzen – der vermittlungsgebundenen und der Kontakttheorie – ist alles andere als nur eine blutarme Debatte über wissenschaftliche Methodik. Er steht in engstem Zusammenhang mit den einander zuwiderlaufenden ethischen und metaphysischen Leidenschaften der Neuzeit.

2
Wie man dem Bild entkommt

Natürlich muß man, um zu der Überzeugung zu gelangen, daß die vermittlungsgebundene Auffassung ein »Bild« im Sinne Wittgensteins – und zwar ein Zerrbild – ist, den Argumenten nachgehen, die zur »Dekonstruktion« dieser Auffassung geführt haben. Sofern die gegen Ende des 1. Kapitels vertretene These zutrifft, wonach der im Rahmen unserer Kultur geführte Kampf, in dem diese Dekonstruktion zum Tragen kommt, seit mindestens zwei Jahrhunderten ausgefochten wird, gilt auch, daß der Vorgang der Widerlegung und der Entstehung des neuen, des modernen Kontaktansatzes ebenfalls schon seit geraumer Zeit im Gang ist.

Es gibt zwei Hauptachsen der Widerlegung. Wie schon gesagt, faßt das verfehlte Bild die Erkenntnis als (richtige) innere Repräsentation der äußeren Realität auf. (1) Eine Linie der Widerlegung besteht nun in dem Nachweis, daß wir die Welt nicht ausschließlich repräsentational erfassen können. Freilich, Repräsentationen spielen beim Vorgang des Erfassens eine Rolle, aber sie machen nicht das Ganze, ja nicht einmal den entscheidenden Teil des Ganzen aus. (2) Doch dem ursprünglich von Descartes hergeleiteten, vorherrschenden Bild zufolge befindet sich das innere Bild im Geist des einzelnen. Nach der richtigen Interpretation sei es nicht nur so, daß die Erkenntnis aus Repräsentationen besteht, sondern überdies sei ihr Ort in erster Linie der Geist von Einzelpersonen. Deren Geist sei zwar zu wechselseitigem Austausch mit dem Geist der anderen imstande, und außerdem könne es die eine oder andere Form der sozialen Bündelung – etwa in Bibliotheken, Lexika und Websites – geben, aber dieses gemeinschaftliche Wissen sei letzten Endes eine Verknüpfung der Erkenntnisse von Einzelwesen. Der Aufbau gültiger Erkenntnis aus dem ursprünglichen Input sei vor allem ein monologischer Prozeß. Es ist diese These des monologischen Vorgehens, die von der zweiten Widerlegungsstrategie aufs Korn genommen wird. Dabei geht es darum, zu zeigen, daß unser Weltverständnis vor allen Dingen etwas Gemeinsames ist, das erst in zweiter Linie an jeden einzelnen von uns weitergegeben wird, indem wir in die Sprache und die Kultur unserer jeweiligen Gesellschaft eingeführt werden. Selbstverständlich kann jeder einzelne von uns anschließend Zusätze und Veränderungen anbringen, die dann jedoch einen zunächst einmal gemeinsamen Vorrat betreffen, den jeder von uns von außen empfängt.

Die erste Widerlegungsstrategie zielt auf den Primat der Repräsentation überhaupt, während die zweite Widerlegungsstrategie die *individuelle* Repräsentation – die Vorrangstellung des Monologischen – aufs Korn nimmt.

In den folgenden Kapiteln halten wir uns zunächst an die erste Strategie. Hält man sich an diese Strategie, so geht der Schachzug, mit dem man die Partie eröffnet, in einem bestimmten Sinn auf Kant zurück, obwohl er in maßgeblichen Hinsichten der vermittlungsgebundenen Auffassung verhaftet blieb. Hegel wiederum repräsentiert ein weiteres wichtiges Stadium. Aber eigentlich ist der Alternativansatz nicht vor der ersten Hälfte des zwanzigsten Jahrhundert vollständig zum Ausdruck gebracht worden.

1

Diese erste Widerlegungs- bzw. Dekonstruktionsstrategie umfaßt, wie nicht anders zu erwarten, eine Vielzahl von Einzelsträngen. Einer dieser Stränge ist der Angriff auf den Mythos des Gegebenen, also die Vorstellung, unsere Erkenntnis habe ihren Grund in der Aufnahme im voraus interpretierter Daten. Diese Vorstellung macht die Erfahrung offenbar zum Problem: Wir stellen Überlegungen an, nennen Gründe, ziehen Schlüsse und gelangen zu einer Auffassung über die Welt. Aber unser Rahmenverständnis, das die meisten Theorien dieser Art beizubehalten versuchen, besagt, daß wir auch etwas von der Welt lernen. Wir erfassen und erfahren Dinge, auf deren Grundlage wir unsere Überlegungen anstellen. Es ist diese doppelte Quelle unserer Erkenntnis, welche die vermittlungsgebundenen Erkenntnistheorien durch ihre Grundstruktur in den Griff bekommen sollten: Die Rezeptivität sorgt für die basalen Inputelemente, die sodann durch Denkprozesse in Wissenschaft verwandelt werden.

Aber gerade die durch das vermittelnde Element gezogene Grenze macht es schwer zu verstehen, wie diese beiden Quellen zusammenarbeiten können. Was zunächst wie eine offensichtliche Lösung wirkt, führt bloß zur Entstehung einer weiteren Gruppe von Problemen, nämlich zu den später zu besprechenden Problemen, die mit Skepsis und Nichtrealismus einhergehen. Solche Lösungen laufen tendenziell auf den Gedanken hinaus, daß die Rezeptivität rein kausal zu deuten ist: Sie soll lediglich bestimmte Resultate liefern, die wir nicht hinterfragen können; anschließend leistet die Vernunft das, was sie kann, um diesen Resultaten etwas Verständliches abzugewinnen.

Aber aus weiterem Blickwinkel betrachtet, kann schon die bloße Vorstellung von einer Grenze überaus problematisch wirken. Kritisches Denken ist etwas, was wir tun – es handelt sich um eine Aktivität im Bereich der Spontaneität und der Freiheit. Aber was die Erkenntnis der Welt betrifft, soll dieses Denken auf das Sosein der Dinge reagieren können. Die Spontaneität muß irgendwie mit der Rezeptivität verschmelzen. Es fällt jedoch schwer zu erkennen, wie das möglich sein soll, wenn man die Spontaneität als eine Art von grenzenloser Freiheit begreift, die an der Stelle, an der sich die beiden berühren, auf eine Welt auftreffen muß, die von ehernen »Naturgesetzen« postgalileischer Observanz regiert wird. Die schizophrene Natur der Grenzereignisse, die unerklärlicherweise sowohl an der Natur als auch an der Freiheit teilhaben sollen, ist eine unvermeidliche Konsequenz, die sich aus dieser Sicht der Dinge ergibt.

So kommt es, daß schon die Vorstellung von einem Ereignis an der Grenze zwischen dem Reich der Ursachen und dem Reich der Gründe allmählich widersprüchlich erscheint. Dieses Ereignis müßte in einem gewissen Sinn amphibisch sein und beiden Bereichen angehören. Aber ist es nicht so, daß die beiden einander in ihrem Wesen widersprechen? Auf der einen Seite befindet sich ein Gegenstand oder ein faktisch bestehender Sachverhalt, das kausale Endresultat der von außen kommenden Reizung unserer Sinnesorgane. Auf der anderen Seite gibt es bestimmte *Behauptungen*, die besagen, daß sich die Dinge so und so verhalten, und diese Behauptungen könnten als Gründe für die Annahme dieser oder jener allgemeineren Ansicht fungieren. Das ist die Überlegung, die manche Philosophen dazu veranlaßt hat, den Mythos des (rein) Gegebenen – der ungeschönten, uninterpretierten Tatsachen – anzuprangern.[1]

Das Problem besteht darin: Wie soll man die Erfahrung

---

1 Siehe John McDowell, *Mind and World*, Cambridge, MA: Harvard University Press 1993, Lecture 1 (übers. von Thomas Blume, Holm

(im Sinne der Gewinnung von Informationen aus der Welt) erklären? In *einer* Hinsicht müssen wir diese Informationen empfangen – wir sind also auf der passiven Seite. In einer anderen Hinsicht müssen wir wissen, wie man diese Informationen »erfaßt« – und hier sind wir aktiv. Wie lassen sich diese beiden Seiten miteinander verbinden?

Darin liegt das berüchtigte Problem der durch die neuzeitliche Erkenntnistheorie definierten Tradition der neueren Philosophie. Bei manchen bekannten Autoren, die zu den Klassikern zählen, liegt das Fehlen einer einleuchtenden Theorie der Erfahrung auf der Hand. Leibniz hat sie zu guter Letzt überhaupt bestritten und sich ein Bild von der Welt gemacht als einem Etwas, das in seiner Gesamtheit in der Monade vorhanden ist. Hume hat sich, wie es scheint, für das andere Extrem entschieden und gemeint, unser ganzes Wissen komme durch die Erfahrung zu uns. Daher der Ruhmestitel »Empirist«. Doch dafür muß er den Preis bezahlen, daß die aktive Dimension zur Gänze gestrichen wird, so daß die Leistungen der Erfahrung nichts anderes sind als unverbundene Informationsschnipsel, während das, was normalen Menschen wie unbestreitbare Verbindungen vorkommt, als Projektion des Geistes gebrandmarkt wird. Bei diesem karikaturhaften Passivismus kommt sogar das Selbst abhanden.

Kant wiederum hat bekanntlich den Versuch unternommen, Hume und Leibniz unter einen Hut zu bringen. Immerhin hat er das Problem gesehen: Wie lassen sich Spontaneität und Rezeptivität miteinander verbinden? Aber er war noch zu sehr in die vermittlungsgebundene Struktur verstrickt, um eine glaubwürdige Lösung vorzuschlagen.[2]

Bräuer u. Gregory Klass: *Geist und Welt*, Frankfurt/M.: Suhrkamp [4]2012, Vorlesung I).

2 Hier beziehen wir uns auf die aufschlußreiche Doktorarbeit von Sa-

Der im zwanzigsten Jahrhundert einflußreichste Strang ist jedoch der »metakritische«, wie wir hier sagen wollen.[3] Der Grundgedanke der Metakritik besteht, wie schon der Name nahelegt, darin, daß man die Grundlage der kritischen Theorie erster Stufe erkunden möchte. Diese erststufige Theorie beansprucht, über die Bedingungen unserer alltäglichen oder wissenschaftlichen Erkenntnisansprüche nachzudenken und damit unsere gewöhnliche, vorkritische Auffassung von diesen Wissensansprüchen in Frage zu stellen. Die Metakritik reflektiert nun ihrerseits über die Bedingungen unserer kritischen Bemühungen.

Die Suche nach Bedingungen spielt sich jedoch in einer anderen Dimension ab. Das ist eine von den Begründern der vermittlungsgebundenen Tradition freilich noch nicht erkundete, von Kant dagegen keineswegs vernachlässigte Dimension. Deshalb spielt Kant eine derart entscheidende Rolle. Es geht um den Versuch, den Kontext zu erkunden, der vorausgesetzt werden muß, um das kritische Unterfangen selbst und darüber hinaus unsere Erfahrung der Welt als solche verständlich zu deuten. Welches Verständnis des Geistes in der Welt würde eine sinnvolle Deutung der Annahmen der vermittlungsgebundenen Theorie ermöglichen? Und steht dieses Verständnis in Einklang mit der Deutung, die eine sinnvolle Erläuterung der tatsächlich gemachten Erfahrung erlaubt?

---

muel Todes, die erst 2001, also viele Jahre nach ihrem Abschluß, unter dem Titel *Body and World* (Cambridge, MA: MIT Press) erschienen ist.

3 Hier lassen wir uns von einer Schrift Hamanns anregen, in der sich der Autor auf Kant bezieht: *Metakritik über den Purismus der Vernunft* (1784). Ebenfalls relevant ist Herders Buch *Metakritik zur Kritik der reinen Vernunft* (1799).

Eine Antwort auf die erste Frage haben wir schon im 1. Kapitel zu geben versucht, als es darum ging, die cartesianische Auffassung des Geistes in seiner Welt unter anderem dadurch zu artikulieren, daß wir die Bedeutung der dualistischen Einteilung aufzeigten. Nun kann sogar die Antwort auf diese erste Frage für den vermittlungsgebundenen Ansatz äußerst beunruhigend sein. Da die Formulierung dieses Ansatzes zunächst vor allem mit fundierungstheoretischen Absichten erfolgt und darauf abzielt, durch immer tieferes Graben bis hin zum reinen, unhintergehbaren Gegebenen eine feste Basis der Erkenntnis zu finden, wirkt die Auskunft, das Unterfangen beruhe darauf, daß man sich eine bestimmte (und somit Alternativen zulassende) Auffassung vom Geist in seiner Welt zu eigen macht, völlig verheerend. Denn wenn die Argumentation nur fortschreiten kann, indem wir uns für eine unter mehreren möglichen Interpretationen des Geistes in seiner Welt entscheiden, wird die Behauptung, wir hätten das Fundament schon erreicht, null und nichtig – es sei denn, diese Interpretation läßt sich ihrerseits mit hieb- und stichfesten Gründen untermauern.

Dieser Argumentationsschritt, durch den man den Fundierungsgedanken dazu bringt, daß er sich selbst widerspricht, wird von Hegel in der Einleitung zur *Phänomenologie des Geistes* sehr erfolgreich zum Einsatz gebracht.[4] Das zeigt, was wir oben bereits behaupten wollten, nämlich daß der Fundierungsgedanke nur dann Anklang findet, wenn man sich von einem Bild im Sinne Wittgensteins gefangennehmen und damit von einer Deutung vereinnahmen

---

4 G. W. F. Hegel, *Phänomenologie des Geistes* (1807), Hamburg: Meiner 1988, 57ff. Dort weist Hegel darauf hin, daß die wichtigste erkenntnistheoretische Tradition, die er an dieser Stelle angreift, das eine oder andere Bild des Geistes in seiner Welt voraussetzt: Entweder könne der Geist die Wirklichkeit durch bestimmte *Werkzeuge* erfassen, oder die Realität gelange durch ein *Medium* zum Geist.

läßt, die man für die einzig mögliche und daher unzweifelhaft richtige hält.

Aber sogar in dieser Einleitung geht es Hegel um mehr als eine pragmatische Widerlegung der genannten Art. Außerdem möchte er der zweiten Frage nachgehen: Welches sind die Bedingungen, die unsere Welterfahrung verständlich interpretierbar machen? Aus seiner Sicht werden diese Bedingungen vermittels einer Reihe negativer Schritte bestimmt, durch die wir in jedem einzelnen Fall die Unzulänglichkeit einer früheren Deutung aufzeigen und sie dementsprechend verbessern. Der Weg zu einer angemessenen Deutung ist deshalb als dialektische Bewegung definiert, und dem Begriff »Erfahrung« selbst wird ein reichhaltigerer Sinn gegeben, der diese Momente des kritischen Übergangs mitbezeichnet.

Es ist die zweite, die dialektische Argumentationsform, an die wir uns hier halten wollen, wobei wir in jedem einzelnen Fall zeigen können, daß die jeweils betrachtete Erkenntnistheorie gegen die Hintergrundbedingungen verstößt, die erfüllt sein müßten, um ihr Gültigkeit zu verleihen. Hegel bringt ein solches Argument gegen Kant zum Einsatz, also ironischerweise gegen denjenigen, der diese Art von Argumentation überhaupt erst aufgebracht hatte.

Hier könnte man von dem fundierenden Schachzug im Rahmen der Suche nach den Sinn-Bedingungen der Erfahrung sprechen; und wie man sieht, wird er in dieser Weise von Kant selbst in der transzendentalen Deduktion mit großem Erfolg zum Einsatz gebracht. Damit bringt er eine Argumentationsstrategie ins Spiel, die später von den bedeutendsten »Dekonstrukteuren« des desengagierten Bilds fortgeführt wird. Diese untergräbt, wie schon gesagt wurde, das desengagierte Bild, indem sie den Hintergrund verdeutlicht, der nötig ist, damit die durch das Bild beschriebenen Operationen verständlich werden. Auf diese Weise wird klar, daß der

Hintergrund nicht in den Bereich paßt, der durch die von der desengagierten Auffassung gezogenen Grenzen bestimmt wird. Sobald dieser Ansatz vor dem angedeuteten Hintergrund begriffen wird, erweist er sich als unhaltbar.

Kant ist auf dem Weg dieser Argumentation zwar nicht so weit gegangen wie seine Nachfolger im zwanzigsten Jahrhundert, aber es ist ihm gelungen, ein besonders wichtiges Merkmal des vermittlungsgebundenen Modells (oder zumindest einer frühen Spielart dieses Modells) in Frage zu stellen. Die in der transzendentalen Deduktion dargelegten Argumente können ganz unterschiedlich interpretiert werden. Aber *eine* Deutungsmöglichkeit besteht darin, daß man sie als den endgültigen Todesstoß ansieht, der damit einer bestimmten, vom Empirismus vertretenen Form des Input-Atomismus versetzt wird. In der Form, in der dieser Atomismus Kant erreicht hat, legt er offenbar die Vorstellung nahe, daß die erste Ebene der (wie auch immer beschaffenen) Realitätserkenntnis aus partikelhaften Stückchen – aus individuellen »Eindrücken« – besteht. Diese Ebene der Information lasse sich isolieren und von einem späteren Stadium trennen, in dem diese Stückchen beispielsweise im Kontext von Gedanken über Ursache-Wirkung-Beziehungen miteinander verbunden werden. Wie wir feststellen, fassen wir tatsächlich solche Gedanken; aber indem wir die (für die neuzeitliche Erkenntnistheorie bekanntlich fundamentale) Haltung des reflektierten Prüfens einnehmen, könne es gelingen, die Grundebene von diesen voreilig gezogenen Schlußfolgerungen zu trennen. Diese Analyse soll beispielsweise zeigen, daß es im Bereich der phänomenalen Wahrnehmung nichts gibt, was der vorschnell zwischen »Ursache« und »Wirkung« eingeschobenen notwendigen Verbindung entspräche.[5]

---

5 David Hume, *An Enquiry Concerning Human Understanding* (1748 bzw. 1758), hg. von L. A. Selby-Bigge, Oxford: Oxford Univer-

Kant untergräbt diese ganze Denkweise, indem er zeigt, daß sie im Hinblick auf jeden partikelhaften Einzeleindruck annimmt, er werde als potentielles Informationsfragment aufgefaßt. Dieses Informationsfragment beansprucht, von etwas zu handeln. Die von den Empiristen anerkannte primitive Unterscheidung zwischen Empfindungs- und Denkeindrücken läuft auf eine Anerkennung dieses Sachverhalts hinaus. Das Brummen in meinem Kopf wird von dem Geräusch, das ich aus dem nahen Wald höre, insofern unterschieden, als das erstere einen Bestandteil meines Befindens ausmacht, während mir das letztere offenbar etwas über das äußere Geschehen mitteilt. Also muß sogar ein partikelhafter »Eindruck«, um (im empiristischen, also dem Denken entgegengesetzten Sinn) wirklich ein Eindruck zu sein, diese Dimension des »Von-etwas-Handelns« einschließen. Später wird man diese Dimension als »Intentionalität« bezeichnen, doch Kant spricht hier von der notwendigen Beziehung zu einem Gegenstand der Erkenntnis: »Wir finden aber, daß unser Gedanke von der Beziehung aller Erkenntnis auf ihren Gegenstand etwas von Notwendigkeit bei sich führe [...].«[6]

Sobald dieses Ergebnis gesichert ist, macht Kant geltend, eine solche Beziehung zu einem Gegenstand wäre unmöglich, wenn wir den Eindruck wirklich als völlig isolierten, mit keinem sonstigen Gegenstand verknüpften Inhalt auffaßten. Daß man ihn als einen Inhalt begreift, der von etwas handelt, heißt, daß man ihn irgendwo ansiedelt – zumindest draußen in der Welt (im Gegensatz zu meinem In-

---

sity Press 1902, Abschnitt VII, 60-79 (übers. von Raoul Richter: *Eine Untersuchung über den menschlichen Verstand*, Hamburg: Meiner 1993, 74-95).

6 Immanuel Kant, *Kritik der reinen Vernunft*, hg. von Jens Timmermann, Hamburg: Meiner 1998, A 104.

neren). Es heißt, daß man ihm einen Ort in einer Welt zuweist, die aus meiner Sicht zwar in vielen Hinsichten unbestimmt und unbekannt sein kann, aber nicht zur Gänze. Die Einheit dieser Welt wird von allem vorausgesetzt, was sich als partikelhaftes Stückchen *Information* präsentieren könnte, und daher kann es (egal, was wir unter einem solchen partikelhaften Stückchen verstehen) nicht völlig ohne Beziehung zu allen anderen sein. Die Bedingung im Hintergrund dieser Lieblingsannahme der empiristischen Philosophie – der Annahme des einfachen Eindrucks – verbietet es uns, ihr jenen extremen Sinn zu verleihen, den Hume für sie in Anspruch zu nehmen scheint. Wollte man gegen diese Hintergrundbedingung verstoßen, würde man der Inkohärenz anheimfallen. Gelänge es wirklich, alle Verbindungen zwischen den einzelnen Eindrücken zu kappen, würde man jegliches Bewußtsein von etwas verlieren: »Diese [Wahrnehmungen] würden aber alsdenn auch zu keiner Erfahrung gehören, folglich ohne Objekt, und nichts als ein blindes Spiel der Vorstellungen, d. i. weniger, als ein Traum sein.«[7]

Die transzendentale Deduktion und die damit zusammenhängenden Argumente aus der *Kritik der reinen Vernunft* können als Wendepunkt innerhalb der neuzeitlichen Philosophie aufgefaßt werden. Aus der Rückschau kann man darin den ersten Versuch erblicken, jenen Hintergrund zu artikulieren, den das moderne Bild des Desengagements seinerseits in Anspruch nehmen muß, um die von ihm beschriebenen Operationen als verständlich hinzustellen, und zugleich als Versuch, diese artikulierte Darstellung zur Infragestellung des Bilds selbst zu benutzen. Sobald man diesen Übergang vollzogen hat, verändert sich die ganze philo-

7 Ebd., A 112.

sophische Landschaft, denn die Problematik des Hintergrundverständnisses liegt nun offen ausgebreitet vor uns. Ein wichtiges Merkmal der verdinglichten Anschauungen, die sich aus der Ontologisierung der kanonischen Verfahren der neuzeitlichen Erkenntnistheorie ergeben, besteht darin, daß sie diese Problematik unsichtbar machen. Die Bedingungen der Verständlichkeit werden in die Elemente und Vorgänge innerhalb des Geistes verlagert und als dessen interne Eigenschaften fest verankert. Es verhalte sich tatsächlich so, daß der isolierte Eindruck als eigenständige Information aufzufassen ist – so, wie eben das Haus rot oder der Tisch quadratisch ist. Der Eindruck habe absolut die gleiche partikelhafte, abtrennbare Existenz wie der äußere Gegenstand. Locke behandelt die einfachen Ideen als Pendants der Materialien, die wir beim Bauen verwenden.[8] Bei dieser Einstellung vergißt man, daß etwas nur dann verständlicherweise X ist, wenn es verständlicherweise *als* X *gilt*, und daß es stets Kontextbedingungen gibt, die bestimmen, wann etwas als etwas gilt.

In ihrer ursprünglichen kantianischen Form fegt diese Revolution den Atomismus der neuzeitlichen Erkenntnistheorie weg. In dieser Hinsicht sind alle, die nach Kant kommen, auch seine Nachfolger. In einem bestimmten Sinn liegt eine holistische Tendenz im Wesen des Schachzugs, durch den unsere Erklärung des Begriffs des erkennenden Akteurs von allen verdinglichenden Zügen befreit wird. Was früher in den einzelnen Elementen verankert wurde, wird jetzt dem Hintergrund zugeschrieben, der ihnen allen gemeinsam ist.

Heidegger und Wittgenstein folgen dem von Kant berei-

---

8 John Locke, *An Essay Concerning Human Understanding* (1690, 4. Aufl. 1700), II.11.2 (übers. von C. Winckler: *Versuch über den menschlichen Verstand*, Hamburg: Meiner 1981).

teten Weg und bedienen sich der gleichen Argumentationsform. Wie Heidegger darlegt, zeigen sich die Dinge zuerst als Teile der Welt, das heißt als Entsprechungen des besorgenden Zu-tun-Habens und im Rahmen einer Gesamtheit von Fällen solchen Zu-tun-Habens. Damit werden bestimmte Grundmerkmale des desengagierten Bilds untergraben. Zunächst einmal wird der Input-Atomismus durch die Vorstellung von einer Gesamtheit von Fällen solchen Zu-tun-Habens bestritten. Aber außerdem wird ein weiterer Grundzug des klassischen Bilds ausradiert, nämlich der Gedanke, der primäre Input sei neutral und erst zu einem späteren Zeitpunkt werde ihm von seiten des Akteurs ein Sinn zugesprochen. Dieser Gedanke wird durch die Grundthese bestritten, der zufolge die Dinge in der Welt zuerst als etwas Zuhandenes zum Vorschein kommen. Wollte man dieses Charakteristikum als etwas begreifen, was wir im nachhinein auf Dinge projizieren, die zunächst in neutraler Form wahrgenommen werden, würde man einen Grundfehler begehen.[9]

Von weniger gewogenen Lesern wird Heideggers Erörterung in *Sein und Zeit* manchmal als interessante Schilderung der Alltagsexistenz aufgefaßt, die jedoch nicht von Belang sei für die philosophischen Fragen der Ontologie, die er zu besprechen behauptet. Freilich behandeln wir die Dinge normalerweise als Werkzeug oder Hindernis, also im Hinblick auf ihre Relevanz für unsere Tätigkeiten – doch was zeigt das schon mit Bezug auf den Vorrang neutraler Informationen? Natürlich sind wir uns der Dinge meistens

9 Martin Heidegger, *Sein und Zeit*, Tübingen: Niemeyer 1967, 71: »Die Seinsart dieses Seienden ist die Zuhandenheit. Sie darf jedoch nicht als bloßer Auffassungscharakter verstanden werden, als würden dem zunächst begegnenden ›Seienden‹ solche ›Aspekte‹ aufgeredet, als würde ein zunächst an sich vorhandener Weltstoff in dieser Weise ›subjektiv gefärbt‹.«

nicht als neutraler Gegenstände *bewußt*, aber das zeigt nicht, daß der desengagierte Ansatz im Unrecht ist. Unser gewöhnliches Alltagsbewußtsein müßte seinerseits als Konstrukt gesehen werden. Nicht einmal dann, wenn es um Fragen des Mentalen geht, dürfen wir den vorgalileischen Fehler machen zu glauben, die Dinge verhielten sich so, wie sie sich zu verhalten scheinen. So lautet ein verbreiteter Vorwurf, der von Verfechtern der desengagierten Auffassung gegen die »Phänomenologie« erhoben wird.

Doch Heidegger verfolgt offenbar eine andere Absicht als die, uns bloß daran zu erinnern, wie es ist, auf alltäglichem Niveau in dieser Welt zu leben. Seine Argumentation erhebt den gleichen Anspruch wie der Gedankengang Kants und könnte ebenso wie dieser herangezogen werden, um auf den gerade geäußerten Einwand zu antworten. Es soll gezeigt werden, daß das Erfassen der Dinge als neutraler Gegenstände nur dann zu unseren Möglichkeiten gehört, wenn es sich vor dem Hintergrund einer Weise des In-der-Welt-Seins abspielt, bei dem sich die Dinge als zuhanden erschließen. Die Dinge neutral zu erfassen setzt voraus, daß wir unsere Haltung zu ihnen modifizieren, und diese Haltung muß im ursprünglichen Fall eine des Mit-den-Dingen-zu-tun-Habens sein. Heidegger macht, ebenso wie Kant, geltend, daß das im Rahmen der desengagierten Auffassung beschriebene Verhalten gegenüber den Dingen nur dann verständlich ist, wenn es in einer ihm zuwiderlaufenden, einrahmenden und fortwährenden Haltung gegenüber der Welt seinen Ort hat, was wiederum heißt, daß dieses Verhalten nicht ursprünglich und fundamental sein kann. Schon die Bedingung der Möglichkeit dieser Einstellung verbietet es uns, ihr den paradigmatischen und grundlegenden Ort in unserem Leben einzuräumen, von dem das desengagierte Bild ausgeht.

Diese Argumentation bezüglich der Bedingungen der

Möglichkeit – der Bedingungen einer verständlichen Verwirklichung dieser Haltung – wird von Heideggers Gebrauch des Worts »ursprünglich« getragen, das hier nicht nur soviel wie »zeitlich früher« bedeutet, sondern etwas Stärkeres. Unsere ursprüngliche Haltung kommt früher als das Spätere, aber auch als dessen Bedingung, und sie modifiziert dieses Spätere. Außerdem wird die Argumentation von Heideggers wiederholtem Gebrauch des Ausdrucks »zunächst und zumeist« getragen. Auch dieser Ausdruck klingt trügerisch anspruchslos. Angewandt wird er auf eine Seinsweise, die nicht bloß früher und häufiger vorkommt, sondern die darüber hinaus den Hintergrund für das abgibt, was nicht sie selbst ist.

Hier kann es leicht geschehen, daß man mißversteht, worauf Heidegger hinauswill. Wenn man sagt, daß wir unsere Welt erst dann vermittels der neutralen Terminologie der desengagierten Beschreibung oder der Wissenschaft verstehen, wenn wir bereits in ihr als dem Ort des Bedeutungsvollen zu leben gelernt haben, heißt das nicht, daß wir die Begriffe der neutralen Beschreibung im Sinne der Begriffe des Bedeutungsvollen – also das Vorhandene im Sinne des Zuhandenen – definieren müssen.

Werfen wir einen Blick auf die verschiedenen Hinsichten, in denen ein Wort für uns verständlich werden kann und/oder in denen Dinge in Erscheinung treten können. So können sich Dinge beispielsweise in ihrer Bedeutsamkeit für unser Handeln kundtun – im Hinblick auf ihre »Affordanzen«, ihren »Angebotscharakter«, um mit Gibson zu reden: Die eine Umgebung engt uns ein, während uns die andere Umgebung Bewegungsfreiheit schenkt; eine weitere Umgebung behindert uns, während eine vierte unseren Handlungsabsichten entgegenkommt. Ferner ist es möglich, daß sich die Dinge als attraktiv oder abstoßend zeigen, als angenehm oder unangenehm, als beruhigend oder angsteinflößend. Das sind allesamt Beispiele dafür, daß uns die Dinge im Hinblick auf ihren Sinn oder ihre Bedeutsamkeit verständlich werden.

Aber es gibt auch Hinsichten, in denen sich die Dinge in neutraler Form darbieten, also nicht im Hinblick auf ihre Bedeutung für uns, sondern so, wie sie einem desengagierten Akteur erscheinen, dem es nur darauf ankommt, ein neutrales Porträt der Wirklichkeit zu zeichnen. Wenn sich die Dinge auf diesem Weg verständlich machen, handelt es sich um den Weg, der für die »Wissenschaft« – insbesondere die Naturwissenschaft – zentral und bestimmend ist.

Im Bereich dieser Formen der Verständlichkeit kann es durchaus eine bestimmte Ordnung geben. Ja, es kann auch mehr als eine Art von Ordnung geben. Eine von ihnen ist eine notwendige Abfolge bei der Entstehung der Verständlichkeitsformen. Aus den Schriften von Heidegger und Merleau-Ponty geht offenbar deutlich hervor, daß die »engagierte« Form, in deren Rahmen sich die Dinge in ihrer Bedeutung für uns kundtun, der desengagierten Form vorausgehen muß. Forscher, die sich mit Fragen der Ontogenese beschäftigen, haben geltend gemacht, daß kleine Kinder zum Beispiel, die gerade zu sprechen beginnen, neue Begriffe nur in einem Zusammenhang lernen können, in dem die betreffenden Gegenstände eine emotionale Bedeutung für sie haben.[10] Für Kinder, die an Autismus leiden und bei denen es nicht leichtfällt, einen Zusammenhang gemeinsamer emotiver Reaktionen herzustellen, ist es schwieriger, den betreffenden Begriff zu verallgemeinern, und es gelingt ihnen später als den normalen Kindern. Sogar die Rituale, durch die Kinder ihre ersten Wörter lernen, sind Momente

10 Stanley Greenspan u. Stuart Shanker, *The First Idea: How Symbols, Language, and Intelligence Evolved from Our Early Ancestors to Modern Humans*, Cambridge, MA: DaCapo Press 2004.

der Gemeinschaftlichkeit, Momente der gemeinsamen Aufmerksamkeit, nach denen sich die Kinder zutiefst sehnen, nach denen sie streben und ohne die sie nicht gedeihen können.

Es ist auch so, daß Kinder Gewichte unterscheiden lernen, indem sie sich darauf beziehen, wie schwer bzw. wie leicht es ist, den betreffenden Gegenstand hochzuheben, ehe sie die Sprache von Gramm und Kilogramm lernen.

Es ist jedoch klar, daß diese notwendige Ordnung der Verständlichkeit nichts mit logischer Abhängigkeit in *dem* Sinn von »logischer Abhängigkeit« zu tun hat, in dem das Erfassen des einen Begriffs das Erfassen eines anderen voraussetzt. Das Wort »Junggeselle« kann man nicht verstehen, ohne etwas über die Institution der Ehe zu wissen. Ebensowenig kann man verstehen, was »Inflation« heißt, sofern man nicht weiß, welche Rolle das System der Preise in unserem Leben spielt. Daß die engagierte Form vor der desengagierten kommt, entspricht einer notwendigen Reihenfolge im Bereich der Ontogenese, denn zu dem späteren Stadium kann man nicht gelangen, ohne sich in dem früheren auszukennen. Doch daß es sich tatsächlich so verhält, sagt nichts über die logischen Bedingungen des Verstehens der desengagierten Wissenschaftssprache. Anders als bei dem Verhältnis, das zwischen Junggesellen und Ehe sowie zwischen Inflation und Preissystem besteht, gibt es bei einem Ausdruck wie »wiegt 10 Kilogramm« gar keinen Zusammenhang mit »ist zu schwer« als einer möglichen Bedingung seiner Verständlichkeit.

Heidegger und Merleau-Ponty zeigen nicht nur, daß die engagierte Einstellung genetisch gesehen unweigerlich vor der desengagierten kommt, sondern sie legen außerdem dar, daß diese Haltung ein unentbehrlicher Bestandteil unseres Lebens bleibt. Dieser Art und Weise, dafür zu sorgen, daß sich die Dinge kundtun, »entwachsen« wir nie:

Ohne sie kommen wir nicht aus, wenn wir uns durch die Welt bewegen und mit den Dingen zurechtkommen wollen. Wenn ich durch die Stadt fahre, sehe ich etwa, daß ich rechts an diesem langsamen Auto vorbeischlüpfen kann; und über die Kreuzung da vorn komme ich gerade noch hinüber, ehe der sich nähernde Lastwagen mit mir zusammenstößt. In diesen Fällen werden die Räume in ihren Affordanzen erfaßt. Die engagierte Art und Weise ist, um auf Heideggers oben genannten Ausdruck zurückzugreifen, diejenige, in der wir uns »zunächst und zumeist« bewegen, doch was uns dabei angeboten wird, gehört nicht mit zu dem, was die Sprache der desengagierten Wissenschaft verständlich macht.

Um auf die im zwanzigsten Jahrhundert entwickelte Reprise von Kants bahnbrechender Argumentation zurückzukommen: Diesbezüglich ist festzuhalten, daß Wittgensteins Vorgehen in den *Philosophischen Untersuchungen* sogar noch offenkundiger mit dem Original in Einklang steht. In einem gewissen Sinn leistet er im Hinblick auf den Atomismus der Bedeutung das gleiche, was Kant im Hinblick auf den Atomismus des Informationsinputs geleistet hat. Wittgensteins Zielscheibe ist eine Theorie der Sprache und des Sinns, deren paradigmatische Formulierung er zwar bei Augustinus vorfindet, die aber auch von den Theoretikern der desengagierten Auffassung gutgeheißen und entwickelt worden ist. Der Atomismus der Bedeutung besteht in der Auffassung, ein Wort erhalte dadurch Bedeutung, daß es vermittels einer Beziehung des Benennens oder Bezeichnens mit einem Gegenstand verknüpft wird. Hier besteht nicht nur eine Parallele zum Input-Atomismus der postcartesischen Erkenntnistheorie, sondern im Rahmen der klassischen Formulierungen dieser Theorie des Geistes wurden die beiden auch noch miteinander verflochten. So behauptet Locke, ein Wort erhalte seine Bedeutung nicht dadurch, daß es den Gegenstand unmittelbar bezeichne, sondern dadurch, daß es sich auf die diesen Gegenstand repräsentierende Idee im Geist beziehe.[11] Diese Ergänzung der Augustinischen Theorie bahnt dann der Annahme den Weg, jede Person könne eine andere Sprache sprechen, da ja die Möglichkeit bestünde, daß einem benannten öffentlichen Gegenstand im Geist aller Einzelpersonen verschiedene innere Ideen entsprechen könnten. Damit scheint sich nun die ganz eigene Möglichkeit einer völlig privaten Sprache abzuzeichnen, in der die Wörter etwas bedeuten, was kein anderer wissen kann; und das ist eine skeptische Bedrohung, die sich nicht ohne weiteres wegzaubern läßt. Es ist vor allem diese »modernisierte« Form der Theorie, gegen die Wittgensteins Aufgebot an Argumenten zum Einsatz gebracht wird.

Es zeigt sich, daß der Bedeutungsatomismus aus genau dem gleichen Grund unhaltbar ist, aus dem der Input-Atomismus – wie Kant gezeigt hat – fallengelassen werden muß. Die Vertreter dieser Theorie nehmen an, einem Wort könne durch eine Zeremonie des Benennens Bedeutung verliehen werden oder seine Bedeutung könne durch Zeigen auf den benannten Gegenstand mitgeteilt werden. Ein erheblicher Teil der Argumentation, die Wittgenstein in den *Philosophischen Untersuchungen* entfaltet, läuft auf den Nachweis hinaus, es sei eine Bedingung für das Funktionieren einer solchen »hinweisenden Erklärung«, daß der Lernende schon eine Menge über das Funktionieren der Sprache und den Ort des betreffenden Wortes in ihr weiß. Die »Grammatik« des relevanten Teils der Sprache wird vorausgesetzt, denn »sie zeigt den Posten an, an den das neue Wort gestellt wird«.[12] Das Benennen scheint eine primitive,

11 Locke, *An Essay Concerning Human Understanding*, III.11.2.

12 Ludwig Wittgenstein, *Philosophische Untersuchungen* (1953), Frankfurt/M.: Suhrkamp 2003, § 257.

autarke Operation zu sein; doch wenn man es so auffaßt, »so vergißt man, daß schon viel in der Sprache vorbereitet sein muß, damit das bloße Benennen einen Sinn hat«.[13]

In dieser zum Schluß zitierten Bemerkung äußert sich Wittgenstein explizit über die Bedingungen der Verständlichkeit. Die Auffassung, die Bedeutung eines Worts bestehe schlicht in seiner Beziehung zu dem von ihm benannten Gegenstand – also eine ihrem Wesen nach atomistische Auffassung –, erweist sich als Fehlschlag, sobald man einsieht, daß sich jede derartige Beziehung auf ein Hintergrundverständnis stützt und ohne dieses keinen Sinn hat. Doch dieses Verständnis betrifft nicht die einzelnen Wörter, sondern die Sprachspiele, in denen sie vorkommen, und letzten Endes die Lebensform, in deren Rahmen solche Spiele Sinn haben. Der Augustinischen Theorie gelingt es zwar bis zu einem gewissen Grade, Teilstücke unserer Sprachkenntnis auf ein Modell abzubilden, doch sobald man einsieht, was es mit den Verständlichkeitsbedingungen dieser Teilstücke auf sich hat, kommt man nicht umhin, diese Theorie als Modell des Sprachverstehens im allgemeinen preiszugeben. Hervorgegangen ist die Theorie aus einem Schritt der Verdinglichung. Das Hintergrundverständnis hat sie in die einzelnen Wort-Ding-Beziehungen eingebaut und diese Beziehungen als autark hingestellt. Der befreiende Schritt ist dann getan, wenn man erkennt, daß diese Beziehungen einen Hintergrund benötigen und daß man diesen Hintergrund in seiner ganzen Reichhaltigkeit und Mannigfaltigkeit erkunden kann.

Die Theorie geht davon aus, dieses ganze Hintergrundverständnis, das wir uns erst im Zuge des Spracherwerbs zu eigen machen, sei schon in die erste Wort-Ding-Beziehung

13 Ebd.

eingebaut, die wir lernen. In dieser Lage befinden wir uns aber erst dann, wenn wir eine *Fremdsprache* lernen. Da wissen wir bereits, was es heißt, ein Wort habe einen bestimmten Platz im Ganzen; und normalerweise haben wir auch eine Ahnung davon, welches der Platz des Wortes ist, das man uns gerade beizubringen versucht. Der Irrtum besteht darin, daß man diese Situation rückblickend in den Erwerb der Muttersprache hineindeutet: »Und nun können wir [...] sagen: Augustinus beschreibe das Lernen der menschlichen Sprache so, als käme das Kind in ein fremdes Land und verstehe die Sprache des Landes nicht; das heißt: so als habe es bereits eine Sprache, nur nicht diese.«[14]

Neuerdings hat Robert Brandom diese diversen Formulierungen des Holismus herangezogen und sie mit der Fregeschen Tradition verbunden, um auf diese Weise eine profunde und weitreichende Neufassung der Erkenntnistheorie und der Sprachphilosophie vorzulegen.

Seinem Vorschlag zufolge sollte man von einer Theorie, die den Begriff der *Repräsentation* als fundamental hinstellt, zu einer Theorie übergehen, die dem der *Schlußfolgerung* diese zentrale Stellung einräumt. Repräsentationale Theorien halten sich an die klassische Form der hier skizzierten vermittlungsgebundenen Tradition. Dabei wird angenommen, wir seien dazu in der Lage, einzelne Repräsentationszustände zu ermitteln, durch die wir partikelhafte Inhalte erfassen, die anschließend miteinander verbunden werden können, um eine Gesamtschau der Dinge darzulegen.

Stellt man dagegen das Schlußfolgern als grundlegend hin, geht man von einem gewissen Holismus aus. Der Erwerb einer neuen Information ermöglicht neue Schlüsse,

---

14 Ebd., § 32.

denn diese Information findet Eingang in ein bereits funktionierendes Gesamtverständnis der Dinge und führt dazu, daß dieses Gesamtverständnis neu konfiguriert wird. Sobald ich höre, ein Tiger sei entlaufen und treibe sich jetzt im Park herum, erfahre ich zugleich, daß es besser wäre, nicht in den Park zu gehen, daß Tante Else auf dem Rückweg vom Friseur einen argen Schreck bekommen oder noch schlimmer reagieren wird, daß die Zooverwaltung noch unfähiger ist, als ich bisher angenommen hatte, daß der Bürgermeister bei der nächsten Wahl endgültig aus dem Amt gejagt werden sollte, weil er seinen begriffsstutzigen und inkompetenten Schwager zum Vorsitzenden des für den Zoo zuständigen Verwaltungsrats ernannt hat, usw.

Mit anderen Worten: So etwas wie eine absolut isolierte Information, die weder hinten noch vorn mit irgendwelchen Folgerungen verknüpft ist, gibt es nicht.[15]

---

15 Robert B. Brandom, *Making It Explicit: Reasoning, Representing, and Discursive Commitment*, Cambridge, MA: Harvard University Press 1994 (übers. von Eva Gilmer u. Hermann Vetter: *Expressive Vernunft – Begründung, Repräsentation und diskursive Festlegung*, Frankfurt/M.: Suhrkamp 2000), insbesondere Kapitel 2; *Articulating Reasons: An Introduction to Inferentialism*, Cambridge, MA: Harvard University Press 2000 (übers. von Eva Gilmer: *Begründen und Begreifen – Eine Einführung in den Inferentialismus*, Frankfurt/M.: Suhrkamp 2001), insbesondere die Einleitung und Kapitel 1; *Tales of the Mighty Dead: Historical Essays in the Metaphysics of Intentionality*, Cambridge, MA: Harvard University Press 2002.

3

Die wichtigsten Prozesse der Dekonstruktion des vermittlungsgebundenen Ansatzes haben sich im zwanzigsten Jahrhundert in Einklang mit dieser Strategie der Artikulation der Verständlichkeitsbedingungen der Erfahrung abgespielt. Im Zuge dieses Geschehens hat sich das vermittlungsgebundene Bild zur gleichen Zeit, da man mit der Ausarbeitung einer als Alternative tauglichen Kontakttheorie beschäftigt war, als Zerrbild herausgestellt. Eine gewisse Form von Holismus ist für diese Alternativauffassung unabdingbar. Vom Standpunkt dieser Alternative aus gesehen, werden die Umrisse des vermittlungsgebundenen Bilds deutlich sichtbar, und das Prinzip, das die im übrigen durchaus verschiedenen vermittlungsgebundenen Anschauungen vereinigt, tritt hervor.

Aber aus der Sicht derjenigen, die sich nach wie vor im Rahmen der vermittlungsgebundenen Anschauung bewegen, ist das alles ganz und gar nicht offensichtlich. In vielen Fällen glauben sie, sie selbst hätten die frühen cartesianischen oder empiristischen Erkenntnistheorien abgelehnt und widerlegt, und nun sind sie ziemlich peinlich berührt, wenn sie hören, daß man sie als Erben Descartes' hinstellt. Also kommt es zu einem Meinungsstreit darüber, wer denn eigentlich die klassische Erkenntnistheorie widerlegt habe. Einerseits gibt es Autoren wie Richard Rorty und Donald Davidson, die das für sich in Anspruch nehmen, aber von den Vertretern der posthegelianischen Form der Dekonstruktion als Philosophen gesehen werden, die nach wie vor im Sumpf der Vermittlungsgebundenheit stecken. Aus einer wieder anderen Perspektive betrachtet, kann es den Anschein gewinnen, diese Dekonstrukteure bewegten sich ihrerseits immer noch in denselben traditionellen Geleisen, da sie nicht davon ablassen, Fragen bezüglich der Erfahrungsbedingungen zu stellen, anstatt sie als müßig und irreführend ganz fallenzulassen.[16]

Rorty beispielsweise ist ein Autor, der in der philosophischen Welt von heute seinen ganz eigenen Standpunkt vertritt, der häufig mit Etiketten wie »antirealistisch«, »relativistisch« oder »subjektivistisch« gekennzeichnet wird. Von Rorty selbst werden diese Etiketten jedoch zurückgewiesen. Ihm geht es vielmehr darum, daß wir eine Reihe philosophischer Dichotomien hinter uns lassen sollten, von denen er meint, sie hätten ihre Nützlichkeit eingebüßt: Wir sollten lernen, daß wir sie zur letzten Ruhe betten dürfen – zu unserem Denken hätten sie nichts Wertvolles mehr beizutragen. Allzu bescheiden beschreibt er sich selbst mit einem von Locke entlehnten Ausdruck als »Handlanger« [*»underlabourer«*] und sieht sich als jemanden, der »das, was von diesen phantasiebegabten Bahnbrechern [wie Frege und Mill, Russell und Heidegger, Dewey und Habermas, Davidson und Derrida] als Abfall erkannt wurde, fortzukehren und zu entsorgen«.[17]

Uns als Nachfolgern Heideggers und Merleau-Pontys fällt es schwer, das zu akzeptieren. Rorty und Charles Taylor haben ihren Meinungsstreit übrigens eine ganze Zeitlang in Form von Diskussionen gründlich ausgetragen. Dabei ist es eine Konstante dieser Auseinandersetzung geblieben, daß beide Seiten meinen, sie hätten sich von der repräsentationalen Erkenntnistheorie à la Descartes gelöst, während aus

---

16 Charles Taylor bespricht diese Auseinandersetzung und die dabei vorkommenden Verwechslungen in der Abhandlung »Overcoming Epistemology«, in: ders., *Philosophical Arguments*, Cambridge, MA: Harvard University Press 1995, Kapitel 1.

17 Richard Rorty, *Truth and Progress* (= Band 3 von Rortys *Philosophical Papers*), Cambridge: Cambridge University Press 1998, 8 (übers. von Joachim Schulte: *Wahrheit und Fortschritt*, Frankfurt/M.: Suhrkamp 2000, 18).

ihrer Sicht die jeweils andere Seite in den Kerker dieser Theorie eingesperrt sei. Nach Rorty ist es uns gelungen, »dem eingestürzten Zirkuszelt der Erkenntnistheorie [zu entrinnen] – dieser riesigen Zeltplane, unter der viele unserer Kollegen nach wie vor ziellos herumzappeln«,[18] und das sei uns hauptsächlich dadurch gelungen, daß wir bestimmte traditionelle Unterscheidungen hinter uns gelassen haben. Dazu sollen beispielsweise die Terminologie von »Begriffsschema« und »Inhalt« sowie die Frage der Übereinstimmung mit der Wirklichkeit gehören. Wir hingegen sind der Meinung, daß diese Fragen und Unterscheidungen umformuliert werden müssen. Rorty ist Minimalist und hält es für das beste, die ganze Serie von Problemen hinsichtlich der Beziehung unseres Denkens zur Wirklichkeit schlicht zu vergessen, also alle Fragen bezüglich des Verhältnisses von GEIST und WELT (sofern wir noch einmal rückfällig werden und jene Begriffe in Großbuchstaben hinschreiben dürfen, über die sich Rorty so gern ironisch äußert). Wir für unser Teil sind Maximalisten und meinen, unsere Kollegen müßten zwar die Fragestellungen beibehalten, sollten aber unbedingt ihre verzerrte, aus der erkenntnistheoretischen Tradition übernommene Deutung dieser Dinge neu artikulieren.

Wir begründen das wie folgt: Man kann diese tiefen, alles durchdringenden, nur teilweise artikulierten, als selbstverständlich hingenommenen Bilder, die in unsere Kultur eingebettet sind und die unser Denken und Handeln einrahmen, nicht einfach hinter sich lassen. Man kann sich nicht von ihnen befreien, ehe man sie ermittelt und dabei erkannt hat, wo der Fehler liegt – auch wenn das nicht immer leichtfällt. Wenn man so verfährt wie Davidson und Rorty und schlicht behauptet, man habe diese Bilder fallengelassen,

18 Ebd., 93 (Übers., 137).

ohne weiter über sie nachzudenken, hält man sich an ein Rezept, das sicher dazu führt, daß man weiter in ihrer Gefangenschaft bleiben wird.

Wie soll man diese Debatte weiterführen? Wie soll man zeigen, daß das vermittlungsgebundene Bild zwar nicht gesund, aber nach wie vor lebendig ist? Nun, Einigkeit besteht sicher in *dem* Punkt, daß das von Descartes lancierte Unterfangen eines fundierungstheoretischen Aufbaus verfehlt ist. Ja, die negative Einstellung zum Fundierungsgedanken scheint zu den anerkannten Grundideen unserer Zeit zu gehören. Fast alle Autoren sind sich offenbar darüber einig, daß das große Vorhaben Descartes', aus unbestreitbaren Bausteinen ein sicheres Wissensgebäude zu errichten, auf Mißverständnissen beruht. Jeder Autor auf dem über diverse postmoderne Stationen führenden Weg von Quine zu Heidegger kann diese Schlußfolgerung unterschreiben.

Dennoch verbergen sich klaffende Unvereinbarkeiten hinter dieser allgemeinen Einhelligkeit. De facto gibt es mehr als nur *ein* Argument, das gegen den Fundierungsgedanken gerichtet ist. Dabei gehen die verschiedenen Ansätze von ganz unterschiedlichen Grundideen aus und führen zu grundverschiedenen Konklusionen sowie zu weit auseinandergehenden anthropologischen und politischen Konsequenzen. Außerdem erklären die verschiedenen Deutungsmöglichkeiten der gemeinsam vertretenen fundierungsfeindlichen These die meisten Hauptunterschiede zwischen diesen Einstellungen. Mit ihrem jeweiligen Verständnis des fundierungsfeindlichen Ansatzes erhalten die Vertreter der verschiedenen Deutungen den Eindruck, die anderen offenbarten einen bedauerlichen Mangel an Einsicht in den gemeinsam vertretenen springenden Punkt.

Doch welches ist nun der springende Punkt? Nach unserer Auffassung scheitert der im Sinn von Descartes und

Locke vertretene Fundierungsgedanke, weil die Gewißheit nach sich ziehende Argumentation bei der Begründung der einzelnen Elemente ansetzen und zur Untermauerung des jeweils Ganzen hinführen müßte. Solche Elemente wären die in Sätzen wie dem folgenden genannten Bestandteile: »Was auch immer zutreffen mag, ich bin *sicher*, daß: rot – hier – jetzt.« Es gelingt aber nicht, Elemente in der Weise auszusondern, die nötig wäre, damit dieses Vorhaben funktioniert. Hier versperrt ein gewisser Holismus den Weg. Doch dabei muß man vorsichtig sein. Es gibt so viele Sorten von Holismus, wie es Sorten von Eiskrem gibt, und der Holismus, der uns hier interessiert, ist *nicht* von der Sorte Quine/Davidson. Bei diesem handelt es sich in erster Linie um einen Holismus der Verifikation, der die Einsicht widerspiegelt, daß Aussagen oder Behauptungen in einem bestimmten Bereich nicht jeweils einzeln verifiziert werden können. Nur in abgeleiteter Form handelt es sich um einen Sinn-Holismus, nämlich insofern, als Sinnzuschreibungen im Rahmen der wahrgenommenen Äußerungen des Akteurs auf Behauptungen hinauslaufen, die – ebenso wie die meisten anderen – nicht einzeln, sondern nur paketweise in Verbindung mit weiteren Behauptungen verifiziert werden können.

Mit anderen Worten: Der Holismus à la Quine ist eine These, die auch dann gilt, wenn man die klassische – cartesianische bzw. empiristische – Lehre des Input-Atomismus bereits akzeptiert hat. Aber Davidsons Theorie ist dem Quineschen Holismus in ihren Grundzügen ähnlich: Wenn ich die Sprache eines anderen lerne und eine »Bedeutungstheorie« zur Interpretation seiner Äußerungen aufstelle, kann ich dabei nur holistisch verfahren. Um zu lernen, daß dieser spezifische Laut (»gavagai«) das vom fremdsprachigen Akteur verwendete Wort für »Kaninchen« ist, muß ich eine ganze Reihe sonstiger Behauptungen über den Sinn seiner Äußerungen akzeptieren und darüber hinaus seine Wünsche und Überzeugungen berücksichtigen. Alle zusammen müssen dann eine verständliche Deutung seiner Handlungen und seiner sprachlichen Äußerungen liefern. Angenommen, der fremde Sprecher ruft ganz aufgeregt: »bluhk gavagai«, und zeigt in die Richtung eines zum Wald hoppelnden Kaninchens. Verknüpfen wir die Annahme, daß »bluhk« soviel bedeutet wie »kriegen«, mit den weiteren Annahmen, daß der Sprecher Hunger hat, gern Kaninchen ißt, meine Hilfe benötigt, um dieses Kaninchen für sein Mittagessen zu fangen, usw., verfügen wir über äußerst triftige Gründe für die Überzeugung, daß dieses neue, bislang noch nie gehörte Wort »gavagai« das gleiche bedeutet wie »Kaninchen«.

Aber nehmen wir einmal folgendes an: Die Angehörigen des Stamms, mit dem wir es zu tun haben, essen niemals Kaninchen; unser Gesprächspartner hat keinen Hunger; er ist Priester; der Wald, in dessen Richtung das Kaninchen davonhoppelt, ist ein heiliger Hain; außerdem fallen alle kleinen Säugetiere mit wolligem Fell bei diesem Stamm unter die umfassende Kategorie »unrein«. Der Sprecher ist also nicht deshalb so aufgeregt, weil er sich auf eine köstliche Mahlzeit freut, sondern, weil er die mögliche Entweihung fürchtet, zu der es kommt, falls dieses Tier den Hain erreicht. In diesem Fall wäre »gavagai« keine Übersetzung unseres Worts »Kaninchen«, sondern vielleicht die eines Ausdrucks wie »unreines Tier« oder »kleines Säugetier mit wolligem Fell«.

Hier haben wir es mit einem Holismus der Quineschen Art zu tun, der in dieser Situation auf den gegebenen Fall von radikaler Interpretation angewandt wird. Es ist niemals möglich, eine einzelne Bedeutungsäquivalenz allein für sich genommen zu verifizieren, sondern das gelingt nur im Zusammenhang mit einer ganzen Menge weiterer Annahmen über die Zielsprache sowie über die Ansichten und Wünsche ihrer Sprecher. Auch wenn etwas mit der Kommunikation schiefläuft – etwa wenn wir glauben, einer Bitte zu entsprechen, aber nur Zorn anstelle von Zufriedenheit ernten –, kommt stets mehr als nur *eine* unserer bisher akzeptierten Annahmen in Frage, die abgeändert werden muß, damit wir unseren Gesprächspartner richtig verstehen. Handele ich etwa im Sinn der ersten Annahme (nämlich: daß der Sprecher hungrig ist), werde ich Jagd auf das Kaninchen machen und ihm hinterherhechten, es zu greifen versuchen, aber dabei auch zusammen mit ihm in den Wald hineingeraten. Zu meinem Verdruß stößt dieser Akt der Hilfeleistung auf Entsetzen und Bestürzung. In meiner Verwirrung frage ich mich, ob mein Gesprächspartner nicht beispielsweise wollte, daß ich nach etwas anderem greife. Hier kann es sehr lange dauern, bis ich herausbekomme, was da eigentlich vor sich geht.

Jetzt ist allerdings zu beachten, daß diese (durchaus gültige und wichtige) These des Holismus eine Form von Input-Atomismus voraussetzt. Das heißt, es wird angegeben, in welcher Weise eine Reihe von Tatsachen und Annahmen, die unabhängig voneinander identifiziert (aber nicht verifiziert) werden können, miteinander verbunden werden sollen. Der Mann äußert aufgeregt: »bluhk gavagai«, es läuft ein Kaninchen über die Lichtung, und der Mann zeigt in die Richtung des Kaninchens. Diese Beobachtungen werden mit weiteren Annahmen, die ich schon früher zusammengetragen habe, verbunden: Die Angehörigen dieses Stamms verspeisen Kaninchen, das Frühstück liegt schon eine Weile zurück usw. Sofern alle diese Elemente gegeben sind, gibt Davidson Auskunft darüber, wie sie miteinander verbunden werden müssen, damit eine gültige Bedeutungstheorie für diesen Sprecher herauskommt (denn dabei muß man sich nach dem Prinzip der Nachsichtigkeit richten und dafür sorgen, daß die Sätze des fremden Sprechers im großen und ganzen wahr sind und seine Überlegungen rational).

Die Elemente selbst jedoch sind schlicht gegeben. Das ist es, was wir meinen, wenn wir von einem Holismus der Verifikation reden.

Demgegenüber geht der Holismus, den wir hier in Anspruch nehmen, sehr viel weiter. Man könnte von einem »Gestalt-Holismus« sprechen. Von »Gestalten« ist schon oft gesagt worden, daß man sie nicht so auffassen kann, als wären sie einfach aus ihren Bestandteilen zusammengesetzt. Oder um diesen Gedanken etwas anders zu formulieren: Die Bedeutung tragenden Bestandteile solcher Gestalten können nicht je für sich genommen identifiziert werden, sondern nur im Verhältnis zum Ganzen. Diese hohe Note beispielsweise ist – in dem eben gehörten Lied – der Höhepunkt einer langen, aufsteigenden Tonfolge. Doch daß es sich dabei um einen Höhepunkt handelt, ist keine Eigenschaft, die in der Note selbst liegt. In einem anderen Lied hat dieselbe Note eine ganz andere Wertigkeit. Diese Form von Holismus läßt den Input-Atomismus völlig scheitern. Nur im Verhältnis zum Ganzen und zueinander sind diese Elemente das, was sie sind. Es geht nicht darum, daß sie, sobald sie unabhängig voneinander identifiziert sind, in einer bestimmten Weise miteinander verbunden werden müssen, damit etwas Wahres dabei herauskommt. Es ist die unabhängige Identifikation als solche, die nicht möglich ist.

Wir können festhalten, daß wir im Zuge unserer Ausführungen über den Gestalt-Holismus angefangen haben, Ausdrücke wie »Bedeutung« (»Sinn«) und »Wertigkeit« zu verwenden. Gestalten sind Bedeutung tragende Ganzheiten. Und damit sind wir wieder beim Thema der Holismen, die in der Nachfolge des oben beschriebenen Kantischen Schachzugs stehen. Diese Holismen erheben den Anspruch, den Atomismus zu widerlegen: erstens deshalb, weil das Wesen jedes gegebenen Elements durch seinen »Sinn« gegeben ist, der wiederum nur dadurch bestimmt werden kann, daß ihm in einem größeren Ganzen ein Ort zugewiesen wird; zweitens aus dem noch gravierenderen Grund, daß das größere Ganze selbst nicht bloß eine Summe aus solchen Elementen ist.[19]

Diesen zweiten Punkt möchten wir hier ein wenig verdeutlichen: Die »Elemente«, die im Rahmen einer fundierungstheoretischen Rekonstruktion der Erkenntnis eine Rolle spielen könnten, sind explizite Informationsfragmente (*rot – hier – jetzt* oder »dort ein Kaninchen« [»gavagai«]). Doch das Ganze, das diesen Informationsbruchstücken gestattet, den ihnen zukommenden Sinn zu haben, ist eine »Welt« – ein durch die soziale Praxis strukturierter Ort gemeinsamen Verstehens. Das Kaninchen bemerke ich, da ich es vor dem stabilen Hintergrund dieser Bäume und des vor ihnen liegenden freien Raums herausgreife. Solange ich mich an diesem Ort nicht auskenne, wird auch kein Kaninchen wahrgenommen. Wäre die ganze Szenerie, in deren Kontext das Kaninchen davonhuscht, ungewiß – würde sie etwa herumwirbeln wie im Fall einer beginnenden Ohn-

19 Zum Teil rührt die Verwirrung, die Davidsons Schriften umgibt, von dem Umstand her, daß er eine »Bedeutungstheorie« vorschlägt, was wiederum den Eindruck erwecken könnte, daß seine Anschauungen auf der gleichen Linie liegen wie der Gestalt-Holismus. Aber Wörter wie »Sinn« und »Bedeutung« haben in diesen beiden Zusammenhängen selbst wieder unterschiedliche Bedeutungen. Davidson möchte eine Theorie der sprachlichen Bedeutung aufstellen, die überdies nach unserem Verständnis »bezeichnend« verfährt. Das heißt, sie definiert die Bedeutungen sprachlicher Ausdrücke durch die Art und Weise, in der sich die Sätze, in denen diese Ausdrücke eine Rolle spielen, auf Merkmale der Welt (und damit auf Wahrheitsbedingungen dieser Sätze) beziehen. Aber die Bedeutung tragenden Elemente einer Gestalt haben ihren Sinn nicht kraft ihrer Beziehungen zu etwas, was sich außerhalb ihrer selbst befindet, sondern kraft ihres Verhältnisses zueinander und zu dem Ganzen, das sie miteinander bilden. Es ist natürlich kein Zufall, daß Merleau-Ponty im Rahmen seiner Erklärung des *être-au-monde* in hervorstechender Weise von der Gestalttheorie Gebrauch macht.

macht –, könnte es nicht dazu kommen, daß diese explizite Information überhaupt registriert wird. Aber daß ich mich an diesem Ort auskenne, hängt nicht davon ab, daß ich über zusätzliche explizite Informationsfragmente verfüge – das heißt, es kann niemals bloß darin bestehen, obschon zusätzliche Informationsfragmente durchaus eine Rolle spielen können. Es handelt sich um den Einsatz meiner Fähigkeit, zurechtzukommen [*cope*], also um etwas, was ich als ein bestimmtes, in dieser Kultur herangewachsenes, körperliches Wesen gelernt habe.

Unter Gegnern des Fundierungsgedankens ist der »Holismus« also in der einen oder anderen Form eine allgemein anerkannte These. Die ganzen Probleme stellen sich ein, sobald jeder einzelne von uns ausbuchstabiert, was aus dieser These unverkennbar zu folgen scheint, oder sobald er klarstellt, wie dieser holistische Hintergrund offenbar beschaffen ist. Was dem einen offensichtlich vorkommt, erscheint anderen völlig unplausibel.

Wenn wir dergleichen ausbuchstabieren, kommt dabei etwa folgendes zum Vorschein: Unsere Fähigkeit, mit den Dingen zurechtzukommen, kann so aufgefaßt werden, daß sie ein umfassendes Gefühl für uns selbst und unsere Welt mit einschließt. Dieses Gefühl wiederum umfaßt ein Spektrum ziemlich verschiedener Fähigkeiten und wird seinerseits von diesem Spektrum getragen. Dazu gehören einerseits Überzeugungen, die wir vertreten und die wir im gegebenen Moment vielleicht – aber vielleicht auch nicht – »im Kopf« haben. Andererseits gehören dazu auch diverse Fähigkeiten, die dazu dienen, sich umherzubewegen und in gescheiter Form mit den Dingen umzugehen. Durch den Intellektualismus sind wir dahingelangt, diese beiden Bereiche als grundverschieden anzusehen. Aber die Philosophie der Gegenwart hat gezeigt, wie eng sie miteinander verwandt sind und wie sie wechselseitig zusammenhängen.

Heidegger hat uns gelehrt, von unserer Fähigkeit zum Umherbewegen als einer Form des »Verstehens« unserer Welt zu sprechen. Tatsächlich ist es unmöglich, zwischen diesem impliziten Erfassen der Dinge und unserem ausformulierten, expliziten Verständnis eine scharfe Grenze zu ziehen. Es ist nicht nur so, daß jede Grenze durchlässig ist; daß explizit formulierte und aufgefaßte Dinge durch Übung absorbiert und (wie von Hubert und Stuart Dreyfus im Hinblick auf Lernprozesse gezeigt worden ist[20]) zu nichtartikuliertem Know-how werden können; und daß unser Verständnis der Dinge genausogut in die andere Richtung gehen kann, indem wir etwas artikulieren, was bisher lediglich handelnd vollzogen wurde. Hinzu kommt, daß jedes partikulare Verständnis unserer Situation explizites Wissen mit unartikuliertem Know-how vermischt.

Dem Vernehmen nach ist ein Tiger aus dem hiesigen Zoo ausgebrochen, und während ich nun durch den Wald hinter meinem Haus heimwärts strebe, nehmen die Schlupfwinkel am Waldrand für mich eine ganz andere Form und einen neuen Stellenwert an: Meine Umgebung wird jetzt von bisher unbekannten Kraftlinien durchzogen, unter denen die Vektoren eines möglichen Angriffs eine wichtige Stelle einnehmen. Mein Umgebungsgefühl nimmt dank dieser neuen Information eine ungewohnte Form an.

Das Ganze, in dessen Kontext Einzelheiten verstanden und Informationsbruchstücke erfaßt werden, ist also ein Gespür für meine Welt, das von einer Vielzahl von Medien getragen wird: von ausformulierten Gedanken, aber auch von Dingen, mit Bezug auf die bisher noch nicht einmal eine Frage gestellt worden ist, die jedoch als Rahmen aufgefaßt werden, in dem die ausformulierten Gedanken den ih-

---

20 Hubert Dreyfus u. Stuart Dreyfus, *Mind over Machine*, New York: Free Press 1986; 2., überarbeitete Aufl. 1988.

nen zukommenden Sinn haben, sowie von dem Verständnis, das in verschiedenen Fähigkeiten zum Zurechtkommen implizit enthalten ist. (Zu dem genannten Rahmen gehört beispielsweise die nie in Frage gestellte Gesamtstruktur der Dinge, die mich davon abhält, die im 1. Kapitel erörterten abwegigen Vermutungen auch nur in Erwägung zu ziehen, also Vermutungen wie die, die Welt sei vielleicht erst vor fünf Minuten entstanden oder sie höre jäh hinter meiner Haustür auf.) Manche Teile unseres Verständnisses passen zwar offensichtlich besser zu *diesem* Medium als zu anderen (das gilt beispielsweise für meine Kenntnis der Kapitalismustheorie Max Webers und für meine Fähigkeit, Fahrrad zu fahren), aber dennoch sind die Grenzen zwischen den Medien, ebenso wie in der multimedialen Welt unserer Kultur, völlig verschwommen, und viele der besonders wichtigen Deutungen sind multimediale Ereignisse wie zum Beispiel in dem Fall, in dem ich durch den möglicherweise von einem Tiger unsicher gemachten Wald spaziere. Außerdem bezieht sich jedes Teilstück meines Verstehens auf das Ganze und ist in dieser indirekten Weise ein multimediales Verstehen.

Mag sein, daß alle Gegner des Fundierungsgedankens dem bisher Gesagten noch zustimmen können. Aber sehr bald gelangen wir zu weiteren Schlüssen, bei denen sich die Wege trennen. Aus unserer Sicht ist es beispielsweise so, daß dieses Bild des Hintergrunds die hier so bezeichneten repräsentationalen oder vermittlungsgebundenen Bilder unseres Weltverständnisses ausschließt. Es ist nämlich ein Merkmal dieser vermittlungsgebundenen Anschauung mit ihrer Unterscheidung zwischen Äußerem und Innerem, daß wir unser Weltverständnis als etwas deuten können, was sich grundsätzlich von dem Verstandenen trennen läßt.

Diese Trennung war offensichtlich von zentraler Bedeutung für den ursprünglichen Cartesischen Vorstoß, den wir alle abzuwehren und zu dekonstruieren versuchen. Auf der einen Seite sollte es im Geist die vermeintlichen Informationsschnipsel – Ideen, Eindrücke, Sinnesdaten – geben, auf der anderen die »Außenwelt«, über die uns diese Schnipsel informieren sollen. Zu einem späteren Zeitpunkt kann der Dualismus, wie wir gesehen haben, raffiniertere Formen annehmen. Repräsentationen können umgedeutet werden, so daß sie (wie man es etwa bei Quine sehen kann) nicht mehr als »Ideen«, sondern in Einklang mit der Hinwendung zur Sprache als Sätze aufgefaßt werden. Oder der Dualismus selbst kann in grundlegend andere Begriffe gefaßt werden, wie es etwa bei Kant geschieht. Anstatt im Sinne von Original und Abbild definiert zu werden, wird er jetzt nach dem Modell von Form und Inhalt – Hohlform und Füllmaterial – betrachtet.

Einerlei, in welcher Form sie verfahren – stets postulieren die vermittlungsgebundenen Theorien etwas, was sich als das Innere bestimmen läßt, als unser Beitrag zur Erkenntnis, der von dem, was draußen ist, unterschieden werden kann. Dementsprechend darf man diese Theorien auch als Innen/außen-Ansätze bezeichnen (abgekürzt als »I/A«).

Daher bleiben auch die skeptischen Fragen bzw. deren Permutationen bestehen: Kann es etwa sein, daß die Welt nicht wirklich der Repräsentation entspricht? Oder: Kann es sein, daß wir auf fremde Wesen stoßen werden, deren Formen anders sind als unsere eigenen und nicht auf die unseren zurückgeführt werden können? Also auf Wesen, bei denen es uns deshalb nicht gelingt, gemeinsame Maßstäbe der Wahrheit festzusetzen? Diese bleibenden Fragen liegen einem Großteil des oberflächlichen Relativismus unserer Zeit zugrunde.

Doch wenn man über unser ganzes multimediales Verständnis der Dinge nachdenkt, sollte mit diesem Dualismus ein für allemal Schluß sein. Freilich, wenn wir den Blick starr auf das Medium der expliziten Überzeugungen richten, kann die Trennung einleuchtend erscheinen. Meine den Mond betreffenden Überzeugungen können für wahr gehalten und sogar wirklich gedacht werden, obwohl der Mond im Augenblick gar nicht sichtbar ist – und vielleicht sogar, obwohl es ihn gar nicht gibt, sofern er sich als Märchen erweist. Aber mein Verständnis der Dinge, das in meiner Fähigkeit zum Umherbewegen und zur Handhabung von Gegenständen zum Tragen kommt, läßt sich nicht in dieser Weise aufspalten. Denn im Gegensatz zu meinen den Mond betreffenden Überzeugungen läßt sich diese Fähigkeit nicht in die Tat umsetzen, wenn die Gegenstände, an denen sie zum Einsatz kommt, nicht vorhanden sind. Meine Fähigkeit, Bälle zu werfen, läßt sich nicht ausüben, sofern keine Bälle da sind. Meine Fähigkeit, mich in dieser Stadt und in diesem Haus umherzubewegen, kommt nur dann zum Vorschein, wenn ich mich in dieser Stadt und in diesem Haus umherbewege.

Nun könnte man versucht sein zu erwidern: Diese Fähigkeit existiert nicht, wie etwa meine theoretischen Überzeugungen, im Geist, wohl aber in der in meinem gesamten Körper angesiedelten Fähigkeit zum Umherbewegen. Doch diese Erwiderung untertreibt das Ausmaß der Einbettung. Der Ort, um den es hier geht, ist die Fähigkeit, sich-in-dieser-Umgebung-zu-bewegen. Sie existiert nicht nur in meinem Körper, sondern vielmehr in meinem durch-die-Straßen-spazierenden-Körper. Ebenso existiert meine Fähigkeit, charmant oder verführerisch zu sein, nicht in meinem Körper oder in meiner Stimme, sondern in Körper-plus-Stimme-in-der-Unterhaltung-mit-einem-Gesprächspartner.

Merleau-Ponty bezieht sich auf einen geschickten Fußballspieler als Paradebeispiel für die Art und Weise, in der sich ein verkörperter Akteur an die jeweilige Situation anpaßt: »Der Fußballplatz ist für den Spieler in Aktion [...]

von Kraftlinien durchzogen (›Seitenlinien‹, Linien, die den ›Strafraum‹ abgrenzen) – in Abschnitte gegliedert (z. B. die ›Lücken‹ zwischen den Gegnern), die eine Aktion von ganz bestimmter Art herbeirufen, sie auslösen und tragen, gleichsam ohne Wissen des Spielers. Der Spielplatz ist ihm nicht gegeben, sondern er ist gegenwärtig als der immanente Zielpunkt seiner praktischen Intentionen; der Spieler bezieht ihn in seinen Körper mit ein und spürt beispielsweise die Richtung des ›Tores‹ ebenso unmittelbar wie die Vertikale und Horizontale seines eigenes Leibes.«[21]

Anschließend erläutert Merleau-Ponty die Art und Weise, in der wir unmittelbar Verbindung aufnehmen zu den Dingen, mit denen wir es zu tun haben. In allen derartigen Fällen wird unser Zurechtkommen als ein auf unser Gespür für die jeweilige Situation reagierender, ununterbrochener Strom kunstfertigen Agierens erlebt. Zu diesem Erleben gehört das Gespür dafür, ob das Zurechtkommen gelingt oder nicht. Sobald man eine Abweichung von einer optimalen Körper-Umgebung-Gestalt spürt, sorgt das eigene Tun dafür, daß man näher an das die »Spannung« abbauende optimale Körper-Umgebung-Verhältnis heranrückt. Aber diese ultimative Gestalt braucht nicht im Gehirn oder im Geist des Akteurs repräsentiert zu werden. Er wird einfach dazu bewogen, in einer Weise zu reagieren, die dazu angetan ist, das Gefühl der Spannung oder Unausgewogenheit abzubauen. Merleau-Ponty formuliert es so: »Unser Leib, ein System von Bewegungs- und Wahrnehmungsvermögen, ist kein Gegenstand für ein ›Ich denke‹: Er ist ein sein Gleichgewicht suchendes Ganzes erlebt-gelebter Bedeutungen.«[22] Dem-

---

21 Maurice Merleau-Ponty, *Die Struktur des Verhaltens*, übers. von Bernhard Waldenfels, Berlin: de Gruyter 1976, 193.

22 Maurice Merleau-Ponty, *Phänomenologie der Wahrnehmung* (1945), übers. von Rudolf Boehm, Berlin: de Gruyter 1966, 184.

nach verlangt das gewandte Zurechtkommen keine Repräsentation eines *Ziels*. Es kann *zweckdienlich* sein, ohne daß dem Akteur ein *Zweck* vorschwebt. Nach Merleau-Ponty verhält es sich so: »[...] seinen Leib bewegen heißt immer, durch ihn hindurch auf die Dinge abzielen, ihn einer Aufforderung entsprechen lassen, die an ihn ohne den Umweg über irgendeine Vorstellung ergeht.«[23]

Um diese unmittelbare, auf dem Körper basierende Intentionalität von der repräsentationalen Intentionalität zu unterscheiden, nennt Merleau-Ponty die Reaktion des Körpers auf die jeweils gegenwärtige Situation *Bewegungsintentionalität* (*motorische Intentionalität*).[24] Um das zu verstehen und einzusehen, inwiefern die motorische Intentionalität grundlegender ist als die repräsentationale Intentionalität und diese überhaupt erst ermöglicht, wird es aufschlußreich sein, eine Gegenüberstellung vorzunehmen zwischen Merleau-Pontys und John Searles Ausführungen zum Handlungsbegriff.

Searle behauptet: Damit eine Körperbewegung als Handlung gilt, muß sie durch eine handlungsinhärente Absicht verursacht werden, also durch eine propositionale Repräsentation der Erfüllungsbedingungen der betreffenden Handlung. Dabei geht Searle von der Annahme aus, daß der Akteur in allen Fällen von Verhalten im voraus erkennen können muß, was als Gelingen gelten würde. Außerdem nimmt

---

23 Ebd., 168. Um uns davon zu überzeugen, daß keine Repräsentation der Endgestalt nötigt ist, damit sich der geschickte Akteur auf sie zubewegen kann, bedient sich Merleau-Ponty des Vergleichs mit einer Seifenblase. Am Anfang ist die Blase ein amorpher Belag. Die Seifenstückchen reagieren auf lokale Kräfte und gehorchen dabei bestimmten Gesetzen, die darauf hinwirken, daß das ganze System schließlich eine Kugel bildet, ohne daß das kugelförmige Ergebnis im Zuge der Hervorbringung der Blase eine kausale Rolle gespielt hätte.

24 Ebd., 135-138.

Searle an, daß diese Repräsentation des Ziels von der Handlung selbst abgetrennt werden kann. Das heißt, es wäre möglich, daß ich mein Ziel in der Welt nicht erreiche, was jedoch nichts daran ändere, daß die Absicht, es zu erreichen, mir *im Geist* vorschwebt. Hier stoßen wir wieder auf die I/A-Unterscheidung, und zwar diesmal im Bereich des Handelns.

Sobald wir jedoch auf das Phänomen des konzentrierten Zurechtkommens zurückkommen, wird erkennbar, daß Searle die Intentionalität des Versuchs, ein Ziel zu erreichen, zwar durchaus richtig beschrieben hat, das konzentrierte Zurechtkommen aber gar nicht voraussetzt, daß die Bewegungen des Akteurs von einer Repräsentation der Erfolgsbedingungen gesteuert werden. Vielmehr verhält es sich so: Wie wir eben gesehen haben, muß die konzentrierte Reaktion des Akteurs auf die von der jeweiligen Situation ausgehenden Anforderungen eine Spannung abbauen, ohne daß er im voraus weiß, wie ein Gleichgewicht zu erreichen wäre und wie es sich anfühlen würde, wenn es gelänge. Der Phänomenologe wird also dazu veranlaßt, außer den Erfolgsbedingungen à la Searle etwas ins Spiel zu bringen, was man vielleicht als Verbesserungsbedingungen bezeichnen könnte. Searles I/A-Bild gestattet es ihm nicht, zu erkennen, daß die Bewegungsintentionalität unmittelbar auf innerweltliche *Verbesserungsbedingungen* anspricht und daher gar keine *Erfüllungsbedingungen* der betreffenden Aktivität zu repräsentieren braucht.

Um zu erfassen, in welcher Weise Alltagsfertigkeiten Bewegungen zu beinhalten scheinen, die nicht von handlungsinhärenten Absichten verursacht werden, bringt Searle den sogenannten Hintergrund der Fähigkeiten, Vermögen usw. ins Spiel. Searles Einsicht in die Notwendigkeit, das geschickte Zurechtkommen dadurch zu erklären, daß man der repräsentationalen handlungsinhärenten Absicht eine

Ergänzung hinzufügt, unterscheidet ihn zwar von dem reinen Repräsentationalisten, aber es befreit ihn letztlich nicht von dem I/A-Bild. Er pocht darauf, daß das konzentrierte Zurechtkommen seinerseits keine Form von Intentionalität sei, sondern es sei so, daß sich die »Intentionalität auf die Ebene der Hintergrundfähigkeiten erhebt«.[25] Dieses Schlagwort legt den Gedanken nahe, daß der Akteur im Zuge des Handelns bedenken muß (oder zumindest bedenken *können* muß), was er zu tun versucht, und daß alles übrige, was zur Durchführung der Handlung erforderlich ist, als nichtrepräsentationale Hintergrundfähigkeit aufzufassen sei, durch die untergeordnete Bewegungen ausgelöst werden, die ihrerseits keine Erfüllungsbedingungen haben. Dieser Schachzug ist für den Repräsentationalisten typisch. Wenn das fragliche Phänomen nicht durch mentale Repräsentationen – in diesem Fall: die handlungsinhärente Absicht – erklärt werden kann, scheint die einzige Alternative die zu sein, daß alles übrige, was beim geschickten Handeln eine Rolle spielt, nicht sinntragend sein kann und sich daher dem Wirken sinnloser, mechanischer Ursachen verdanken muß.

Diese Analyse stellt uns jedoch vor ein neues Problem. Da nicht jede Bewegung, die im Zuge einer Handlung eine Rolle spielt, ihre eigenen Erfüllungsbedingungen hat, sollte diesen einzelnen Bewegungen auch keine Intentionalität zukommen. Dennoch wird jede untergeordnete Bewegung, wie Searle ausführt, absichtlich vollzogen. Searles Lösung besagt, daß jede untergeordnete Bewegung im Zuge einer Handlung, um als absichtliche zu gelten, irgendwie von der relevanten handlungsinhärenten Absicht verursacht werden

---

25 John R. Searle, »Response: The Background of Intentionality and Action«, in: Ernest Lepore u. Robert Van Gulick (Hg.), *John Searle and His Critics*, Oxford: Blackwell 1991, 289-299, hier: 293.

muß. Searle formuliert es so: »Die Absichtlichkeit reicht hinab bis zur untersten Ebene der freiwilligen Handlungen. Die Absicht des geschickten Skifahrers beispielsweise betrifft die Ebene des Bergabfahrens. Aber dennoch ist jede untergeordnete Bewegung eine absichtliche Bewegung. Jede Einzelbewegung wird von der Absichtlichkeit des Bewegungsstroms gesteuert.«[26] Doch dieses »Hinabreichen« und »Steuern« bleibt völlig rätselhaft.

Sobald wir jedoch dem Phänomen der kunstfertigen Tätigkeit Beachtung schenken, wird klar, daß die handlungsinhärente Absicht nicht bis zur untersten Ebene hinabreichen und den Bewegungsstrom direkt steuern muß. Die Repräsentation der die untergeordneten Bewegungen des Akteurs direkt steuernden Erfolgsbedingungen der Handlung könnte man ersetzen und die Aufgabe der aktiven Instanz, die den Abbau der derzeit empfundenen Spannung bewirken soll, statt dessen dem Gespür für die Verbesserungsbedingungen übertragen. Die handlungsinhärente Absicht wäre dann lediglich ein Anlaß, der die basalere motorische Intentionalität in Gang bringt, durch die der Körper zur unmittelbaren Reaktion auf die Situation angespornt wird.

Das fortwährende Zurechtkommen liefert also die Grundlage für alle zielgerichteten Tätigkeiten. Außerdem läßt sich die motorische Intentionalität (Bewegungsintentionalität) nicht durch physische Verursachung erklären, denn sie beinhaltet das Gefühl, aufgefordert zu sein, das zu tun, was man als angemessen empfindet. Ebensowenig kann sie als das Resultat mentaler Kausalität gedeutet werden, wie es dann möglich ist, wenn eine handlungsinhärente Absicht eine Körperbewegung verursacht. Das liegt eben daran, daß die motorische Intentionalität vorausge-

26 Ebd.

setzt ist, um zu erklären, wie es möglich ist, daß eine mentale Repräsentation (in diesem Fall: eine handlungsinhärente Absicht) auf indirekte Weise den Körper bewegen kann. Kurz, die Bewegungsintentionalität ermöglicht erst die repräsentationale Intentionalität.

Daß man mit Dingen lebt, beinhaltet eine bestimmte Art des Verstehens (man könnte hier auch von einem »Vorverständnis« reden). Das heißt, die Dinge spielen für uns eine Rolle entsprechend ihrer Bedeutung bzw. ihrer Relevanz für unsere Zwecke, Wünsche und Aktivitäten. Nehmen wir an, ich folge dem Pfad bergauf, während mein Geist völlig absorbiert ist von Gedanken an die schwierige Unterhaltung, die ich am Ziel zu führen haben werde. Dabei behandele ich die verschiedenen Merkmale des Geländes je nachdem als Hindernisse, Stützen, Öffnungen, Aufforderungen zu vorsichtigem Auftreten oder zu ungehindertem Weiterlaufen usw. Auch wenn ich gar nicht an diese Dinge denke, haben sie für mich dennoch diese Relevanz. In ihrem Bereich kenne ich mich aus.

Dabei handelt es sich um etwas Nichtbegriffliches. Anders ausgedrückt: Die Sprache spielt keine unmittelbar einschlägige Rolle. Vermittels der Sprache haben wir (Menschen) die Fähigkeit, unser Augenmerk auf bestimmte Dinge zu richten und ein X *als* X herauszugreifen. Wir greifen es als etwas heraus, worauf (zu Recht) die Beschreibung »X« zutrifft, und damit rückt unsere Identifizierung in den Bereich möglicher Kritik: Ist das wirklich ein X? Ist das Vokabular, zu dem »X« gehört, das richtige für diesen Bereich oder diesen Zweck? Und so weiter. An irgendeiner Stelle kann es aufgrund einer Störung oder einfach deshalb, weil mich die Sache als solche interessiert, geschehen, daß ich mich auf bestimmte Aspekte dieses navigatorischen Knowhows konzentriere. Nun fange ich womöglich an, die Dinge als »Hindernisse« oder »Erleichterungen« zu klassifizieren, und dieser Schritt wird die Art und Weise meines Lebens in der Welt verändern. Doch in allen möglichen Hinsichten lebe ich in der Welt und setze mich mit ihr auseinander, ohne dergleichen getan zu haben.

Das gewöhnliche Zurechtkommen ist nichts Begriffliches. Dennoch läßt es sich nicht mit Hilfe von Begriffen erläutern, die bloß auf Unbelebtes und Kausales Bezug nehmen. Diese negative Feststellung läßt zwei verschiedene Deutungen zu. Im Maximalfall läuft sie einem weitverbreiteten Bestreben zuwider, das etwa den Kognitivismus auszeichnet, dem es ebendarum geht, eines Tages eine reduktionistische Theorie vorzulegen, welche die Erfahrung durch Bezugnahme auf formale, symbolische Repräsentationen erklärt. In den 1980er Jahren wurde ein modellfreier, nichtrepräsentationaler Algorithmus für maschinelles Lernen entwickelt (*actor-critic temporal difference reinforcement learning*), von dem gezeigt wurde, daß er ausreicht, um kompetent Backgammon zu spielen. Von solchen Erfolgen ausgehend, hat man in letzter Zeit Theorien aufgestellt, die das Zurechtkommen in neuraler Terminologie erklären und zeigen, wie es dem Gehirn möglich ist, Verhalten zu steuern, ohne Repräsentationen heranzuziehen.[27] Das wie-

27 Die Neurowissenschaft hat nachgewiesen, daß die Fähigkeit zur Anwendung von Verfahren des Zurechtkommens durch ein System von Hirngebieten erzeugt wird, die vor allem an den subkortikalen Basalganglien vorkommen, darunter auch an kortiko-striatalen Verbindungen mit Teilen des limbischen Systems, wie z. B. der Amygdala. Das limbische System sendet Belohnungssignale, die für das durch Verstärkungen im Bereich der Erfahrung unterstützte Lernen von Fertigkeiten nötig sind. Belohnungen, die durch die im limbischen System erfolgende Ausschüttung von Neurotransmittern wie Dopamin ausgedrückt werden, sind emotionale Reaktionen des Körpers auf die Art und Weise, in der sich eine Begegnung mit der Welt entfaltet oder in der sie zum Abschluß kommt. Dieses Belohnungssystem setzt voraus, daß das Gehirn verkörpert ist und von seinem Zutun-Haben mit der Welt nicht getrennt werden kann. Der präfron-

derum dürfte zeigen, daß es zwischen Phänomenologen und Neurowissenschaftlern eine gewisse Konvergenz gibt, insofern beide Seiten eine nichtmentalistische Erklärung des situationsgebundenen geschickten Zurechtkommens geben wollen. Diese modellfreie Erklärung der Gehirnbasis des geschickten Zurechtkommens steht in Einklang mit unserer Kontaktphänomenologie des geschickten Handelns und stützt diesen phänomenologischen Ansatz.

Solange diese verheißene, aber in weiter Ferne liegende mechanistische Erklärung nicht vorliegt, kennen wir nur *ein* Verfahren, um uns einen Reim auf Tiere und unser eigenes vorbegriffliches Treiben zu machen, und dieses Verfahren bezieht sich auf so etwas wie unser Vorverständnis. Das heißt, das Einwirken der Welt auf diese Lebewesen müssen wir unter dem Gesichtspunkt der Relevanz betrachten. Anders ausgedrückt: Wir sehen die Tiere und uns selbst als tätige Wesen.

Wie eben angedeutet, halten wir es nicht für möglich, diese Betrachtungsweise nicht auf die Tiere zu übertragen. In unserem eigenen Fall jedoch sind die Gründe noch triftiger. Wenn wir unser Augenmerk auf ein bestimmtes Merkmal unseres Umgangs mit der Welt richten und es zur Sprache bringen, wirkt es nicht wie die Entdeckung eines unvermuteten Tatbestands, wie zum Beispiel der plötzliche Landschaftswechsel hinter einer Straßenkurve oder die Nach-

---

tale kortikale Teil dieses Systems scheint mit der Ermöglichung der richtigen Form von Salienz zusammenzuhängen. Dieser Ermöglichung von Salienz verdankt sich eine Unterscheidung zwischen Vordergrund und Hintergrund, die nötig ist, damit ein Organismus in Einklang mit dem handeln kann, was (je nach Kontext und Forscher) als Ziel, Aufgabe, *set*, Situationsgefühl, Handlungsdisposition oder Perspektive bezeichnet wird. Siehe Stuart Dreyfus, »System 0: The Overlooked Explanation of Expert Intuition«, in: Marta Sinclair (Hg.), *Handbook of Research Methods on Intuition*, Cheltenham: Edward Elgar Publishers 2014, 15-27.

richt, daß etwas, was wir zu tun pflegen, unter einen ausgefallenen Terminus technicus fällt (man denke an Monsieur Jourdain und die Entdeckung, daß er Prosa spricht[28]). Oder nehmen wir an, daß ich mich endlich zu der Erkenntnis durchringe, daß das, was mir während der Unterhaltung vorhin Unbehagen bereitet hat, mein Gefühl der Eifersucht war. Nun spüre ich, daß mir das schon vorher nicht völlig entgangen war. Ich wußte es, ohne es zu wissen. Diese Einsicht nimmt eine Art von Zwischenposition ein – zwischen dem Gewußten und dem völlig Unbekannten. Es handelt sich um eine Art von Vorwissen und gehört damit zu einem Gebiet, das einer durch begriffliche Feineinstellung herbeigeführten Transformation günstig ist, obwohl es durchaus Widerstand geben kann.

In dem bisher Gesagten haben wir uns auf Heidegger sowie auf Arbeiten von Merleau-Ponty berufen. Bei beiden Autoren stoßen wir auf die Idee, daß unser begriffliches Denken in das alltägliche Zurechtkommen »eingebettet« ist. Der eigentliche Sinn dieses Bilds läßt sich sozusagen auf zwei Portionen verteilen. Die erste Portion läuft darauf hinaus, daß das Zurechtkommen »zunächst und zumeist« stattfindet. Am Anfang sind wir nichts weiter als Kinder, die zurechtzukommen versuchen, und erst später werden wir in den Gebrauch der Sprache eingeführt. Selbst wenn wir erwachsen sind, besteht ein großer Teil des Lebens darin, daß man sich bemüht zurechtzukommen. Anders wäre es gar nicht möglich. Um das Augenmerk auf etwas zu richten, müssen wir immer weitermachen – so wie ich auf dem Pfad immer weitergehen mußte, als ich an das schwierige Gespräch dachte, oder wie jemand, der in einem Laboratorium umhergeht und hier oder da eine Retorte hochhebt,

28 Molière, *Le Bourgeois gentilhomme* (1670), Akt II.

während er intensiv über die entsprechenden theoretischen Fragen nachdenkt (oder vielleicht darüber, was es wohl zum Mittagessen geben wird).

Bei der zweiten Portion muß man jedoch gründlicher zubeißen. Hier geht es um den Gedanken, der üblicherweise mit Hilfe des Worts »Hintergrund« zum Ausdruck gebracht wird. Der größte Teil des Zurechtkommens fungiert als wesentliche Stütze der Episoden begrifflicher Konzentration, die sich in unserem Leben abspielen – was allerdings nicht nur in dem infrastrukturellen Sinn gemeint ist, daß es etwas geben muß, was den Geist von der Bibliothek ins Laboratorium und wieder zurück trägt. Es geht um etwas Grundlegenderes, nämlich darum, daß das Hintergrundverständnis, das wir benötigen, um die vollzogenen Denkanstrengungen in dieser oder jener Weise zu deuten, seinen Ort in unserem gewöhnlichen Zurechtkommen hat.

Angenommen, ich spaziere den Weg entlang, komme aufs freie Feld und merke, daß die Goldrute blüht. Das ist ein partikelhafter Bildausschnitt aus der Welt – ein Ausschnitt jener Art, wie man sie häufig zur Erläuterung der elementaren Grenze im Sinne des I/A-Bilds heranzieht, außer daß man manchmal unter dem Druck des Fundierungsgedankens dazu gezwungen ist, den Ausschnitt noch basaler zu fassen (»gelb – hier – jetzt«), um erst später auf konstruktivem Weg zum Schluß auf die Goldrute zu gelangen. Einer der Irrtümer der klassischen Erkenntnistheorie bestand darin, daß man in Ausschnitten dieser Art die Bausteine unseres Wissens über die Welt erblickte. Dieses Wissen werde Stück für Stück aus solchen Bruchstücken zusammengesetzt. Daran mußte die Fundierungstheorie jedenfalls glauben.

Einer der Gründe, weshalb Kant in der Geschichte der (ach so mühsamen!) Überwindung des I/A-Bilds eine Hauptrolle spielt (obwohl er auch seine eigene Lesart dieser Auffassung ausgearbeitet hat), liegt darin, daß er diesem Bild, wie wir schon ausgeführt haben, den Garaus gemacht hat. Es gelingt nicht, unser Weltbild aus Wahrnehmungsdaten wie »Die Goldrute blüht« oder gar »gelb – hier – jetzt« aufzubauen, denn nichts würde als ein solches Wahrnehmungsdatum gelten, sofern es nicht schon seinen Ort in der Welt hat. Das Minimum ist, daß etwas nur dann wirklich als Wahrnehmungsdatum gelten kann, wenn ein umfassendes Gespür für mich selbst als wahrnehmender Akteur gegeben ist, als ein Akteur, der sich in einer bestimmten Umgebung umherbewegt, zu der dieses Stück Gelb als Merkmal gehört. Falls wir versuchen, uns diese ganze Orientierung wegzudenken, erhalten wir etwas, was als Erfahrung beinahe unvorstellbar ist: »weniger als ein Traum«, wie Kant es formuliert.[29] Was hieße es denn, ein reines Gelb-Erlebnis zu haben – einerlei, ob das Gelb irgendwo draußen in der Welt oder bloß in meinem Kopf sein soll? Das wäre eine extrem dissoziative Erfahrung und kein besonders verheißungsvoller Baustein für die Konstruktion eines Weltbilds.

Unser Weltverständnis ist also von Anfang an holistisch, und zwar in einem ganz anderen Sinn von »holistisch« als bei Quine. So etwas wie das einzelne, unabhängige Wahrnehmungsdatum gibt es nicht. Diesen Status hat etwas nur in einem umfassenderen Kontext, der verstanden und als selbstverständlich akzeptiert ist, meistens aber gar nicht genau betrachtet wird. Es wäre auch gar nicht möglich, dies alles in Betracht zu ziehen, was aber nicht bloß daran liegt, daß wir es mit einer extrem verzweigten Szenerie zu tun hätten, sondern auch daran, daß sie nicht aus einer bestimmten Anzahl von Teilstücken besteht. Das läßt sich verdeutlichen, indem man bedenkt, daß die Anzahl der möglichen

---

29 Kant, *Kritik der reinen Vernunft*, A 112.

Wege, auf denen der als selbstverständlich hingenommene Hintergrund unter spezifischen Umständen zum Scheitern führen kann, nicht begrenzbar ist.

Die Berufung auf diesen nicht abgrenzbaren Hintergrund gehört zu den argumentativen Schachzügen, die Wittgenstein in den *Philosophischen Untersuchungen* und in *Über Gewißheit* besonders gern zum Einsatz bringt. So zeigt er beispielsweise, wie wir oben angedeutet haben, daß das Verständnis einer hinweisenden Erklärung nicht nur davon abhängt, daß man ein Einzelding bestimmt. Darüber hinaus gibt es ein umfassenderes Verständnis der Frage, welcher Art die erörterte Sache angehört (Form oder Farbe?), ob es sich um eine Form von Unterricht in Bedeutungszuschreibung handelt und dergleichen mehr. Bei unseren gewöhnlichen Untersuchungen gehen wir davon aus, daß es eine bleibende Welt gibt. Daher würde es unser ganzes Tun zutiefst erschüttern, wenn jemand »entdeckte« (sofern dergleichen überhaupt möglich ist), daß die Welt vor fünf Minuten entstanden ist. Das wiederum kann man nicht im Sinne der Behauptung auffassen, es gebe eine feststehende Liste von Dingen, die wir ausgeschlossen haben, auf der unter anderem die Annahme stehen würde, daß die Welt vor fünf Minuten entstanden ist.

Dieses unbegrenzt erweiterungsfähige Hintergrundverständnis wird durch unser gewöhnliches Zurechtkommen gestützt und weiter entfaltet. Meine Feststellung, daß die Goldrute blüht, wird dadurch, daß ein bestimmter Kontext gegeben ist, untermauert, beispielsweise dadurch, daß ich in diesem Moment eine Wiese betrete und es August ist. Dabei schenke ich allen diesen Dingen keine konzentrierte Beachtung. Ich weiß, wo ich bin, weil ich hierhin spaziert bin, und ich weiß über die Zeit Bescheid, weil ich schon einen großen Teil des Sommers hinter mir habe. Das sind allerdings keine reflektierten Schlüsse, sondern nur Bestandteile des Verständnisses, mit dem ich an das alltägliche Zurechtkommen herangehe. Freilich wäre es möglich, eine stärker reflektierte Haltung einzunehmen und über das jahreszeitbedingte Vorkommen der Goldrute an bestimmten geographischen Orten auf der Erdoberfläche zu theoretisieren usw., genauso wie es möglich wäre, die Umgebung, in der ich normalerweise umherspaziere, detailliert darzustellen, indem ich eine Karte zeichne. Das wäre aber noch nicht das Ende der Einbettung des reflektierten Wissens in das gewöhnliche Zurechtkommen. Die Karte wird nutzlos – ja, sie hört auf, für mich überhaupt eine Karte in irgendeinem bedeutungsvollen Sinn zu sein –, sofern es mir nicht gelingt, sie so zu benutzen, daß sie mir hilft, mich zurechtzufinden. Das theoretische Wissen muß im Verhältnis zum alltäglichen Zurechtkommen einen Platz bekommen, um überhaupt Wissen der gegebenen Art zu sein.

In dieser Hinsicht ist die Einbettung unabdingbar, und zwar in dem besonders anspruchsvollen Sinn, daß alle Anwendungen des reflektierten, begrifflichen Denkens den ihnen zukommenden Inhalt nur aufgrund ihrer Situierung in einem Kontext des Hintergrundverstehens haben, der dem alltäglichen Zurechtkommen zugrunde liegt und im Zuge dieses Zurechtkommens hergestellt wird.

3
Prüfung der Überzeugungen

Vielleicht gewinnt man den Eindruck, daß der Unterschied zwischen einem Antifundierungsansatz *mit* vermittlungsgebundener Erkenntnisauffassung und einem Antifundierungsansatz *ohne* eine solche Auffassung nicht sonderlich ins Gewicht fällt. Schließlich stimmen beide insofern überein, als sie das ursprüngliche cartesianische Unterfangen preisgeben. Aber in Wirklichkeit bleibt ein ziemlich großer Teil der philosophischen Einstellung des Cartesianismus erhalten, wenn man nicht mit der repräsentationalen Erkenntnistheorie bricht.

Daß es sich tatsächlich so verhält, wird erkennbar, wenn man sich den ganzen Fragenkomplex im Umkreis der Begriffe »Realismus« und »Antirealismus« vor Augen führt. Die vermittlungsgebundene Auffassung steuert den Kontext bei, in dem diese Fragen Sinn haben. Diesen Sinn verlieren sie jedoch, wenn man sich, wie Heidegger und Merleau-Ponty es getan haben, diesem ganzen Deutungsmuster entzieht. Oder um es vielleicht besser zu formulieren: Man hält nicht mehr an einer wagemutigen philosophischen »These« fest, sondern erwacht und bewegt sich im Rahmen eines unproblematischen Realismus.

Es ist schon des öfteren festgestellt worden, inwiefern der vermittlungsgebundene Ansatz zur Skepsis, zum Relativismus und zu diversen Formen des Nichtrealismus führt. Sobald man nämlich einsieht, daß die fundierungstheoretischen Argumente zur Begründung der Wahrheit scheitern, bleibt uns nichts anderes übrig als das Bild des in sich selbst eingeschlossenen Subjekts ohne Kontakt zu einer transzendenten Welt. Dieses Bild kann nun ohne weiteres Thesen der Unerkennbarkeit (beispielsweise des Dings an sich) hervorbringen sowie der Privatheit des Denkens (man denke an die Privatsprachenargumentation) oder des Relativismus. In diesem zuletzt genannten Fall haben wir es vor allem mit dem Bild zu tun, jeder einzelne Geist befinde sich an seinem Platz hinter dem Schleier der eigenen Wahrnehmungsdaten und gelange von dort aus zur Welt oder erfasse sie mit Hilfe seiner selbstgemachten Formen, und dieses Bild stellt uns offenbar keine Möglichkeit zur Verfügung, Streitfragen in rationaler Weise zu entscheiden. Wie sollen die Protagonisten ihre jeweiligen Argumente auf allgemein verfügbare Daten stützen können, wenn jeder von ihnen in sein eigenes Bild eingekapselt ist?

Wenn man beim Skeptizismus[1] oder beim Relativismus ansetzt, ist es ein naheliegender und verlockender Schritt, sich die eine oder andere Form von Antirealismus zu eigen zu machen. Sofern es nicht möglich ist, bei diesen Problemen zu einer rationalen Entscheidung zu gelangen, stellt sich die Frage: Warum soll man überhaupt zugeben, daß es sich dabei um echte Probleme handelt? Warum soll man einräumen, daß es hier Tatbestände gibt, in bezug auf die man recht haben oder sich irren kann? Sofern wir niemals wissen können, ob unsere Sprache, unsere Ideen oder unsere Kategorien tatsächlich mit der Realität dort draußen – also mit den Dingen an sich – in Einklang stehen, fragt es sich, mit welchem Recht wir überhaupt über diese transzendente Wirklichkeit reden. Wir müssen ihr den Status des »Realen« absprechen. Daher der Name »Antirealismus«.

---

1 Hier sprechen wir vom Skeptizismus in seiner allgemeinen Form. Daneben gibt es auch eine spezifischere Spielart, von der die wissenschaftliche Erkenntnis aufs Korn genommen wird, während die normale Alltagswirklichkeit verschont bleibt. Mit der eben genannten spezifischeren Spielart werden wir uns weiter unten (im 7. Kapitel) befassen.

Der entscheidende Schritt dieser nichtrealistischen Ansätze besteht darin, daß man bestimmte Grundunterscheidungen des Common sense zwischen der Wirklichkeit und unserem Bild von der Wirklichkeit bestreitet – zwischen der Welt in ihrem Ansichsein und der von uns gesehenen Welt, zwischen dem wirklich moralisch Richtigen und dem für moralisch richtig Gehaltenen usw. Das Ironische daran ist, daß damit Unterscheidungen bestritten werden, die überhaupt erst durch die repräsentationale Deutung zu Dichotomien gemacht wurden.

Nun liegt es auf der Hand, daß sich der Fundierungsgedanke im selben – durch vermittlungsgebundene Theorien errichteten – dialektischen Universum bewegt wie der Nichtrealismus. Diese Theorien schüren Ängste vor der Möglichkeit, unsere Repräsentationen seien vielleicht bloß im Geist und dort ohne Realitätsbezug. (Ja, vielleicht wäre es sogar möglich, daß wir Opfer eines bösen Dämons – eines *malin genie* – sind!) Der Fundierungsgedanke ist eine Antwort auf diese Ängste. Das ist auch der Grund, warum man in unserer wissenschaftlich-philosophischen Gemeinschaft mit solcher Entrüstung auf die verschiedenen relativistischen oder nichtrealistischen Theorien reagiert, insbesondere übrigens auf Rorty als mutmaßlichen Urheber solcher Theorien. Das liegt daran, daß sich diese ganze Kultur in den Klauen einer vermittlungsgebundenen Betrachtungsweise befindet und sich daher tatsächlich den Alptraum ausmalen kann, es gebe ein für allemal keine Verbindung zur Realität. Die Wissenschaft scheint jedoch darauf angewiesen zu sein, daß es Verbindungen zur Wirklichkeit gibt. Wer daher mit solchen Theorien liebäugelt, stelle sich gegen die Wissenschaft, er spende dem Feind Hilfe und Trost, zerstöre unsere Zivilisation usw. usf.

Rorty läßt sich von solchen spießbürgerlichen Reaktionen zu Recht nicht beeindrucken. Aber seine Art, mit diesen Reaktionen umzugehen, zeigt, daß er selbst sich nach wie vor in ebendiesem geistigen Universum bewegt. Die Form des vermittlungsgebundenen Ansatzes, die hier von Relevanz ist, geht von sogenannten »Repräsentationen« als Vermittlungsinstanzen aus. »Repräsentationen« im Sinn des aktiven Repräsentierens sind ausformulierte, explizite Erkenntnisbröckchen, wie sie in diversen fundierungsorientierten Erkenntnistheorien eine Rolle spielen. Dabei gibt es, wie wir im 1. Kapitel dargelegt haben, ganz unterschiedliche Vorstellungen, die man sich von dem Vermittlungsprozeß macht. Nach Descartes und Locke sind »Ideen« die entscheidenden Elemente, also partikelhafte mentale Inhalte, die sich an der Grenze zwischen Abbildchen im Geist und Wissensansprüchen bewegen, die eigentlich nur durch daß-Sätze erfaßt werden können. Kant hat dann später behauptet, die kleinste Form solcher Inhalte beinhalte ein subsumtives Urteil. Manche Theoretiker haben auch den Versuch unternommen, diese Basiselemente aus dem Geist herauszulösen und in den materiellen Körper zu verlagern. Daher ist bei Quine von »Oberflächenreizungen« die Rede.[2] Doch seit der Hinwendung zur Sprache im zwanzigsten Jahrhundert sind die Basiselemente eher so etwas wie für wahr gehaltene Sätze oder auch Überzeugungen.

Die Bezeichnung »Repräsentationalist« verwenden wir für diejenigen, die glauben, unser Wissen bestehe ausschließlich aus Repräsentationen und es gehöre zum Denken, daß wir uns an Repräsentationen abarbeiten. Um es in der Sprache von Sellars und McDowell auszudrücken: Repräsentationalisten sind der Meinung, Überzeugungen seien die einzigen Bewohner des Raums der Gründe. Anders gesagt: Es

2 W. V. O. Quine, »Scope and Language of Science«, in: ders., *The Ways of Paradox, and Other Essays*, Cambridge, MA: Harvard University Press 1976, 228-245.

handelt sich um Personen, denen es (aus unserer Sicht) nicht gelungen ist, den von Heidegger oder Merleau-Ponty verdeutlichten Gedanken mit an Bord zu nehmen, daß unsere expliziten Überzeugungen in unser Hintergrundverständnis der Dinge eingebettet sind.

(Natürlich kann man den Raum der Gründe als etwas definieren, das nur aus Überzeugungen besteht. Dieses Vorgehen hat auch durchaus einen gewissen Sinn, wenn man dabei an die zum *Begründen* unserer Überzeugungen angeführten Gründe denkt. Doch bei dieser Definition bleibt die Art und Weise, in der wir im Zuge der Wahrnehmung Überzeugungen *bilden*, unberücksichtigt. Auf dieses Thema werden wir unmittelbar im Anschluß an unsere jetzigen Ausführungen zu sprechen kommen. Es wäre ein katastrophaler Fehler, wollte man den Vorgang der Überzeugungsbildung im Raum der *Ursachen* ansiedeln, während er in Wirklichkeit wesentliche Stützen für unser gesamtes Denken bezüglich der Welt liefert.)

So verstanden, ist Rorty, der seinerseits im Anschluß an Davidson argumentiert, nach wie vor Repräsentationalist. Davidson schreibt etwa: »Was eine Kohärenztheorie auszeichnet, ist schlicht folgende These: Das einzige, was als Grund für das Vertreten einer Überzeugung gelten kann, ist eine weitere Überzeugung.«[3] Er stellt auch klar, daß er für sein Teil eine in diesem Sinn aufgefaßte Kohärenztheorie gutheißen möchte, obschon er behauptet, diese Auffassung sei vereinbar mit dem, was im Rahmen einer Korre-

---

3 Donald Davidson, »A Coherence Theory of Truth and Knowledge«, in: Ernest LePore (Hg.), *Truth and Interpretation: Perspectives on the Philosophy of Donald Davidson*, Oxford: Blackwell 1992, 307-319, hier: 310 (übers. von Joachim Schulte: »Eine Kohärenztheorie der Wahrheit und der Erkenntnis«, in: Donald Davidson, *Subjektiv, intersubjektiv, objektiv*, Frankfurt/M.: Suhrkamp 2004, 233-269, hier: 240).

spondenztheorie als wahr gilt. An der gleichen Stelle führt Davidson zustimmend das folgende Rorty-Zitat an, wonach zutrifft, »daß etwas nur mit Bezug auf etwas als Rechtfertigung gilt, das wir bereits akzeptieren, und daß wir nicht durch Heraustreten aus unserer Sprache und unseren Meinungen zu einem vom Kriterium der Kohärenz unserer Behauptungen unterschiedenen Testkriterium gelangen können«.[4] In dieser Hinsicht scheinen sich die beiden einig zu sein.[5] Tatsächlich scheint dieser Standpunkt plus die damit zusammenhängende scharfe Unterscheidung zwischen Kausalität und Begründung ein wesentlicher Teil der Strategie zu sein, nach der Rorty in diesem Bereich vorgeht.

Das ist offenbar eine repräsentationalistische Auffassung. Überzeugungen gelten als die einzigen akzeptierten Bewohner des Raums der Gründe. Doch hier möchten wir einen weiteren Punkt festhalten: Diese Auffassung wird nicht als überraschende Entdeckung präsentiert, sondern sie wird als Binsenweisheit artikuliert:

– *Natürlich* kann nichts außer einer Überzeugung eine andere Überzeugung begründen.
– Wieso ist das so offensichtlich?
– Deshalb, du Dummkopf, weil die einzig mögliche Alternative, die man finden könnte, darin bestünde, daß wir »aus unserer Sprache und unseren Meinungen heraustreten«.

Davidson bringt den gleichen Gedanken zum Ausdruck, indem er von der möglichen Alternative spricht, daß die Ge-

---

4 Richard Rorty, *Philosophy and the Mirror of Nature* (1979), Princeton, NJ: Princeton University Press 2009, 178 (übers. von Michael Gebauer: *Der Spiegel der Natur*, Frankfurt/M.: Suhrkamp 1987, 199-200).

5 Siehe auch Robert Brandoms Darstellung des von Rorty vertretenen Standpunkts in: Robert B. Brandom (Hg.), *Rorty and His Critics*, Oxford: Blackwell 2000, xiv.

samtheit unserer Überzeugungen »dem Tribunal der Erfahrung gegenübergestellt wird. Kein Vergleich dieser Art hat Sinn, denn natürlich können wir nicht aus unserer Haut heraus, um zu ermitteln, wodurch die inneren Geschehnisse, deren wir gewahr sind, verursacht werden.«[6]

Was wir hier verdeutlichen wollen, ist die Art und Weise, in der sich diese beiden Philosophen auf die Grundzüge des vermittlungsgebundenen Bilds stützen, um ihre These als offensichtlich hinzustellen: »Heraustreten können wir nicht.« Das ist das grundlegende Bild der I/A-Auffassung. Wir sind in unsere eigenen Repräsentationen eingepfercht und können nicht an einem Ort außerhalb stehen, um sie mit der »Wirklichkeit« zu vergleichen. Das ist das Standardbild, aus dem nichtrealistische Theorien überhaupt erst gewonnen werden konnten. Und jetzt stoßen wir im Rahmen einer Argumentation darauf, die ebendieses Bild widerlegen soll. Genau das heißt: gefangengehalten zu werden.

Um zu zeigen, inwiefern diese kohärenztheoretische These so wenig offenkundig ist, daß sie schlicht als falsch gelten muß, müssen wir das vermittlungsgebundene Bild verlassen und im Sinne der von Heidegger und Merleau-Ponty thematisierten Begriffe denken. Natürlich vergleichen wir unsere Behauptungen mit der Wirklichkeit: »Hans, geh mal ins nächste Zimmer und sag mir, ob das Bild schief hängt!« Nun führt Hans den Befehl aus. Dabei geht er nicht so vor, daß er die in Frage gestellte Überzeugung, das Bild hänge schief, mit seiner eigenen Überzeugung vergleicht. Er kommt zwar mit einer bestimmten Ansicht über die Sachlage aus dem Zimmer heraus, doch Prüfen ist nicht das gleiche wie: seine Ansicht über die Sachlage mit der in Frage gestellten Überzeugung zu vergleichen, sondern Prüfen heißt: sich

6 Davidson, »A Coherence Theory of Truth and Knowledge«, 312 (Übers., 245).

eine Überzeugung über die Sachlage zu bilden, was im vorliegenden Fall bedeutet, daß man hingeht und nachschaut.

Das klingt, als handele es sich um eine recht einfache Aufgabe, aber in Wirklichkeit setzt es die Beherrschung einer imponierenden Menge von Fertigkeiten voraus, die auch allen übrigen höheren Organismen zuzuschreiben sind. Um etwas anzuschauen, müssen wir die unbestimmte Szenerie vor uns in eine bestimmte Szene verwandeln, und außerdem müssen wir den Hintergrund stabilisieren, unser Augenmerk auf einen Gegenstand richten und die Wahrnehmungsumstände optimieren. Das Sehen kommt uns nur deshalb so unkompliziert vor, weil wir es so gut beherrschen gelernt haben, daß wir nicht mehr merken, was wir tun, solange sich die Dinge normal verhalten. Wir können uns jedoch diverse Fehlschläge anschauen, um uns selbst beim Vorgang des Wahrnehmens zu beobachten. Merleau-Pontys besonders origineller und wichtiger Beitrag, den er in der *Phänomenologie der Wahrnehmung* leistet, besteht darin, daß er solche schwierigen Fälle heranzieht, um uns auf die komplexe Wechselwirkung zwischen dem Wahrnehmungsfeld, den Dingen und dem sogenannten Körperschema aufmerksam zu machen, die bei der Konstitution der Gegenstände der Wahrnehmung eine Rolle spielt.

Als erstes müssen wir in die Szene, die wir vor uns haben, eine gewisse Bestimmtheit hineinbringen. Im Normalfall ist dieser Übergang etwas so Natürliches für uns, daß er nahezu instantan abläuft, obschon wir ihn in ungewöhnlichen Fällen durchaus bemerken können. Als Beispiel nennt Merleau-Ponty einen Fall, in dem man etwas sieht, was zunächst eine unbestimmte und instabile Szene zu sein scheint: »Ich gehe am Strand auf ein am Ufer gescheitertes Schiff zu, der Schornstein oder Mast des Schiffes verfließt mit den Zweigen und Stämmen eines Gehölzes am Rande der Dünen; plötzlich aber verbindet er sich aufs deutlichste mit dem Schiff und verwächst mit ihm zu einem Ganzen. Während ich mich näherte, wurde ich der Ähnlichkeits- und Nähebeziehungen nicht gewahr, die schließlich ein zusammenhängendes Bild der Aufbauten des Schiffes ergeben hätten. Ich fühlte nur, daß der Anblick der Dinge plötzlich sich wandeln würde, die Spannung auf etwas, das bevorstand, sich anzeigend wie Gewitter in den Wolken. Und plötzlich wandelte sich denn auch die Sicht, meine unbestimmten Erwartungen rechtfertigend.«[7]

Indes sich die Szenerie vor unseren Augen in bestimmte Objekte gliedert, ordnet sie sich auch zu einer Figur vor einem Hintergrund. Anschließend arbeitet unser Körperschema automatisch, um den Hintergrund zu stabilisieren – so als besäßen wir eine Fertigkeit, die wir immer schon gelernt hatten. Im Fall des Sehens schließt das die Einstellung des Beleuchtungsniveaus mit ein, ebenso wie das Konstanthalten der Helligkeit in einem weiten Bereich objektiver Intensitätsveränderungen. Geht man etwa einer bestimmten Tätigkeit nach, bleibt die wahrgenommene Helligkeit konstant, obwohl das (mit Hilfe eines Belichtungsmessers gemessene) Licht ständig schwächer wird, bis man zu seiner eigenen Überraschung merkt, daß man in beinahe totaler Finsternis tätig ist. Ebenso verhält es sich mit der Farbe von Gegenständen, die trotz vielfältiger objektiver Veränderungen der Beleuchtungsfarbe durchweg konstant erscheinen. Das merkt man etwa, wenn man Photographien, die ungefähr zur Zeit des Sonnenuntergangs aufgenommen wurden und Szenen darstellen, die zu diesem Zeitpunkt ganz natürliche Farben zu enthalten schienen, nach dem Entwikkeln anschaut und sieht, daß sie orange wirken. Oder man merkt es, wenn man sieht, daß ein von außen betrachteter,

---

7 Maurice Merleau-Ponty, *Phänomenologie der Wahrnehmung* (1945), übers. von Rudolf Boehm, Berlin: de Gruyter 1966, 36f.

in elektrisches Licht getauchter Innenraum bei Schneewetter gelblich wirkt, aber neutral aussieht, sobald der eigene Körper ins strahlende Licht tritt. Auch unser Sinn für die vertikale Dimension einer Szene wird in der gleichen Weise gestärkt und bewahrt. Merleau-Ponty bezieht sich auf gestaltpsychologische Experimente, um über Versuchspersonen zu berichten, denen eine Trickbrille aufgesetzt wird, die ihre Weltwahrnehmung umkehrt. Sobald sich diese Personen umherbewegen und Dinge handhaben dürfen, stellt sich die Welt nach einer anfänglichen Periode der Orientierungslosigkeit wieder her, so daß diese Menschen sogar Ski oder Fahrrad fahren können.

Soviel zu den Hintergrundkonstanzen oder Hintergrundniveaus (wie sie bei Merleau-Ponty heißen). Zur gleichen Zeit wird auch die Figur stabilisiert. Gegenstände, denen wir uns nähern, sind uns als Objekte mit konstanter Größe gegeben, obwohl ihr Netzhautbild sehr schnell größer wird. Merleau-Ponty gibt hier folgenden Hinweis: Da eine Kamera (im Gegensatz zu einem verkörperten und beweglichen Subjekt) keine Größenkonstanz wahrt, sieht es im Film so aus, als würde ein heranfahrender Zug sehr rasch größer werden. Aus dem gleichen Grund wirken Nasen oder Füße in der Nähe der Kamera kolossal viel größer. Die Konstanthaltung der Größe funktioniert erst dann nicht mehr, wenn wir kein Gefühl mehr dafür haben, wie wir uns bewegen und nach dem betreffenden Gegenstand greifen könnten. Vom Flugzeug aus zum Beispiel sieht es so aus, als blickte man auf Spielzeugautos und Spielzeughäuser hinab. Ebenso hält das Körperschema die Form und die Farbe der Gegenstände konstant, obwohl die tatsächliche Farbe des Gegenstands von der Farbe der benachbarten Objekte beeinflußt wird und obwohl sich die Gestalt des auf die Netzhaut projizierten Gegenstands verändert, während man sich um ihn herumbewegt. Um uns auf die Sprünge zu helfen und erkennbar zu machen, welch erstaunliche Leistungen der Wahrnehmungsstrukturierung wir normalerweise vollbringen, ohne es zu bemerken, schildert Merleau-Ponty den folgenden Fall: Indem Cézanne ein Stilleben in vielen Farben und aus vielen Perspektiven malt, möchte er den Betrachtern ein Gefühl dafür vermitteln, wie Gegenstände zu stabiler Farbe und Gestalt kommen, um auf diese Weise die Realität des Gegenstands anschaulicher zu machen, als es durch Anwendung der Renaissance-Perspektive oder durch impressionistische Versuche, das Licht selbst zu malen, gelingt:

> Der als Linie, welche den Gegenstand umgibt, aufgefaßte Umriß gehört nicht zur sichtbaren Welt, sondern zur Geometrie. Umreißt man die Form des Apfels mit einer kontinuierlichen Linie, macht man aus der Form einen Gegenstand, während der Umriß eigentlich eher die ideale Grenze ist, auf die hin die Seiten des Apfels in die Tiefe zurücktreten. Wollte man gar keine Gestalt kenntlich machen, würde man die Gegenstände ihrer Identität berauben. Zieht man nur eine einzige Umrißlinie, opfert man Tiefe, also jene Dimension, in der das Ding nicht als vor uns Ausgebreitetes vorgestellt wird, sondern als unerschöpfliche Realität voller Reserven. Darum folgt Cézanne der Wölbung des Gegenstands in gedämpften Farben und deutet *mehrere* Umrißlinien in Blau an. Indem der Blick zwischen ihnen hin- und zurückprallt, erfaßt er eine Form, die – genauso wie in der Wahrnehmung – aus ihrer Gesamtheit hervorgehend in Erscheinung tritt.[8]

Zu guter Letzt erwirbt jeder von uns die Fertigkeit, sich so zu positionieren, daß er optimalen Zugriff auf die wahrgenommene Szene erhält. Im Handeln entwickeln wir, wie

8 Maurice Merleau-Ponty, »Cézanne's Doubt«, in: H. L. Dreyfus u. P. Dreyfus (Übers.): *Sense and Non-Sense*, Evanston: Northwestern University Press 1964, 9-25, hier: 14f.

wir bereits gesehen haben, die Fertigkeit, uns so zu bewegen, daß unsere Erwartungen ständig in Erfüllung gehen. Merleau-Ponty verweist auf eine ganz besondere Weise, in der solche Bewegungen bei der Wahrnehmung fungieren. Normalerweise ist es so: Sobald man einen Gegenstand erblickt, empfindet man den eigenen Abstand von ihm als ein Ungleichgewicht, das ausgeglichen werden kann, indem man sich so bewegt, daß man einen besseren Blick darauf bekommt. Auf diese Weise wird man dazu veranlaßt, einen Ausgangspunkt zu suchen, von dem aus man das Ding als Ganzes sowie in seinen Einzelheiten erfassen kann. Merleau-Ponty faßt die Rolle dieser Tendenz, sich sowohl beim Handeln als auch bei der Wahrnehmung einen maximalen Zugriff zu verschaffen, in der folgenden Formulierung zusammen: »Anhalt an der Welt findet mein Leib, wenn die Wahrnehmung mir ein Schauspiel bietet, das so mannigfaltig wie möglich und so klar artikuliert wie möglich ist, und wenn meine motorischen Intentionen in ihrer Entfaltung von der Welt die Antworten erhalten, die sie erwarten. Dieses Maximum an Deutlichkeit in Wahrnehmung und Tun definiert einen Wahrnehmungs*boden*, einen Untergrund meines Lebens, ein allgemeines Milieu der Koexistenz meines Leibes und der Welt.«[9]

In der Wahrnehmung wie im Handeln verhält es sich natürlich so: Da wir auf dem Gebiet des Betrachtens der Dinge Experten sind, erfolgt die Bewegung hin zum optimalen Aussichtspunkt normalerweise fast sofort und außerhalb des Bereichs unserer Aufmerksamkeit. Aber auch hier gelingt es Merleau-Ponty in brillanter Weise, einen Fall ausfindig zu machen, in dem dieses geschickte Tun dermaßen verlangsamt wird, daß man es bemerken kann. Nun er-

9 Merleau-Ponty, *Phänomenologie der Wahrnehmung*, 292.

innert er uns daran und schreibt: »Wie für jedes Bild in einer Gemäldegalerie gibt es für einen jeden Gegenstand eine optimale Entfernung, aus der er gesehen werden will, und eine Orientierung, in der er mehr von sich sehen läßt als in jeder anderen: diesseits und jenseits dieser Entfernung und außerhalb dieser Orientierung bleibt die Wahrnehmung infolge eines Zuviel oder Zuwenig konfus, bleiben wir gespannt auf das Maximum der Sichtbarkeit und suchen wir, wie beim Mikroskop, eine bessere Einstellung [...].«[10]

In einem Kunstmuseum merken wir es tatsächlich, daß wir zum Gleichgewichtspunkt hingezogen werden, denn Gemälde sind insofern etwas Besonderes, als wir mit jedem einzelnen von ihnen experimentieren müssen, um den besten Zugriff zu finden; und so kommt es, daß wir um das Optimum herum hin- und herschwanken, während wir als Wahrnehmungsexperten bei der Wahrnehmung normaler Gegenstände in der Regel unverzüglich zur optimalen Betrachtungsposition hingezogen werden.

Im einen wie im anderen Fall müssen wir als Körperwesen die Augen auf das richten, was wir sehen, und wir müssen den im Verhältnis zur Größe des Gegenstands angemessenen Abstand halten und dafür sorgen, daß uns nichts die Sicht versperrt. Auf diese Weise berücksichtigt unsere Fertigkeit die (von der Kausaltheorie der Wahrnehmung erläuterte) Tatsache, daß wir, um einen Gegenstand zu sehen, eine Position einnehmen müssen, in der das von dem Gegenstand reflektierte Licht kausal auf uns einwirken kann. Somit berücksichtigt unsere Wahrnehmungsfertigkeit von vornherein und spontan physische Zwänge, während sie den Kontakt zwischen uns und der physischen Realität herstellt. Tatsächlich sind wir so geschickt, wenn es darum

10 Ebd., 350.

geht, unseren Gegenstand optimal ins Visier zu bekommen, daß wir normalerweise gar nicht darauf achten, daß wir, um überhaupt etwas wahrzunehmen, lernen müssen, uns den Zwängen der Natur anzupassen. Erst wenn wir durch eine Störung dazu gebracht werden, die Maßstäbe neu festzusetzen oder eine neue Position einzunehmen, können wir erkennen, daß die von der Erreichung des maximalen Zugriffs vorausgesetzte holistische Aktivität die Kluft zwischen dem kausalen Einfluß der sinnfreien Natur und unserer sinnvollen Wahrnehmungserfahrung überbrückt.

Alle bisher genannten Fertigkeiten wirken unmerklich darauf hin, allen verkörperten Akteuren Zugang zu einer Welt der Gegenstände zu verschaffen. Wollen wir nun den kleinen Hans prüfen und fragen, warum er denn behaupte, das Bild hänge schief, wird er zweifellos antworten, er habe es einfach gesehen. Doch wenn wir keine Ruhe geben, sondern nachfragen, warum er denn glaube, daß er sich auf das Gesehene verlassen könne, wird er womöglich anfangen, seine erkenntnistheoretischen Fertigkeiten an den Tag zu legen. So wird er womöglich darauf hinweisen, daß die Beleuchtung insgesamt gut war, daß ihm von seiner Aussichtsposition aus nichts die Sicht versperrt hat und daß er gerade nahe genug stand, um die Einzelheiten des Bilds zu sehen, ohne das Ganze aus dem Blick zu verlieren. Unter diesen optimalen Bedingungen sah es nun wirklich schief aus.

Natürlich könnte man immer noch einwenden: daß das Bild schief aussieht, könne zwar ein »Motiv«, aber keinesfalls eine Begründung sein für Hans' Überzeugung, daß es tatsächlich schief hängt. Es verhielte sich ähnlich wie mit der von Merleau-Ponty gern herangezogenen Mond-Illusion, und Hans wäre dazu veranlaßt worden, etwas zu sehen, was wie ein schiefes Bild aussah. Aber genauso, wie wir den Mond nicht schon deshalb, weil es so aussieht, am Horizont für größer halten als im Zenit, ist es vielleicht auch nicht gerechtfertigt, wenn Hans allein auf der Basis des Augenscheins zu seiner Überzeugung über das Bild gelangt. Hans verfügt jedoch über weitere Fertigkeiten, um zu prüfen, ob sich die Wände und der Fußboden rechtwinklig zueinander verhalten und was sonst noch relevant sein mag. Sobald alle einschlägigen erkenntnistheoretischen Fertigkeiten zum Einsatz gebracht worden sind, um sämtliche relevanten Täuschungsursachen zu überprüfen, hat Hans das Recht, seine vorher gebildete Überzeugung gutzuheißen und zu dem Schluß zu kommen, das Bild hänge tatsächlich schief.

Die Moral der Geschichte ist die: daß das kausale Einwirken der Welt im Prozeß der Wahrnehmung uns nicht einfach Überzeugungen schenkt, die andere Überzeugungen rechtfertigen und ihrerseits von anderen gerechtfertigt werden. Vielmehr ist es so, daß der kausale Input eine komplizierte Menge erkenntnistheoretischer Fertigkeiten aktiviert, die zur Stabilisierung der Erfahrung beitragen, von der wir zur Bildung einer Überzeugung bewogen werden. Sofern wir auf der Hut sind oder eine Täuschung vermuten, können wir eine weitere Menge erkenntnistheoretischer Fertigkeiten heranziehen, um zu überprüfen, ob sich der Hintergrund im gegebenen Fall normal verhält. Erst dann haben wir es mit einer Überzeugung zu tun, aus der zuverlässige Schlüsse gezogen werden dürfen, die zur Begründung weiterer Überzeugungen dienen können.

Wenn wir den kleinen Hans mit dem genannten Auftrag losschicken, ist vorausgesetzt, daß er – ebenso wie die meisten anderen von uns – weiß, wie man es anstellt, um sich von derlei Dingen ein zuverlässiges Bild zu machen. Er weiß, wie man dort hingeht und sich im richtigen Abstand und mit der richtigen Orientierung hinstellt, um das Objekt mit maximaler Kraft in den Griff zu bekommen (wie es bei Merleau-Ponty heißt). Wollte man Einwände gegen Hans' Überzeugung erheben, wird seine Ansicht dadurch gerechtfertigt, daß er weiß, wie man in solchen Fällen vorgeht: Er besitzt die Fähigkeit, in dieser Weise mit Gegenständen umzugehen, und diese Weise läßt sich natürlich nicht von den übrigen Weisen trennen, in denen er diese Gegenstände verwenden, handhaben, in Bewegungsabläufe einbeziehen kann usw. Wenn Hans losgeht, um nachzuschauen, bedient er sich dieser vielfältigen Fähigkeit zum Zurechtkommen. Sein Gefühl, daß er diese Fähigkeit zum Zurechtkommen besitzt, verleiht ihm Zutrauen zum eigenen Urteil, über das er uns berichtet; und dieses Zutrauen besteht zu Recht, sofern er sich geschickt genug anstellt. Bei manchen Dingen kennt er sich freilich nicht aus – beispielsweise wenn es um die Frage geht, ob das Gemälde von Renoir sei –, aber was unsere Frage angeht, ist er sachkundig genug.

Das zeigt, inwiefern es in bestimmten Zusammenhängen durchaus verständlich ist, vom Abgleich seiner Überzeugungen mit den Tatsachen zu reden, ohne daß man sich deshalb zu absurden Szenarien hinreißen lassen muß, die schildern, wie man aus der eigenen Haut springt.[11] Die Binsenweisheit von Davidson und Rorty ist falsch.

Außerdem zeigt es hoffentlich, inwiefern uns ein Bild selbst dann gefangenhalten kann, wenn wir ihm zu entkommen glauben. Es hält uns gefangen, indem es unser Denken so einrahmt, daß die von uns vorgelegten und akzeptierten Argumente von ihm konditioniert werden. Das merken wir allerdings gar nicht, denn es liegt im Wesen des Rahmens, daß er unsichtbar bleibt, solange wir auf dem von ihm eingegrenzten Gebiet tätig sind.

In einer Hinsicht wirkt es vielleicht extrem unfair, wenn

11 Davidson, »A Coherence Theory of Truth and Knowledge«, 312 (Übers., 245).

man den Vorwurf des »Repräsentationalismus« gegen Rorty erhebt. Ist es denn nicht so, daß er selbst gegen den Gebrauch des Ausdrucks »Repräsentation« aufbegehrt? »Ich glaube auch nicht, daß Sprache oder Wissen irgend etwas mit Abbilden, Repräsentation oder Übereinstimmung zu tun haben, und daher sind das Formulieren und Verifizieren [von Aussagen] meiner Ansicht nach nichts weiter als ein Spezialfall dessen, was bei Taylor ›Umgang‹ und bei mir ›zurechtkommen‹ heißt.«[12] Doch mit dieser Gleichsetzung von Aussagen und Formen des Zurechtkommens begeht man eine Petitio principii hinsichtlich der Frage, um die es bei der Problematik der Vermittlungsgebundenheit im innersten Kern geht. So kommt es, daß Rorty vor einem Dilemma steht: Entweder müssen Aussagen (im Gegensatz zu Praktiken des Zurechtkommens) die Welt repräsentieren und somit einen bestimmten Gehalt aufweisen, oder Aussagen (bzw. Überzeugungen) haben gar keinen Gehalt. Falls sie einen Gehalt haben, sind sie insofern etwas Inneres, als man ihre Erfüllungsbedingungen von der Frage trennen kann, ob diese Bedingungen erfüllt sind. Falls sie keinen Gehalt haben, fragt es sich, wie es nach Rorty möglich sein soll, daß sie rationale Begründungen für andere Überzeugungen liefern.

Das ist der Punkt, an dem wir auf unseren Gedanken zurückkommen wollen, daß die bloße Behauptung, man lehne einen bestimmten Begriff ab, nicht unbedingt heißt, daß man aus dem diesen Begriff einbettenden Bild aussteigt. Man muß außerdem erkunden und sich bewußtmachen, in welcher Weise man von dem Bild gefangengehalten wird.

---

12 Richard Rorty, »Charles Taylor on Truth«, in: ders., *Truth and Progress*, Cambridge: Cambridge University Press 1998, 84-97, hier: 95f. (übers. von Joachim Schulte: »Charles Taylor über Wahrheit«, in: Richard Rorty, *Wahrheit und Fortschritt*, Frankfurt/M.: Suhrkamp 2000, 123-143, hier: 140).

Macht man sich bloß aus dem Staub, drückt man sich vor dieser Aufgabe.

Wenn wir auf die im 1. Kapitel skizzierte Beschreibung der vermittlungsgebundenen Tradition mit ihren vier Strängen zurückkommen, wird erkennbar, inwiefern sich Rorty und in anderer Weise auch Davidson nach wie vor im Rahmen dieser Tradition bewegen. Bei den genannten Strängen handelte es sich um die folgenden Punkte: (1) die Struktur des »nur hierdurch«, (2) die Explizitheit des Inhalts, (3) über den man nicht hinaus- bzw. hinter den man nicht zurückgelangt und (4) die dualistische Einteilung in Mentales und Physisches, in den Raum der Gründe und den Raum der Ursachen. Nun wird (1) von Rorty wie von Davidson entschieden abgelehnt, während Rorty und (wenn auch in weniger eindeutiger Weise) Davidson an (4) festhalten. Doch daß die Tradition nach wie vor wirksam ist, läßt sich vor allem daran ablesen, daß beide (2) und (3) akzeptieren. Der Inhalt unseres Weltverständnisses müsse in der Form expliziter Überzeugungen aufgefaßt werden (2), und es gebe keine Möglichkeit, im Bereich der Gründe hinter diese Überzeugungen zurück- oder über sie hinauszugehen (3): Überzeugungen werden nur durch Überzeugungen begründet.

Aber der oben beschriebene Fall des kleinen Hans zeigt, daß es doch möglich ist, innerhalb des Raums der Gründe über Überzeugungen hinaus- und hinter sie zurückzugelangen und zu verstehen, wie der urwüchsige Kontakt, den wir als verkörperte Akteure zur Welt herstellen können, uns in der von Hans exemplifizierten Weise dazu befähigt, zuverlässige Überzeugungen zu bilden. Das engagierte Zurechtkommen ist tatsächlich der Ort, an dem der Raum der Ursachen und der Raum der Gründe in einem Bereich zusammenkommen, in dem wir sowohl affiziert werden als auch aktiv sind, in dem die Dinge auf uns einwirken und in dem wir uns ebendiese Dinge verständlich machen. Hier haben wir ein Paradebeispiel dafür vor uns, wie das Davonlaufen vor den Problemen dazu führt, daß man von dem Bild, dem man entkommen möchte, weiterhin gefangengehalten wird. Wir können nicht zu Ende denken, wie es möglich sein soll, daß erkennende Akteure zuverlässiges und begründetes Wissen über die Welt erwerben. Einerseits wissen wir, daß unsere Überzeugungen aus dem kausalen Kontakt mit der Welt hervorgehen, und andererseits ist uns klar, daß wir bestimmte Verfahren und Maßstäbe der Begründung zum Einsatz bringen. Diese beiden Beziehungen, in denen wir zu den Dingen stehen, lassen sich zwar erkunden, aber irgendwie gelingt es nicht, einen Zusammenhang zwischen ihnen herzustellen.

Das heißt, es gelingt nicht, ehe man dazu bereit ist, mit dem falschen Bild Schluß zu machen und eine Alternative vorzulegen, wie Heidegger und Merleau-Ponty es getan haben. Erst an diesem Punkt kann man wirklich einsehen, wie falsch die eigenen Binsenweisheiten gewesen sind.

Dementsprechend muß Rortys ganze Art, mit dem Fundierungsgedanken, dem Realismus, dem Antirealismus und ähnlichen Fragen zurechtzukommen, seine Anfälligkeit für die erwähnte Form der Gefangenschaft eigentlich noch verschlimmern. Im wesentlichen besteht eine weitgehende Ähnlichkeit zwischen Rortys Auffassung und bestimmten Formen des Relativismus und des Nichtrealismus: Letzten Endes müsse sich die Begründung auf die Art und Weise berufen, in der wir hierzulande die Dinge regeln. Sollte es hier anders ablaufen als bei den Fremden, gebe es keine Möglichkeit, zwischen den beiden eine vernünftig begründbare Entscheidung zu treffen. Aber dennoch weist Rorty die (sehr verabscheuten) Titel »Relativist« und »Nichtrealist« zurück. Hierzu geht er im wesentlichen so vor, daß er uns zu überzeugen versucht, jene Fragen zu unterlassen, auf die sich diese Standpunkte sowie der Fundierungsgedanke als konkurrierende

Antworten darstellen. Es gebe hier nur verschiedene Formen des Umgehens mit den Dingen und des Zurechtkommens mit ihnen. Vokabulare seien Werkzeuge. »Verschiedene Vokabulare liefern uns Überzeugungen als Rüstzeug, das mehr oder weniger nützlich ist, um in verschiedenen Hinsichten mit der Umgebung zurechtzukommen.«[13]

Aber die bisher angestellten Überlegungen legen den Gedanken nahe, daß man vor bestimmten Fragen nicht einfach davonlaufen kann. Ist die vermittlungsgebundene Deutung oder die eingebettete (also im Sinne Heideggers und Merleau-Pontys aufgefaßte) Deutung die adäquatere? Nun heißt es, wir seien dazu imstande, diese Frage schlicht fallenzulassen. Dennoch stellen wir fest, daß *eine* dieser Deutungen unser Denken steuert. Das läßt sich gar nicht vermeiden, und die eingebettete Auffassung kann aufzeigen, warum es sich so verhält. In einem bestimmten Sinn »wissen« wir sehr viel mehr, als wir wissen. Die hier benutzten Anführungszeichen beziehen sich auf unser noch nicht artikuliertes Gespür für die Dinge. Auf dieses Gespür oder auf eine verzerrte theoretische Ausgestaltung dieses Gespürs stützen wir uns immer, wenn wir uns denkend auf die Welt beziehen. Das geschieht (wie wir oben bei der Betrachtung der Kohärenztheorie gesehen haben) nicht nur beim Philosophieren, sondern auch bei ganz alltäglichen Versuchen, etwas über die Dinge dieser Welt herauszubekommen. Wir treffen Unterscheidungen, mit denen Rorty nichts anfangen kann, obwohl sie in unsere Praxis eingebettet sind. Dazu gehört beispielsweise die Unterscheidung zwischen Selbstdeutungen, die wir nicht als eigenständige Gegenstände interpretieren können, und einer unabhängigen Realität, die trotz aller wechselnden Beschreibungen beharrlich wei-

13 Brandom, Einleitung zu *Rorty and His Critics*, xiv.

terexistiert, so wie etwa das Sonnensystem beharrlich fortexistiert und auf seinen Kepler gewartet hat. Kepler hat seine Ellipsen nicht als einen neuen Vorschlag bezüglich der Art und Weise gedeutet, in der sich die Himmelskörper verstehen bzw. verhalten könnten. Das Rahmenverständnis der ganzen Forschung lief darauf hinaus, daß dies ihre immer schon gegebene Art und Weise war und daß Keplers Theorie alle vergangenen, gegenwärtigen und zukünftigen Beobachtungen verständlich erklären würde. Wir verfahren nicht so, daß wir einen aufgemöbelten, metaphysisch kommentierenden Firnis einbringen (obschon dergleichen bei Kepler, wenn er seine Ansichten über vollkommene Festkörper ausbreitet, durchaus eine gewisse Rolle spielt – aber das ist eine andere Geschichte). Wir artikulieren hier nur den wesentlichen Rahmen der Forschungsarbeit Keplers, also etwas, was dieser Arbeit ihren Sinn gab und ohne das diese Arbeit ganz anders vonstatten gegangen wäre.[14]

Auf genau dieses Rahmenverständnis bezieht sich auch Rorty, wenn er uns mitteilt, daß die Welt kausal auf uns einwirkt. Das ist keine neue Entdeckung, sondern eine Artikulierung dessen, was wir alle wissen müssen, um unsere Rolle als menschliche Akteure spielen zu können. Im Grunde handelt es sich um Gemeinsamkeiten aller Theorien, die diesen Bereich betreffen – abgesehen vielleicht von einigen verrückten Idealisten. Aber welche verborgene Grenze soll uns einerseits gestatten, dieses Faktum zu konstatieren, aber andererseits verbieten, fortzufahren und nach dem Vorbild Heideggers und Merleau-Pontys die Art und Weise zu beschreiben, in der das Denken in unser aktives Handeln eingebettet ist? Es sollte keine Schranke geben, die uns daran

14 Charles Taylor, »Rorty and Philosophy«, in: Charles B. Guignon u. David R. Hiley (Hg.), *Richard Rorty*, Cambridge: Cambridge University Press 2003, 158-180, hier: 171f.

hindert, das Rahmenverständnis zu artikulieren, mit dessen Hilfe wir uns das eigene Denken und Handeln tatsächlich begreiflich machen.

1

Rorty verfolgt also, genauso wie wir selbst, das Ziel, uns von der alten, von Descartes übernommenen, vermittlungsgebundenen Erkenntnistheorie zu befreien. Doch Rortys Vorgehen besteht darin, vor dem ganzen Wirrwarr von Fragen bezüglich GEIST und WELT davonzulaufen (um den Titel von McDowells Buch zu zitieren), also vor Fragen wie den folgenden: Wie soll man den Raum der Gründe zu dem Raum der Ursachen in Beziehung setzen? Wie ist das Denken in körperliches und soziales Handeln eingebettet? Und dergleichen mehr. Wir für unser Teil sind dagegen der Überzeugung, daß man sich von dem Zerrbild, das die alte Erkenntnistheorie artikuliert hat, nicht befreien kann, ohne sich – wie es etwa Heidegger und Merleau-Ponty getan haben – durch diese Theorie hindurchzuarbeiten, sie wirklich kenntlich zu machen und herauszubekommen, wo sie einen falschen Weg eingeschlagen hat.

Wer hat recht? Wir wollen geltend machen, daß wir es sind, die recht haben. Zur Begründung können wir anführen, daß es nicht wirklich möglich ist, diesen Fragen zu entkommen. Unser explizites Nachdenken über die Welt ist kontextgebunden und erhält seinen Sinn durch ein implizites, weitgehend unartikuliertes Hintergrundempfinden für unser Dasein in der Welt. Auf einer bestimmten Ebene geben wir durch unser Leben stets bestimmte Antworten auf diese Fragen – einerlei, ob uns das gefällt oder nicht.

Das ist der Grund, weshalb das vermittlungsgebundene

Bild unsere theoretische Vorstellungskraft nach wie vor in seinen Fängen halten kann, obwohl wir behaupten, wir hätten uns von ihm gelöst. Das sollte uns auf die Grenzen der Strategie des bloßen Davonlaufens aufmerksam machen. Doch was daran auszusetzen ist, können wir ebenfalls erkennen, sobald wir feststellen, daß Rortys Ablehnung solcher Fragen ihn dazu nötigt, Dinge zu bestreiten, die völlig einleuchtend sind und die wir in der einen oder anderen Form äußern *müssen*, da sie das Vorverständnis artikulieren, das die Verfahren erläutert, mit deren Hilfe wir die Welt kennenlernen, sie beschreiben und unsere Ergebnisse weitergeben. So fordern wir einander etwa – wie im oben geschilderten Beispiel des kleinen Hans – dazu auf, eine bestimmte Behauptung mit den Tatsachen zu vergleichen. Ebenso sprechen wir – wie etwa im Fall der Theorien über Himmelskörper – von sukzessiven Wiedergaben einer unveränderten Realität, und genauso reden wir davon, daß Irrtümer richtiggestellt werden, so daß wir die Dinge weniger verzerrt sehen. Zu alldem gehört auch, daß wir keinen triftigen Grund kennen, den Begriff der Repräsentation zu verwerfen. Für viele (aber freilich längst nicht alle) unkomplizierte Alltagssätze gilt, daß sie mitteilen sollen, wie sich die Dinge verhalten. Sie vermitteln ein »Bild« vom Sosein der Dinge, und sie treffen zu, wenn die Weise, in der sich die Dinge wirklich verhalten, mit diesem Bild übereinstimmt. Versucht man, uns das Recht auf den Gebrauch solcher Ausdrücke streitig zu machen, muß man eben auf ganz ähnliche Ersatzformulierungen zurückgreifen, denn diese Ausdrücke artikulieren das Hintergrundverständnis, das unsere Tätigkeiten des Prüfens, Bestreitens, Argumentierens, Zustimmens usw. erläutert. In diesem allgemeinen und wohlverstandenen Sinn »repräsentieren« viele gewöhnliche Sätze im Indikativ das, wovon sie handeln: »In diesem Zimmer stehen fünfzehn Stühle.« »Stimmt das wirklich?« »Zähl sie doch!« – das ist zwar als solches noch keine Überzeugung, aber immerhin eine zuverlässige Methode, um zu einer Überzeugung zu gelangen.

Rorty will uns dazu bringen, das Wort »repräsentieren« fallenzulassen, während er das Wort »Überzeugung« weiterverwendet. Aber die Logik dieses Worts ist vom gleichen Hintergrundverständnis durchdrungen: Wovon handelt diese Überzeugung? Was trifft eigentlich nach A's Überzeugung auf dieses Ding hier zu? Ist das wahr? Ist es richtig? Wir stecken bis zum Hals in der Logik der Repräsentation, auch wenn uns eine mäklige Form von Pragmatismus den Gebrauch des Wortes untersagen will. Außerdem gilt: Sobald wir die Repräsentation ausmerzen, sind wir nicht mehr dazu imstande, uns den entscheidenden Gedanken der eingebetteten Auffassung klarzumachen, nämlich die Einsicht, daß Repräsentationen nicht ausreichen, um eine vollständige Darstellung zu geben – sie sind für sich genommen nicht ausreichend. Jetzt kann man diesen Gedanken nicht einmal nachvollziehen, da man sich nicht mehr der entsprechenden Terminologie bedienen darf. Doch dann ist es – siehe da! – so, daß man immer noch von dem Bild gefangengehalten wird, sobald man sich für eine kohärenztheoretische Auffassung stark macht.

Rortys Ausweg aus dem vermittlungsgebundenen Denken führt gewissermaßen in die Nacht, in der alle Ansichten über GEIST und WELT in gleichbleibende Finsternis gehüllt sind. Es geht nicht mehr an, einfach nachzusehen und hinzuschauen und dabei – auf dem von Heidegger und Merleau-Ponty gebahnten, ergiebigen Weg voranschreitend – zum Ausdruck zu bringen, was wir auf einer gewissen Ebene immer schon »wissen«. Das ist es, was Rortys Theorie diesen sonderbaren Anflug von etwas Apriorischem verleiht. Es wird uns nicht gestattet, zwischen verschiedenen Kontexten der Wahrheit zu unterscheiden – zwischen Kontexten, in denen die Wahrheit unserer Behauptungen durch verschiedene Überlegungen aufgezeigt wird. Wir müssen glauben, daß die Begründung letztlich ein Geschäft ist, das davon abhängt, wie wir hierzulande verfahren, und daß es nicht möglich ist, mit Hilfe von Argumenten zu entscheiden, daß unser Vorgehen besser oder schlechter ist als das Vorgehen der Fremden. Das scheint eine völlig pauschale Theorie zu sein, die keinen Sinn dafür hat, daß die jeweiligen Fragen und Kontexte enorm verschieden sind, daß Überzeugungen und Repräsentationen in dieser (im Gegensatz zu jener) Situation eine Rolle spielen könnten und daß eine vernunftgeleitete Entscheidung im ersten Zusammenhang vielleicht angebracht wäre, im nächsten Zusammenhang dagegen gar nicht. So kommt es uns etwa ziemlich gut untermauert vor, daß der Übergang von der aristotelischen Mechanik zu einer Theorie à la Galilei und Newton aus überaus triftigen Gründen erfolgt ist. Sobald man diesen Übergang mitsamt der daraus folgenden Auflösung von Anomalien erst einmal vollzogen hat, kann man nicht in rationaler Weise zurück. Das heißt, man kann nicht zum vorherigen Zustand zurückkehren, ohne einige der inzwischen gelernten Dinge zu vergessen. Hier ist eine Theorie durch eine andere verdrängt worden. Dagegen wäre es absurd, wenn man behaupten wollte, die Musik der Renaissance sei in analoger Weise von der Barockmusik verdrängt worden. Daneben gibt es andere Fälle, die Zwischenpositionen einnehmen und komplexer sind. Aber denken wir etwa an die Gründe, die man zu der Zeit, als man noch darum kämpfte, gegen das Frauenstimmrecht ins Feld führte. Wie viele dieser Gründe könnte man heute noch wiederholen, ohne loszuprusten? Es hieß, Frauen hätten kein politisches Urteilsvermögen. Damals, als es den Frauen noch untersagt war, politische Verantwortung zu tragen, haben die Menschen dergleichen glauben können und tatsächlich geglaubt. Doch jetzt, da Frauen seit über einem Jahrhundert ihr Stimmrecht wahrnehmen, wirkt diese Ansicht schlicht grotesk. Vieles von dem, was wir jetzt wissen, müßte erst in Vergessenheit geraten, ehe man dergleichen wieder behaupten könnte.

In gewissem Sinn ist es eine Schande, daß Rorty, der doch so viele Elemente aus der engbegrenzten, rationalistischen Tradition der neuzeitlichen Philosophie verabschiedet hat, diese äußerst irritierende Gewohnheit des apriorischen Verfahrens – des pauschalen Entscheidens auf der Basis höchst allgemeiner Überlegungen – beibehält. Kann man im Hinblick auf Unterschiede des Begriffsschemas eine Entscheidung treffen? (Wobei wir uns für den Gebrauch dieses mit aller Strenge verurteilten Ausdrucks entschuldigen möchten!) Diese Frage soll man auf der Grundlage einiger überaus allgemeiner und allen Kontexten gemeinsamer Merkmale mit Ja oder Nein beantworten können. Während man doch, wenn man wirklich die Fesseln dieser Art von Philosophie sprengte, ohne weiteres erkennen könnte, daß es nichts gibt, was die genaue Betrachtung jedes neuen Einzelkontexts ersetzen könnte.

2

Am Schluß sind wir uns also eine Erklärung des Verhältnisses schuldig, das bei der Welterfahrung zwischen Gründen und Ursachen besteht. Vielleicht können wir jetzt besser erkennen, was nötig ist, um die Aporie mit Bezug auf dieses Verhältnis aufzulösen und somit dem Bild zu entkommen.

Um die starre Grenze zwischen dem Raum der Ursachen und dem Raum der Gründe zu durchbrechen, müssen mehrere Bedingungen erfüllt sein: (1) Zunächst einmal müssen wir so etwas wie ein vorbegriffliches Verstehen in

Betracht ziehen, auf dessen Grundlage sodann Begriffe von Dingen ausgesagt werden können. Anders ausgedrückt: Wir benötigen etwas, was im Raum der Gründe unterhalb der Begriffe seine Funktion erfüllt. (2) Dazu müssen wir dieses Verstehen als Leistung eines engagierten Akteurs ansehen, der den Sinn – die Bedeutungen – der Dinge anhand der betreffenden Ziele, Bedürfnisse, Zwecke und Wünsche bestimmt. Diese Bedeutungen ergeben sich aus einer Verbindung von Spontaneität und Rezeptivität, Zwang und Streben. Ihnen entsprechend muß die Welt erfaßt werden, damit sich ein durch bestimmte Ziele oder Bedürfnisse definiertes Wesen einen Reim auf sie machen kann. In *einer* Hinsicht sind uns die Bedeutungen also von der Wirklichkeit aufgezwungen. Was geschieht, ist ein Sieg oder eine Niederlage, ein Erfolg oder ein Fehlschlag, etwas Befriedigendes oder etwas Enttäuschendes. Den jeweiligen Sinn können wir nicht (oder höchstens innerhalb bestimmter Grenzen) nach Belieben bestreiten oder verändern. Aber zugleich wird dieser Sinn nur durch das Bestreben, uns einen Reim auf unsere Umgebung zu machen, zutage gefördert.

(3) Aber der ursprüngliche, unabdingbare Ort dieser durch Zwänge eingeschränkten, vorbegrifflichen Verstehensleistung ist der körperliche Austausch mit unserer Welt. Das ist der Punkt, an dem Merleau-Pontys Beitrag, der in letzter Zeit von Samuel Todes ausgestaltet und weiterentwickelt wurde, von entscheidender Bedeutung ist. Die besonders ursprünglichen und unabdingbaren Bedeutungen sind jene – oder mit jenen verbunden –, die mit unserer innerweltlichen, körperlichen Existenz zusammenhängen. Dazu gehört etwa, daß das Wahrnehmungsfeld im Sinn von auf oder ab, nah oder fern, leicht zugänglich oder unerreichbar, greifbar, vermeidbar usw. strukturiert ist.

(4) Aber das Menschsein besteht auch in unserer Fähigkeit, von dieser ursprünglichen, engagierten Vorgehensweise

loszukommen und zu lernen, die Dinge in desengagierter Weise, mit Hilfe allgemeiner Begriffe oder von einem fremden oder »höheren« Standpunkt aus zu betrachten. Die spezielle Form, die dieser Vorgang in der abendländischen Kultur annimmt, ist der Versuch, sich zumindest in der Vorstellung einen »Blick von nirgendwo« zu verschaffen oder die Dinge von einem »absoluten« Standpunkt aus zu beschreiben. Allerdings müssen wir einsehen, daß diese desengagierte Vorgehensweise in einem wichtigen Sinn etwas Abgeleitetes hat. Die engagierte Form hat, wie schon gesagt, Priorität und größere Reichweite. Immer gehen wir von ihr aus, und immer brauchen wir sie als die Grundlage, von der wir uns hin und wieder durch Desengagement lösen. Aber wir müssen uns darüber im klaren sein, daß die Abhängigkeit in diesem Fall genetischer und – um es mit größtem Nachdruck zu betonen – *nicht* begrifflicher Art ist. (Vgl. unsere Erörterung im 2. Kapitel.)

Ein vier Schritte beinhaltender Ansatz der eben angedeuteten Art kann es uns ermöglichen, den Mythos des Gegebenen zu überwinden und die paradoxe Grenze der vermittlungsgebundenen Theorie hinter uns zu lassen. Aber zugleich zersetzt dieser Ansatz die Verlockungen des Antirealismus. Das gelingt vor allem durch Schritt (3). Sofern wir einsehen, daß unser Verständnis der Dinge ursprünglich im körperlichen Umgang mit ihnen besteht, können wir auch erkennen, daß wir mit der uns umgebenden Realität auf einer Ebene in Verbindung stehen, die tiefer liegt als jede unserer auf diese Realität bezogenen Beschreibungen oder Sinnzuschreibungen. Diese Beschreibungen und Zuschreibungen mögen falsch sein, aber was bleiben muß, ist die Welt, in deren Rahmen sich die Fragen gestellt haben, die damit falsch beantwortet werden. Das ist die Welt, der ich nicht entkommen kann, weil ich sie in zahlreichen Hinsichten brauche – letzten Endes sogar, um zu erfahren, wer ich bin und was ich vorhabe –, und zwar sogar dann, wenn mein Vorhaben darin besteht, daß ich der Welt entsagen und in die Wüste gehen will. Mein erstes Verständnis der Wirklichkeit ist kein Bild, das ich mir von ihr mache, sondern der Sinn, den ich dem fortwährenden Austausch mit dieser Wirklichkeit verleihe. Es kann zwar sein, daß ich in dieser Hinsicht etwas durcheinanderbringe, aber die unabtrennbare Präsenz dieses Sinns läßt sich nicht leugnen. Das ist nach Merleau-Ponty der Grund, warum ich, um die Leugnung auch nur zu formulieren, die Verbindung zu dem, was die Wörter wirklich bedeuten, schon verloren haben muß.

Die Schritte (3) und (4) sind von entscheidender Bedeutung für unsere Ansichten über die Fragen, die sich im Hinblick auf das Verhältnis zwischen Realismus und Antirealismus stellen. Doch ehe wir dieser Problematik weiter nachgehen, wollen wir das im 2. und 3. Kapitel gezeichnete Bild des engagierten Handelns vervollständigen.

4
Kontakttheorie: Der Ort des Vorbegrifflichen

An dieser Stelle besteht ein Zusammenhang zwischen der von Heidegger und Merleau-Ponty gegebenen Beschreibung unserer prekären Lage – also zwischen ihren Analysen des In-der-Welt-Seins bzw. des *être au monde* – und der von John McDowell geübten eindringlichen Kritik der dualistischen Erkenntnistheorie.[1] Der Dualismus, den John McDowell im Anschluß an Wilfrid Sellars angreift, ist die scharfe Trennung zwischen dem Raum der Gründe und dem Raum der Ursachen. Die Darstellungen des In-der-Welt-Seins (bzw. des *être au monde*) können mit dieser Grenze ebenfalls nichts anfangen. Sie sollen, genauso wie McDowells Ausführungen, erklären, wie es möglich ist, daß es sich bei den Orten, an denen unsere Sichtweise im Zuge der Wahrnehmung von der Welt geformt wird, nicht bloß um kausale Einwirkungen handelt, sondern um Orte des nachvollziehbaren Erwerbs von Überzeugungen. Im Rahmen dieser Darstellungen wird geltend gemacht, daß sich diese Form des nachvollziehbaren Erwerbs niemals erklären läßt, wenn man nur die auf der begrifflichen Ebene stattfindende Überzeugungsbildung in Betracht zieht.

Nach unserer eigenen These rührt unsere Fähigkeit, unter Anleitung der Umgebung begriffliche Überzeugungen

---

1 John McDowell, *Mind and World*, Cambridge, MA: Harvard University Press 1993 (übers. von Thomas Blume, Holm Bräuer u. Gregory Klass: *Geist und Welt*, Frankfurt/M.: Suhrkamp [4]2012). [Anm. d. Übers.: Heidegger schreibt »In-der-Welt-sein«, Dreyfus/Taylor verwenden im Orig. häufig »Inderweltsein« (auf deutsch).]

zu bilden, daher, daß sich unser Leben in einem vorbegrifflichen, aber Verstehen beinhaltenden, engagierten Verhältnis zu dieser Umgebung abspielt. Transaktionen, die in diesem Bereich vor sich gehen, sind keine kausalen Vorgänge zwischen neutralen Elementen, sondern das Spüren von Relevanz und das Reagieren darauf. Schon die bloße Vorstellung von einem inneren Gebiet mit äußerer Grenze kann hier gar nicht in Gang kommen, denn die Tatsache, daß wir in einem bestimmten Relevanzverhältnis stehende Lebewesen sind, kann nicht »im Inneren« des Akteurs untergebracht werden, sondern ihr Ort befindet sich in der Interaktion selbst. Das Verstehen und Können, durch das es mir gelingt, den Weg hochzuklettern und dabei weiterhin zu wissen, wo ich bin, befindet sich nicht in Gestalt eines Bilds in meinem »Inneren«. Ein Bild kommt erst zustande, wenn und sofern ich einen weiteren Schritt vollziehe und eine Karte zeichne. Im Augenblick jedoch ist das Zurücklegen des Wegs der Ort des Verstehens und Könnens. Das Verstehen ist in der Interaktion und kann nicht außerhalb dieser Interaktion – mithin ohne die relevante Umgebung – in Anspruch genommen werden. Glaubte man, es ließe sich aus seinem Zusammenhang herausreißen, würde man es nach dem Vorbild des expliziten, begrifflichen, auf der Sprache oder einer Karte basierenden Wissens deuten, wie es natürlich den Absichten der ganzen I/A-Tradition seit Descartes und Locke bis hin zu den heutigen Modellkonstrukteuren der Künstlichen Intelligenz entspräche. Doch ebendies ist der Schritt, der die Grenze wiederherstellt und den Vorgang der Wahrnehmungserkenntnis unverständlich macht.

Eine Zeitlang hatte es jedoch den Anschein, als stünde unsere Auffassung in Widerspruch zu McDowell, denn er lehnt die Vorstellung ab, es gebe eine Ebene, auf der sich unser Kontakt mit der Welt unterhalb des begrifflichen Bereichs abspielt. Wie es scheint, ist McDowell der Ansicht, echte Bewohner des Raums der Gründe müßten propositionale Gestalt haben.[2] Außerdem stellt er unzweideutig fest, daß Orte des Erwerbs echter Überzeugungen von Begriffen geprägt sein müssen. Wir hingegen behaupten, daß unsere propositional geformten Überzeugungen erst entstehen können, wenn es als Basis eine vorgeordnete, »ursprünglichere«, epistemisch ergiebige Art des Kontakts mit der Welt gibt, die vorpropositional und zum Teil sogar vorbegrifflich ist.

Zunächst wollen wir Klarheit schaffen, was die (zumindest scheinbar bestehende) Meinungsverschiedenheit zwischen uns betrifft, indem wir den Hauptgedankengang von McDowells reichhaltigem und überzeugendem Buch kurz nachzeichnen. Auf den ersten Seiten seines Buchs erläutert McDowell, warum es verlockend ist, auf den *Mythos des Gegebenen* zurückzugreifen: Es ist uns bewußt, daß wir einige unserer Überzeugungen mit Hilfe anderer begründen oder daß wir zu manchen Überzeugungen gelangen, indem wir einer von anderen ausgehenden Kette von Denkschritten folgen. Aber außerdem glauben wir auch, daß diese Überzeugungen »durch den Bezug auf eine dem Denken externe Realität« fundiert werden müssen. »Solch eine Fundierung muß es nun aber sicherlich geben, wenn Erfahrung eine Quelle des Wissens sein soll und, allgemeiner, wenn es überhaupt einen Sinn haben soll, davon zu sprechen, daß empirische Urteile sich auf die Realität beziehen.«[3]

---

2 Er sagt beispielsweise folgendes: »Die Beziehungen jedoch, kraft derer Urteile gerechtfertigt werden, lassen sich nur als Beziehungen im Raum der Begriffe verstehen: Implikations- oder Wahrscheinlichkeitsbeziehungen, die zwischen möglichen Ausübungen der begrifflichen Fähigkeiten bestehen« (ebd., 7 [Übers., 31]). Die »Ausübungen«, von denen hier die Rede ist, müssen bestimmt propositionaler Art sein.

3 Ebd., 5 (Übers., 29).

Der Mythos des Gegebenen ist eine Antwort auf die hier anklingende Sorge. Das Spiel der Begründung von Überzeugungen durch andere Überzeugungen, das andernfalls »in ein selbstgenügsames Spiel« auszuarten droht, wird durch den »scheinbar ermutigenden Gedanken« vor diesem Schicksal bewahrt, »daß empirische Rechtfertigungen ihre letzte Fundierung in äußeren Einwirkungen auf das empirische Reich haben«.[4]

Doch diese rettende Idee erweist sich als nutzlos. Sofern die Grundlagen »nichtbegriffliche Einwirkungen der Welt« sein sollen, »hat das ein Bild zur Folge, in dem eine äußere Kontrolle über die Außengrenze des erweiterten Raums der Gründe ausgeübt wird, und das müssen wir als rohe Einwirkungen von außen darstellen«. Was sich an dieser Außengrenze »abspielt, ist das Ergebnis einer fremden Macht, nämlich der kausalen Einwirkung der Welt, und entzieht sich der Kontrolle der Spontaneität«.[5]

Mit anderen Worten: Der Raum der Gründe stößt an einem bestimmten Punkt auf den Raum der Ursachen – allerdings in der Gestalt kausalen Einwirkens von außen. Dieses Einwirken soll zur Rechtfertigung unserer Überzeugungen beitragen, doch es liegt in seiner Natur, daß das nicht möglich ist. Kausales Einwirken heißt, daß wir in manchen Umgebungen einfach feststellen, mit bestimmten Überzeugungen versehen zu sein, ohne begreifen zu können, warum sie in diesen Umgebungen entstehen. Diese Sachlage erzeugt wahrscheinlich eher Skepsis als Befriedigung des anfänglichen Bedürfnisses nach einer soliden empirischen Begründung.

McDowell zeigt hier auf die in der vermittlungsgebundenen Theorie von vornherein angelegte Paradoxie: Der

4 Ebd., 6 (Übers., 29f.).
5 Ebd., 8 (Übers., 32).

Umstand, daß unsere basalen »einfachen Ideen« durch reines kausales Einwirken zustande kommen, ist das, was sie unanfechtbar macht. Sie sind reine *Gegebenheiten*. An dieser Stelle muß das Denken ansetzen – es gibt keine Alternative. Aber ebendieser Tatbestand wirft die Frage auf, ob es überhaupt zuverlässige Hinweise auf die Welt jenseits unserer Repräsentationen gibt. Die vermittlungsgebundene Tradition erzeugt Skepsis und außerdem Antirealismus, genauso wie sengende Hitze Fliegen erzeugt.

Das Problematische am Mythos des (reinen) Gegebenen besteht darin, daß er das Bedürfnis, das ihn überhaupt erst hervorgebracht hat, nicht befriedigt. Aber außerdem führt er uns in die Irre: Unsere im Prozeß der Wahrnehmung gebildeten Überzeugungen sind nicht – als ungeschönte Gegebenheiten – einfach da. Die Wahrnehmung ist genau jene Tätigkeit, durch die wir Einsicht in das Warum unserer vorhandenen Überzeugungen gewonnen haben und durch die wir weitere Einsicht gewinnen können. Die Neigung, im Zuge des Urteilens einen bestimmten Begriff anzuwenden, kommt nicht »aus heiterem Himmel. Wenn jemand ein Urteil fällt, dann wird es ihm von der Erfahrung abgerungen, die den Grund für das Urteil bildet. In einem Bild, in dem hinter einem Urteil nur eine Disposition, es zu fällen, steht, geht die Erfahrung selbst verloren.«[6] Das ist eine phänomenologische Wahrheit, die einen wesentlichen Zug der Logik der Begründung unserer empirischen Überzeugungen aufzeigt: Diese Überzeugungen setzen nicht bei reinen Gegebenheiten an, die wir nicht hinterfragen können. Das war auch die Botschaft unserer Argumentation im 3. Kapitel, als es vor allem um die Prüfung des Bilds durch den kleinen Hans ging.[7]

---

6 Ebd., 61 (Übers., 86).

7 McDowells Argumentation läuft an dieser Stelle ganz ähnlich wie un-

Denken ist die Ausübung einer von Normen geleiteten Fähigkeit und somit die Ausübung der in uns angelegten Spontaneität oder, um es anders zu formulieren, der Freiheit. Hier stimmt McDowell Kant zu und schreibt: »Wenn Kant den Verstand als eine Fähigkeit der Spontaneität beschreibt, dann kommt darin seine Auffassung der Beziehung von Vernunft und Freiheit zum Ausdruck: Rationaler Zwang ist nicht nur mit Freiheit verträglich, sondern sogar konstitutiv für sie. Als Schlagwort: Der Raum der Gründe ist der Raum der Freiheit.«[8]

Sobald wir die Leere des Mythos des Gegebenen erkannt haben, besteht unsere Aufgabe darin, diese freie Spontaneität irgendwie mit dem Zwang in Einklang zu bringen. Um das Hin und Her zwischen dem den Mythos des Gegebenen erzeugenden Bedürfnis nach Begründung und der das Bedürfnis unbefriedigt lassenden Entlarvung dieses Mythos zu beenden, »müssen wir einräumen, daß Erfahrungen selbst Zustände oder Ereignisse sind, welche Rezeptivität und Spontaneität unauflöslich miteinander verbinden«.[9] Wir müssen dazu in der Lage sein, »über die Erfahrung als Offenheit gegenüber der Beschaffenheit der Welt zu sprechen. Erfahrung ermächtigt die Beschaffenheit der Realität

---

ser eigener Gedankengang. Er übt dabei ebenfalls Kritik an derselben Abhandlung Davidsons und zitiert sogar dieselben Stellen, an denen es beispielsweise heißt, es sei unmöglich, den Bereich der Überzeugungen zu verlassen, und wir seien außerstande, aus der eigenen Haut zu springen. Siehe McDowell, Vorlesung I, Abschn. 6. Was die Davidson-Stellen betrifft, siehe »A Coherence Theory of Truth and Knowledge«, in: Ernest LePore (Hg.), *Truth and Interpretation: Perspectives on the Philosophy of Donald Davidson*, Oxford: Blackwell 1992, 307-319 (übers. von Joachim Schulte: »Eine Kohärenztheorie der Wahrheit und der Erkenntnis«, in: Donald Davidson, *Subjektiv, intersubjektiv, objektiv*, Frankfurt/M.: Suhrkamp 2004, 233-269).

8 McDowell, *Mind and World*, 5 (Übers., 29).

9 Ebd., 24 (Übers., 49).

selbst, einen rationalen Einfluß auf das Denken eines Subjekts auszuüben«.[10]

Was diese Beschreibung unserer Aufgabe betrifft, stimmen wir völlig mit McDowell überein. Wir müssen zeigen, inwiefern unser Wahrnehmen zugleich eingeschränkt und frei, situiert und dennoch spontan und schöpferisch sein kann. Das war es, womit wir uns im 3. Kapitel befaßt haben. Dabei sind wir zu dem Schluß gekommen, daß diese angeleitete Spontaneität unweigerlich und ursprünglich auf einer tieferen Ebene als der des Begrifflichen zum Einsatz kommt: Wie wir im oben geschilderten Fall des kleinen Hans gesehen haben, stützt sich die Ausübung begrifflicher Fertigkeiten auf epistemische Fertigkeiten, die einer tieferen Ebene angehören. Wenn wir erkennen wollen, wie Zwang und Spontaneität zusammenkommen, müssen wir im Bereich der Wahrnehmung fündig werden. Insofern stimmen wir von ganzem Herzen mit McDowell überein. Aber wenn wir im Bereich der Wahrnehmung fündig werden wollen, müssen wir deutlich machen, inwiefern sich unsere Fähigkeit zur Bildung von Überzeugungen wie »Das Bild hängt schief« auf vorbegriffliche epistemische Fertigkeiten stützt.

Mit dieser zuletzt genannten Schlußfolgerung kommt es offenbar zu einem Bruch zwischen uns und McDowell. In seiner in Vorlesung III vorgetragenen Kritik an Gareth Evans lehnt er entschieden die Möglichkeit ab, der Raum der Gründe könne Erfahrungen einschließen, die »außerhalb des begrifflichen Bereichs« liegen.[11] Die von Evans aufgestellte Theorie ist zwar nicht identisch mit unserer eigenen, aber wir für unser Teil wollen ebenfalls auf Erfahrungen dieser vorbegrifflichen Art hinaus. Sucht man nach McDowells allgemeinem – also nach einem über die spezifischen Argu-

10 Ebd., 26 (Übers., 51).
11 Ebd., 56 (Übers., 80).

mente gegen Evans' Lesart hinausgehenden – Grund für diese Ablehnung, stellen wir fest, daß diese Begründung bereits auf den ersten Seiten des Buchs in seine Position eingebaut worden ist. Schon im 4. Abschnitt von Vorlesung I fügt MacDowell, nachdem er Kant den Gedanken zugeschrieben hat, »daß sich empirisches Wissen der Kooperation von Rezeptivität und Spontaneität verdankt«, in Parenthese den folgenden Satz ein: »(›Spontaneität‹ bedeutet hierbei einfach, daß begriffliche Fertigkeiten im Spiel sind.)«[12] Die übrigen Erörterungen rücken »begriffliche Fähigkeiten« oder »begriffliche Inhalte« als dasjenige in den Vordergrund, was mit der Rezeptivität verknüpft werden müsse.

Die Meinungsverschiedenheit scheint nun auf folgendes hinauszulaufen: Was den ganz grundlegenden Kontakt mit der Welt betrifft, räumen beide Seiten der Spontaneität einen entscheidenden Platz ein. Allerdings sieht McDowell keine Spontaneität vor, die nicht Anwendung von Begriffen wäre, während wir selbst, im Anschluß an Merleau-Ponty, beschrieben haben, wie die Spontaneität beim ursprünglichen Erfassen unserer Welt in genau dieser vorbegrifflichen Weise eingesetzt wird.

Das bedeutet, daß die holistischen Basisargumente, die beide Seiten von Kant übernehmen, von uns aus der ursprünglichen Tonlage in die vorbegriffliche Tonlage transponiert werden. Kant hat, wie wir im 2. Kapitel dargelegt haben, das holistische Urargument entfaltet, auf das sich alle bisherigen Dekonstruktionen des vermittlungsgebundenen Ansatzes gestützt haben. Das ist das Argument gegen den Input-Atomismus, und es besteht in dem Nachweis, daß jedes partikelhafte Wahrnehmungsdatum zu der Welt, in der es eine Rolle spielt, in Beziehung gesetzt werden muß,

12 Ebd., 9 (Übers., 33).

also daß wir Erkenntnisse notwendig mit ihrem jeweiligen Gegenstand verknüpfen müssen. McDowell nimmt die gleiche Einsicht auf und schreibt: »Der Gegenstand der Erfahrung wird so verstanden, als wäre er in eine weiterreichende Realität eingebettet, die dieser Erfahrung nicht zur Gänze zugänglich ist, wohl aber denkend erfaßt werden kann.«[13] Doch daß es sich so verhält, soll sich der Funktionsweise unserer »begrifflichen Fähigkeiten« verdanken, während es aus unserer Sicht – beispielsweise im Fall des geschickten Fußballers auf dem Platz – so ist, daß diese Form von Holismus bereits auf der Ebene der vorbegrifflichen Erfahrung funktioniert.

Die oben angeführte Beschreibung des Fußballspielers liefert ein treffendes Beispiel für vorbegriffliche Spontaneität. Kant und McDowell sprechen deshalb von »Spontaneität«, weil der erkennende Akteur aus ihrer Sicht nicht nur in passiver Weise Eindrücke aus der Außenwelt empfängt, sondern seine Umgebung aktiv interpretiert und verständlich macht. Freilich, um das zu leisten, bringen wir häufig Begriffe zum Einsatz. Aber offenbar verfahren wir nicht immer so. Der Fußballspieler gibt dem Platz, den er vor sich hat, aktiv einen bestimmten Sinn, indem er ihn in Sektoren aufgliedert: in unangreifbare Zonen, mögliche »Lücken« zwischen Gegnern und Vektoren der Anfälligkeit (wo die andere Mannschaft einen Durchbruch erzielen könnte). Um mit Gibson zu reden: Der Spieler erfaßt den gesamten Angebotscharakter (die Affordanzen), ohne sich irgendwelcher Begriffe zu bedienen. (Die Terminologie, in der wir die Situation beschrieben haben, ist allerdings nicht dem Vokabular Gibsons entnommen, sondern sie stammt von uns selbst.)

13 Ebd., 32 (Übers., 57 – Übers. modifiziert).

Die kantianische Spontaneität ist etwas »Rationales«, denn sie ist nicht etwas bloß Willkürliches, sondern sie zielt darauf ab, unsere Welt verständlich zu machen und richtig darzustellen. Darum können wir auf den höheren Ebenen, auf denen wir es mit moralischen Fragen zu tun haben, von »Freiheit« sprechen und, ebenso wie McDowell selbst, sagen: »Rationaler Zwang ist nicht nur mit Freiheit verträglich, sondern sogar konstitutiv für sie.«[14] Auf allen Ebenen wird die Spontaneität von dem Ziel der richtigen Darstellung geleitet. Daß sie offenbar dazu »gezwungen« ist, zu einer Konklusion zu gelangen, macht sie nicht zunichte, sondern ist ihre höchste Erfüllung. Das gleiche intrinsische Verhältnis zwischen Spontaneität und Notwendigkeit, das wir bei dem moralisch Weisen à la Kant und dem Wissenschaftler à la Polanyi beobachten,[15] wird am Beispiel des unreflektierten Fußballspielers ebenfalls sichtbar. Auch er strapaziert jede seiner Fähigkeiten, um die ständig wechselnden Kraftlinien in seinem Wahrnehmungsfeld richtig in den Blick zu bekommen. Das dabei eingesetzte Medium ist allerdings weder die moralische Reflexion noch die theoretische Repräsentation, sondern es handelt sich um die im Verhalten zum Tragen kommenden Affordanzen von Angriff und Verteidigung.

Daß unsere Spontaneität vorbegrifflich sein kann, wenn wir Fußball spielen, aber nicht dann, wenn wir moralische Überlegungen anstellen oder Theorien gegeneinander abwägen, hängt mit der Stellung zusammen, die die Sprache in unserem Leben einnimmt, also mit einer Problematik, auf die wir später zu sprechen kommen werden.

Wer hat nun recht mit Bezug auf die Spontaneität –

---

14 Ebd., 5 (Übers., 29).

15 Michael Polanyi, *Personal Knowledge*, Chicago: University of Chicago Press 1958.

McDowell oder wir selbst? Vielleicht haben beide Seiten recht, und vielleicht lassen sich unsere Standpunkte miteinander vereinbaren, wenn wir feinere Unterscheidungen treffen. Jedenfalls billigen wir von ganzem Herzen McDowells Ziel, aufzuzeigen, in welcher Weise sich der Raum der Gründe zum Raum der Ursachen verhält und wie es möglich ist, Spontaneität zu lenken und kausale Einwirkungen mit aktiven Deutungen zu verflechten. Im 3. Kapitel haben wir selbst gezeigt, wie unsere Wahrnehmungsfähigkeit von Anfang an und spontan physische Zwänge berücksichtigt, indem sie uns mit der physischen Realität in Verbindung bringt. Das wiederum ist eine grundlegende Tatsache bezüglich der Wahrnehmung, die auch von Davidson betont wird, aber nach seiner Auffassung außerhalb des Bereichs der Erfahrung liegt. McDowell widerspricht Davidson und meint, wir müßten diesen kausalen Zwang wirklich erleben, denn sonst würde es der Wahrnehmung nicht gelingen, eine Verbindung zwischen uns und der Welt zu knüpfen. Allerdings scheint seine Erklärung, wonach die Wahrnehmung etwas durch und durch Begriffliches ist, keinen Raum zu lassen für die Art und Weise, in der kausaler Kontakt durch unsere Wahrnehmungsfähigkeit tatsächlich hergestellt wird. Denn das geschieht zunächst und unabdingbar auf der vorbegrifflichen Ebene. Es handelt sich um etwas, was uns und unseren stummen Vettern aus dem Tierreich gemeinsam ist.[16]

---

16 Hier haben wir freilich einen weiteren Bereich möglicher Meinungsverschiedenheiten vor uns. McDowell ist natürlich gezwungen, einen großen Unterschied zwischen unserer »Empfänglichkeit der Wahrnehmung für Merkmale der Umgebung« einerseits und dem entsprechenden Vermögen der Tiere andererseits zu sehen: »Wir könnten sagen, daß es zweierlei Arten davon gibt: eine durchdrungen von der Spontaneität, die andere ganz ohne sie« (McDowell, *Mind and World*, 69 [Übers., 94], vgl. ebd., 64 [90]). In einem bestimmten Sinn ist das zu-

Aber vielleicht wäre es auch lohnend, hier die folgende Frage aufzuwerfen: Woher rührt die Verlockung, behaupten zu wollen, alles, was durch die Wahrnehmung erfahren wird, müsse propositionale Form haben und die von uns vorgeschlagene tiefere Ebene könne es gar nicht geben?

Vielleicht rührt die Verlockung zum Teil daher, daß man das Gefühl hat, ein »Raum der Gründe« müsse ein Raum des Denkens sein, womit wiederum jene reflexiv-kritische Tätigkeit gemeint ist, der wir nachgehen, wenn wir verschiedene Aussagen gegeneinander abwägen, Gründe für sie anführen, Alternativen zu ihnen betrachten oder Schlüsse aus ihnen ziehen. Es liegt auf der Hand, daß diese Tätigkeiten propositional formulierte Anwärter auf den Rang des Wissens voraussetzen; und ebenfalls vorausgesetzt ist die Ausformulierung von Prosaschilderungen, die auf der Metaebene gegebene Beschreibungen und Bewertungen zuläßt: Folgt q aus p? Sind r und s miteinander verträglich? Und dergleichen mehr. Aber können wir es wirklich zulassen, daß das rationale Denken den gesamten Raum der Gründe mit Beschlag belegt, obwohl es erst auf der Grundlage ausgebildeter Überzeugungen in Gang kommen kann? Dabei ist es doch so, daß diese Überzeugungen ihrerseits stets in direkter oder indirekter Weise auf primitiveren epistemischen Fertigkeiten beruhen, wie sie etwa (in dem oben angeführten Beispiel) vom kleinen Hans zum Einsatz gebracht wurden.

Auf einer fundamentaleren Ebene sollten wir die folgende Frage ausloten: Was verstehen wir im Kontext dieser

---

treffend, denn sobald man in die sprachliche Dimension vordringt, wird (wie wir weiter unten erklären) ein völlig anderes Spiel gespielt. Aber die Art und Weise, in der wir uns diesen Übergang vorstellen, kann weitgehende Überschneidungen in Betracht ziehen – wogegen offenbar nichts einzuwenden ist.

Auseinandersetzung eigentlich unter »begrifflich« und »vorbegrifflich«? Selbst im Kreis der Philosophen sind diese Wörter weit davon entfernt, eine in jeder Hinsicht festumrissene Bedeutung zu haben. Verfügen Tiere über Begriffe? Man könnte versucht sein, mit »Ja« zu antworten, denn schließlich kann mein Hund Knochen und auch seine Hütte wiedererkennen. Er kann Polizisten und Hundefänger erkennen (denn er zeigt die Zähne und knurrt grimmig), und mich – sein Herrchen – kann er ebenfalls erkennen (denn er kommt schleunigst herbeigelaufen und wedelt mit dem Schwanz). Es gibt offensichtlich Ähnlichkeiten zwischen diesem Verhalten und unserer Fähigkeit, nicht nur Autos im allgemeinen wiederzuerkennen, sondern auch unser eigenes Auto, Polizisten (plötzlich schaue ich ganz nervös nach, ob der Sicherheitsgurt geschlossen ist) und Familienangehörige.

Hier gibt es keinen eindeutig bestimmbaren Ort, an dem wir die Grenze ziehen müßten. Doch indem McDowell den Vorschlag zurückweist, wonach wir über vorbegriffliche Erfahrung verfügen, wird klar, daß ihm die Rolle der Begriffe beim sogenannten rationalen Denken vorschwebt. »Es ist wesentlich für begriffliche Fähigkeiten in diesem anspruchsvollen Sinn, daß sie im aktiven Denken ausgenutzt werden können; einem Denken, dessen eigene rationale Belege offen sind für die Reflexion. Wenn ich den Erfahrungsinhalt begrifflich nenne, dann ist es dies, was ich mit ›begrifflich‹ meine.«[17] Mein Hund denkt vermutlich nicht über die »rationalen Belege« seiner Knochen-Identifizierungen nach. Also gibt es hier zweifellos eine Unterscheidung, die man treffen kann. Wir könnten zwar sicher einen neuen Ausdruck dafür ausfindig machen (etwa »›begrifflich‹ im an-

17 Ebd., 47 (Übers., 72).

spruchsvollen Sinn«), doch hier wollen wir uns damit begnügen, dem Wortgebrauch McDowells zu folgen und »begrifflich« zu sagen.

In diesem Fall sollten wir jedoch einen anderen Ausdruck einführen, um zu beschreiben, was mein Hund kann und was wir selbst als Fußballspieler und geschickte Fahrer tun. Probieren wir es mit dem Wort »protobegrifflich«. Wenn mein Hund die Katze auf den Baum jagt, verläßt er sich auf Protobegriffe, denn er reagiert nicht bloß auf seine Umgebung, wie es etwa eine Sonnenblume tut, wenn sich ihre Bewegungen nach dem Sonnenstand richten. Ganz im Gegenteil, sein Handeln bleibt in flexibler Weise der als Beute gesehenen Katze auf der Spur und nimmt sogar einige ihrer Winkelzüge vorweg. Dennoch beinhaltet sein Weltverständnis lediglich *Proto*begriffe, denn daß er kritisch über die von ihm in Anspruch genommenen Kategorien nachdenkt, steht gar nicht zur Debatte.

Nun ist offenbar klar, daß aktives kritisches Denken – die Anwendung von Begriffen im vollen, anspruchsvollen Sinn – Sprache voraussetzt. Wir könnten, im Anschluß an Herder und andere Autoren, geltend machen, daß uns die Einführung der Sprache in eine im Verhältnis zu den besprochenen Dingen »reflektierte« Haltung versetzt. Das Wort »reflektiert« hat hier folgende Bedeutung: Sobald wir nicht mehr wie Rex verfahren und bloß angemessen auf Knochen reagieren, sondern etwas erkennen, indem wir es als Knochen bezeichnen, verwenden wir einen Ausdruck, der zutreffend oder unzutreffend sein kann. Es ist ein wesentliches Merkmal von Sprachbenutzern, daß sie sensibel auf diese Frage des richtigen Sprachgebrauchs reagieren. Von einem Lebewesen wie beispielsweise einem Papagei, dem wir keine solche Sensibilität zuschreiben können, würden wir niemals behaupten, es beschreibe irgend etwas – einerlei, wie selten es sich bei seinen kreischenden

Äußerungen des »richtigen« Worts irrt. Freilich, wenn wir vor uns hin plappern, konzentrieren wir uns nur selten auf die Frage der Richtigkeit. Das tun wir nur dann, wenn wir unsicher werden und bisher noch nicht ausgelotete Tiefen des Vokabulars erkunden. Allerdings sind wir jederzeit dazu imstande, auf Richtigkeitsfragen zu reagieren, und darum erkennen wir auch stets die Relevanz des Vorwurfs, wir hätten uns falsch ausgedrückt. Ebendiese unspezifische Reaktionsfähigkeit ist es, die wir hier mit dem Wort »Sensibilität« zu erfassen versuchen.

Diese unspezifische Sensibilität wird explizit gemacht und in den Mittelpunkt gerückt, sobald wir uns die Einstellung zweiter Stufe zu eigen machen und fragen, ob die Ausdrücke, mit deren Hilfe wir die Dinge bisher erkannt bzw. beschrieben haben, richtig sind oder nicht, das heißt, sobald wir über die »rationalen Belege« unseres bisherigen Denkens reflektieren. Mit anderen Worten: Die dem Sprachlichen wesentliche »reflektierte« Haltung à la Herder steht im Zentrum dessen, was bei McDowell »begriffliche Fähigkeiten« heißt. Daher könnte es gelingen, der Problematik, die uns von McDowell trennt, auf den Grund zu gehen, wenn wir der Frage nachgehen, welchen Platz die Sprache in unserer Alltagserfahrung einnimmt. Darauf werden wir im zweiten Abschnitt zurückkommen.

1

Aber wie es scheint, ist nach wie vor unklar, wo die Meinungsverschiedenheiten eigentlich liegen. Offenbar reden wir aneinander vorbei. Die ausführliche und interessante Diskussion zwischen McDowell und Dreyfus hat unlängst in einem Sammelband mit Kommentaren zu dieser Debatte kulminiert.[18] In einem Beitrag zu diesem Band weist McDowell die Ansicht zurück, er wisse mit dem konzentrierten Zurechtkommen, das wir unsererseits als paradigmatisches Beispiel für Vorbegriffliches ansehen, nichts anzufangen. Dagegen verwahrt er sich und meint, es verhalte sich ganz anders: Dreyfus scheine davon auszugehen, daß Begriffe nur dann ins Spiel kommen, wenn wir einen Schritt zurück tun, Abstand nehmen und über unser Handeln nachdenken. Das Phänomen des konzentrierten Zurechtkommens akzeptiert McDowell rückhaltlos; allerdings begreift er auch dieses Zurechtkommen (beim Menschen, aber nicht bei nichtrationalen Tieren) als Anwendung begrifflicher Fähigkeiten. Dreyfus, so meint er, sei dem »Mythos des distanzierten Geistes« zum Opfer gefallen, nämlich der Vorstellung, begriffliches Denken könne nur vorkommen, wenn man eine distanzierte Haltung einnehme.[19]

Nun könnte man meinen, hier handele es sich bloß darum, daß wir die Grenze um den Begriff »Begriff« verschieden ziehen. Das ist eine Möglichkeit, die wir gegen Ende des vorigen Abschnitts aufs Tapet gebracht haben. Dadurch würde der Streitpunkt zu einer willkürlichen Sache der Semantik. Doch es geht hier um mehr als das. Wie es scheint, akzeptiert McDowell so etwas wie unsere Vorstellung von einem Protobegriff, wenn es darum geht, über das Verhalten nichtrationaler Tiere zu reden. Er möchte jedoch darauf pochen, daß jede menschliche Handlung – einerlei, wie sehr sie einer Form tierischen Verhaltens zu ähneln scheint – etwas Begriffliches hat.

Nach McDowells Überzeugung ist unser Handeln be-

---

18 Siehe Joseph K. Schear (Hg.), *Mind, Reason, and Being-in-the-World: The McDowell-Dreyfus Debate*, Abingdon: Routledge 2013.

19 Siehe McDowell, »The Myth of the Mind as Detached«, in: ebd., 41-58.

grifflich geprägt, weil wir selbst in Fällen besonders konzentrierten Zurechtkommens – etwa dann, wenn der Schachmeister in seiner Partie aufgeht oder wenn der Handwerker einen Nagel einschlägt – eine Antwort geben können, sobald wir gefragt werden »Was tust du da?« oder »Warum tust du das?«. Mag sein, daß die Antwort recht mager ausfällt, und natürlich müssen die Akteure den Fluß des Handelns unterbrechen, um die Antwort zu geben, aber die (mit Hilfe von Begriffen für Handlungen oder Gründe formulierte) Antwort selbst zeigt, was daran schon die ganze Zeit über das Begriffliche war.

McDowell läßt allerdings die Möglichkeit zu, daß die Menschen eventuell gar keine Antwort geben können. Er greift das von Dreyfus oft zitierte Beispiel auf,[20] daß die Menschen ein instinktives Gefühl dafür haben, welchen Abstand man in der Unterhaltung zu seinem Gesprächspartner halten sollte. Der Abstand kann, je nach Intimität oder Förmlichkeit der Unterhaltung, variieren. Außerdem wird die ganze Skala der Abstände und der möglichen Heikelkeiten, denen diese Abstände entsprechen, von Kultur zu Kultur unterschiedlich ausfallen. Aber es gibt hier jedenfalls ein bestimmtes Gefühl der Angemessenheit, auf das die Menschen reagieren, indem sie zurücktreten (sobald der Gesprächspartner aus Mangel an Sensibilität näher kommt) oder sich nach vorn beugen (wenn es sich um einen Moment größerer Intimität handelt).

Angenommen, mein Gesprächspartner tut mitten in der Unterhaltung einen Schritt zurück, und ich frage ihn: »Warum haben Sie das getan?« Vielleicht ist das eine provokante Frage, da ich mich abgewiesen fühle und den Eindruck gewinne, er habe das von mir unterstellte Verhältnis

---

20 Siehe z. B. Hubert Dreyfus, »The Primacy of Phenomenology over Logical Analysis«, in: *Philosophical Topics* 27 (2000), 3-24.

der Intimität zurückgewiesen. Aber es könnte auch sein, daß die Frage aus reiner Verwunderung gestellt wird. Nehmen wir einmal an, der andere antworte: »Habe ich das denn getan?«[21] Auch in diesem Fall kann Verschiedenes vor sich gehen. Vielleicht hat der andere das Abweisende bemerkt und versucht nun, die Peinlichkeit zu überspielen. Es kann aber auch sein, daß er sich nicht darüber im klaren ist und wirklich nicht gemerkt hat, daß er überhaupt etwas getan hat – er ist eben bloß einen Schritt zurück getreten. Was McDowell betrifft, sind solche Fälle kein Problem für seine These der Allseitigkeit des Begrifflichen im Handeln, denn die Schilderung zeigt, daß die fragliche Bewegung gar keine Handlung war und somit kein Gegenbeispiel gegen die Allseitigkeitsthese darstellt, soweit es um den Sinn des Tuns geht.

Aus unserer Sicht ist das jedoch ein zu bequemer Ausweg. Es mag ja sein, daß manchen Menschen wirklich nicht bewußt ist, was sie da tun, aber dennoch muß ihr Verhalten als von Normen geleitetes begriffen werden – als ein von einem Sinn für das Angemessene geleitetes Verhalten. Sofern sich manche Menschen wirklich nicht darüber im klaren sind, kann man es ihnen zum Bewußtsein bringen, indem man sie darauf hinweist. Wird dieser ganze Bereich des Verhaltens denn erst dann zum Handeln, wenn die Akteure einsehen, was sie da tun? Das kann offenbar nicht stimmen, denn das Verhalten wird vorher und nachher von den gleichen Überlegungen gesteuert.

Aber vielleicht gibt dieses Beispiel einen Hinweis auf das, was dem Aneinandervorbeireden zugrunde liegt: Handlungen lassen sich in unterschiedlicher Weise beschreiben. Im Lichte der einen Beschreibung gesehen, ist man sich

21 Bei McDowell lautet die Formulierung der Antwort wie folgt: »Tatsächlich? Das war mir gar nicht bewußt.«

über sein Handeln vielleicht im klaren, im Lichte einer anderen Beschreibung betrachtet, ist man sich der Sache womöglich nicht bewußt. Wer einen Schritt zurück tritt, spricht womöglich nicht die ganze Wahrheit, wenn er antwortet: »Habe ich das denn getan?« Zumindest wird er ein gewisses Unbehagen empfunden haben und hat dann einen Schritt zurück getan, um sich weniger beklommen zu fühlen. Dennoch kann es sein, daß er keine Vorstellung von der ganzen Bandbreite der angemessenen Abstände hat, die in dieser Kultur unser Verhalten leiten. Und was mich selbst als Auslöser dieses Schritts zurück betrifft, habe ich mich wahrscheinlich äußerst unsensibel verhalten. Nimmt mein Gesprächspartner kein Blatt vor den Mund und sagt: »Ich habe mich bedrängt gefühlt«, werde ich vielleicht versuchen, mich anschließend zu rechtfertigen, indem ich etwa antworte: »Aber ich habe mich doch ganz korrekt benommen – ich habe Interesse gezeigt, ohne Ihnen zu nahe zu kommen.« In komprimierter Form weigere ich mich damit zuzugeben, daß mir die komplexe Normativität des Abstandhaltens bei meinem Verstoß bewußt war.

Es ist nicht nur möglich, daß unser Bewußtsein von den eigenen Handlungen je nach Beschreibung variiert, sondern es besteht außerdem die Möglichkeit, den Bereich unseres Bewußtseins zu erweitern (oder, bei geringerer Sensibilität, zu verkleinern), um auf diese Weise Ebenen, von denen wir bislang nichts geahnt haben, mitzuberücksichtigen. Um ein typisches Beispiel anzudeuten: Es geschieht häufig, daß wir X tun, indem wir Y tun. Zum Zeitpunkt t sind wir nur dazu in der Lage, X namhaft zu machen, doch sobald wir den von unserem Bewußtsein abgedeckten Bereich erweitert haben, gelangen wir zu einem umfassenderen Verständnis unseres Handlungsvermögens und merken, daß auch Y dazugehört. Könnte es sein, daß diese Unterscheidung zwischen verschiedenen Ebenen dazu beiträgt, die Unterschiede zwischen McDowells und unserer eigenen Betrachtungsweise des konzentrierten Zurechtkommens aus dem Weg zu räumen?

Ehe wir dieser Frage weiter nachgehen, wollen wir ein anderes Beispiel betrachten, das einem Beitrag von Dreyfus zu dem erwähnten Band zur McDowell-Dreyfus-Debatte entnommen ist.[22] In diesem einem Text von Heidegger entnommenen Beispiel geht es um die Beschreibung der ungünstig plazierten Tafel, auf der er während der Vorlesung schreibt.[23]

Zunächst einmal weist Heidegger, ebenso wie McDowell, auf den nicht situierten Begriffsgebrauch der Tradition hin, um ihn dann ebenfalls zu verwerfen: »Als Beispiel einer einfachen Aussage nehmen wir wiederum den Satz: die Tafel ist schwarz. [...] Wir spüren es sofort, der Satz ist gleichsam schon für die Logik und Grammatik präpariert.«[24] Also wählt er statt dessen eine Aussage als Muster, die man im Zuge des beschäftigten Zurechtkommens vor sich hin sagen könnte: »Einfacher im Sinne des spontan in natürlicher Weise gleichsam Hergesagten ist schon die erwähnte Aussage: die Tafel steht ungünstig.«[25]

---

22 Hubert Dreyfus, »The Myth of the Pervasiveness of the Mental«, in: Schear (Hg.), *Mind, Reason, and Being-in-the-World*, 15-40.

23 Um an dieser entscheidenden Stelle keine Mißverständnisse aufkommen zu lassen, ist es wichtig zu bedenken, daß unser Ausdruck »geschicktes Zurechtkommen« in etwa dem entspricht, was Heidegger »Verstehen« nennt. An einer Stelle (*Prolegomena zur Geschichte des Zeitbegriffs*, Frankfurt/M.: Klostermann, 3. Aufl. 1994, 412) schreibt er: »Wir gebrauchen nämlich auch ›Verstehen‹ in der gewöhnlichen Rede in dem Sinne, daß wir sagen: ›Er versteht Menschen zu behandeln‹; ›er versteht zu reden‹. Verstehen besagt hier soviel wie ›*können*‹ und ›können‹ bedeutet: *bei sich selbst die Möglichkeit haben zu etwas*; [...].«

24 Martin Heidegger, *Die Grundbegriffe der Metaphysik: Welt – Endlichkeit – Einsamkeit*, Frankfurt/M.: Klostermann 1983, 498.

25 Ebd.

Anschließend gibt Heidegger eine Darstellung der Erfahrung dessen, was er in *Sein und Zeit* als »nicht zuhanden« bezeichnet: »Ungünstig *für die* auf der anderen Seite des Saales Sitzenden oder ungünstig *für den* Lehrer, *für den* Schreibenden, der jedesmal an die Tafel laufen muß und sie nicht, bequemer, im Rücken hat. Demnach ist der ungünstige Stand nicht eine Bestimmtheit der Tafel selbst, so, wie ihre schwarze Farbe und ihre Breite und Höhe, sondern eine Bestimmtheit lediglich relativ auf uns, die wir gerade hier sind. Diese Bestimmtheit der Tafel, ihr ungünstiger Stand, ist somit keine sogenannte objektive Eigenschaft, sondern subjektbezogen.«[26]

Diese Darstellung jedoch, die vermutlich gut in McDowells Welt der Tatsachen und der von ihnen handelnden Urteile passen würde, ist für Heidegger immer noch zu traditionell. So als wollte er einen Einwand gegen McDowells Auffassung erheben, fährt Heidegger folgendermaßen fort: »Denn die Tafel steht nicht etwa, wie diese vorschnelle Interpretation meinte, ungünstig mit Bezug auf uns, die faktisch hier vorkommenden Menschen, sondern die Tafel steht ungünstig in diesem Saal. Allein, denken wir uns den Saal nicht ansteigend und als Tanzsaal, dann stünde die Tafel doch ganz günstig in der Ecke, aus dem Weg.«[27]

Sodann kommt Heidegger auf die Eingespieltheit und die Vertrautheit zu sprechen, in deren Rahmen wir leben, wobei es sich um eine Vertrautheit handelt, die im Hintergrund bleiben muß, um ihre Aufgabe zu erfüllen: »Aus der Offenbarkeit des Hörsaals her erfahren wir überhaupt den ungünstigen Stand der Tafel. Gerade diese Offenbarkeit des Hörsaals, innerhalb dessen die Tafel ungünstig steht,

26 Ebd., 499.
27 Ebd., 500.

kommt in der Aussage ausdrücklich gar nicht vor. Durch die Aussage ›die Tafel steht ungünstig‹ gewinnen wir nicht erst die Offenbarkeit des Hörsaals, sondern sie ist die *Bedingung der Möglichkeit* dafür, daß die Tafel überhaupt das sein kann, worüber wir urteilen.«[28]

Die »Offenbarkeit« des Hörsaals als einer bedeutungsvollen Miniwelt ist die angesammelte Fertigkeit, die wir im Laufe der Jahre durch das Hören und Halten von Vorlesungen errungen haben. Aufgrund dieses Könnens finden wir uns im Hörsaal zurecht und können mit den Dingen, die sich darin befinden, etwas anfangen. In Heideggers Beispiel ist die Offenbarkeit des Hörsaals die Bedingung der Möglichkeit des Bildens propositionaler Urteile über die Position der Tafel. Das im Hintergrund bleibende, fortwährende Zurechtkommen ermöglicht das Urteil, daß die Tafel ungünstig steht. Nun fährt Heidegger fort und weist darauf hin, daß diese im Hintergrund bleibende Vertrautheit etwas Holistisches und Nichtpropositionales ist: »Das Entscheidende dieser Interpretation der Aussage ist dies, daß wir nicht mit Bezug auf ein isoliertes Objekt urteilen, sondern in diesem Urteil aus diesem schon erfahrenen und bekannten Ganzen heraussprechen, das wir den Hörsaal nennen.«[29] Die Gesamtheit der Kräfte, von denen wir in Anspruch genommen werden, während wir das Urteil, die Tafel stehe ungünstig, formen, besteht nicht aus propositionalen Strukturen, denen wir wiederum irgendwelche Sprachbröckchen anheften können.

Heidegger betont die Nichtbegrifflichkeit dieses holistischen Hintergrundkönnens, das er als Verstehen bezeichnet: »Denn gerade, um zu erfahren, *was* und *wie* das Seiende je an ihm selbst, als das Seiende, das es *ist*, *ist*, müssen

---

28 Ebd., 501.
29 Ebd., 503.

wir, wenngleich nicht begrifflich, dergleichen wie Was-sein und Daß-sein des Seienden schon verstehen.«[30]

Die Hintergrundbedingung der Möglichkeit des Urteilens, daß dies oder jenes der Fall sei, muß demnach schon allseitig und wirksam erfüllt sein. In diesem Punkt dürften sich McDowell und Heidegger einig sein. Verschiedener Meinung sind sie dagegen bezüglich der Frage, worin diese apriorischen Bedingungen bei einem Urteil wie »Die Tafel steht ungünstig« bestehen und was sie erkennen lassen. Nach McDowell setzt das Urteilen operative Begriffe voraus, die einer propositional strukturierten Gesamtheit von Tatsachen entsprechen. Nach Heidegger sind nichtbegriffliche Fertigkeiten des Zurechtkommens vorausgesetzt, die einen Raum erschließen, in dem die Dinge als das angetroffen werden können, was sie sind, und so, wie sie sind. Indem wir dadurch, daß wir uns dort orientieren, einen holistischen Hintergrund enthüllen, verhalten wir uns nicht als Subjekte, die eine unabhängige, objektive Realität richtig darstellen wollen, sondern wir gehen in einem Feld von Kräften auf, die uns dazu bringen, die fortlaufende Tätigkeit des Zurechtkommens fortzusetzen wie ein Lotse, der seinen Kurs beibehält.

In Einklang mit unserem vorigen Beispiel des Abstandhaltens könnten wir sagen, hier könne jemand ein Bewußtsein davon haben, daß die Tafel ungünstig steht. Es wäre etwa möglich, daß ich die Tafel an einen anderen Ort rükke, woraufhin mich der andere fragt, warum ich das tue, worauf ich antworten würde, die falsche Position sei mir bewußt geworden. Allerdings wäre ich noch nicht dazu imstande, alle von Heidegger angeführten tieferen Gründe zu artikulieren, die zum Sinn der Elemente gehören, welche

30 Ebd., 519.

die mir als Dozent zukommenden Fertigkeiten des Zurechtkommens ausmachen. Daß ich diese Gründe erfasse, ist ein wesentlicher Bestandteil meines Könnens. Ich habe die Begriffe noch nicht artikuliert, wie Heidegger es an der angeführten Stelle tut, und damit ließe sich das Warum erklären. Auf der einen Ebene wird meine Handlung, die ich vollziehe, indem ich die Tafel wegrücke, aus einem begrifflich erfaßten Grund ausgeführt (denn die Tafel steht nicht günstig). Auf einer anderen Ebene reagiere ich vorbegrifflich auf diese sinnerfüllte Miniwelt.

Diese Formulierung der strittigen Fragen gewährleistet, daß dem Vorbegrifflichen ein Platz eingeräumt wird, denn fast immer gibt es Ebenen unseres Handelns, auf denen wir auf nichtartikulierte Merkmale reagieren. Wenn wir X tun, indem wir Y tun, ist es nicht immer möglich, Y zu artikulieren. Und selbst wenn es möglich ist, kann der Vollzug von X dadurch, daß wir unser Augenmerk auf diese Sachlage richten, unterbrochen werden.

2

Wir haben daher den Eindruck, daß es für das Präreflexive (wie man vielleicht sagen könnte) in unserer Alltagswelt einen wichtigen Ort gibt. Dieser Ort liegt, wie wir es im 3. Kapitel im Anschluß an Merleau-Ponty beschrieben haben, im Alltagsverständnis unserer Umgebung, zu dem wir gelangen, indem wir ein ausgewogenes Verhältnis zu ihr herstellen. Im Grunde können wir für zwei Formen dieses präreflexiven Verstehens einen Ort ausmachen, nämlich für das Vorsprachliche einerseits und das Vorpropositionale andererseits.

Werfen wir einen Blick auf das Vorsprachliche: Ein großer Teil unserer Menschenwelt ist natürlich schon sprachlich artikuliert. Wir finden unseren Weg zwischen Stühlen und Tischen, treten aus dem Haus, setzen uns in Autos und gehen auf Gebäude zu oder in Laboratorien hinein. Allerdings ist diese Welt niemals vollständig artikuliert, insofern der Bereich des Artikulierten stets erweitert werden kann. Als Junge gehe ich jeden Tag mit meinem Hund hinaus, um den Wald drüben zu erkunden. Auf dem Weg müssen wir einen Bach überqueren, und dazu hüpfen wir beide auf günstig plazierte Felsbrocken, um hinüberzugelangen. Für diese Steine habe ich kein eigenes Wort, und es ist mir noch nicht einmal in den Sinn gekommen, daß ich eines brauchen könnte. Auf unserem Weg zu dem einladenden, geheimnisvollen Wald hüpfen wir eben einfach über den Bach. Eines Tages kommt mein älterer Vetter zu Besuch. Er sieht den Wald und den Bach, möchte auf die andere Seite und fragt mich, ob es irgendwo »Trittsteine« gebe. Da »Stein« und »Tritt« bereits einen Platz in meinem Vokabular haben, verstehe ich sofort, was mein Vetter meint. Aber darüber hinaus kann ich auch seine Frage beantworten, denn ich erkenne sogleich, daß das der richtige Ausdruck für die Felsbrocken im Fluß ist, die mir geholfen haben, auf die andere Seite zu gelangen. Nun ist es meinem Vetter zu verdanken, daß diese bisher stummen Hilfsmittel in den Raum des Sprachlichen eingezogen sind. Das geschieht in dermaßen unmittelbarer und unproblematischer Form, weil ich durch meinen geschickten Einsatz dieser Mittel, die mir beim Überqueren des Bachs als Stützen dienen, bereits über ein gewisses Verständnis verfüge.[31]

31 Eine ausführlichere Erörterung der sprachlichen Dimension findet der Leser in Charles Taylors Artikel »The Importance of Herder«, in: ders., *Philosophical Arguments*, Cambridge, MA: Harvard University Press 1995, 79-99.

Also antworte ich meinem Vetter unverzüglich und sage »Ja«. Diese einsilbige Antwort trägt den gleichen Gehalt wie die in einem anderen Kontext geäußerten Worte: »Es gibt Trittsteine, auf denen man diesen Bach überqueren kann.« Ich habe eine propositional ausgeformte Überzeugung, die in Gedankengängen eine Rolle spielen kann. So könnte ich zum Beispiel die Überquerung mit Hilfe der Steine rechtfertigen, indem ich etwa sage: »Auf diesem Weg können wir auf die andere Seite gelangen, ohne naß zu werden und uns die Scheltworte der Tante anhören zu müssen.« Doch der Weg, der zu dieser Überzeugung hinführt, wurde von meinem vorartikulierten, vorsprachlichen Verständnis geprägt. Im Verlauf dieser Unterhaltung mit meinem Vetter wurde etwas aus der präreflexiven in die sprachliche Dimension übertragen.

Diese Übertragung bedeutet, daß die Steine jetzt in meinem Leben eine neue Rolle spielen. Zuvor gehörten sie zu den Dingen, an denen ich auf dem Weg zu den von mir bestimmten Zielen vorbeihuschte. Ich war mir ihrer kaum bewußt. Jetzt können sie im Rahmen der Überlegungen, die ich gemeinsam mit meinem Vetter anstelle, während wir auf der Suche nach aufregenden Abenteuern sind, ohne von den Erwachsenen dafür bestraft zu werden, eine Hauptrolle spielen. Das ist der Wandel, der hier durch die Sprache herbeigeführt wird.

Werfen wir jetzt einen Blick auf das Vorpropositionale, und kehren wir zurück zu unserer Welt der Stühle, Tische, Türen, Autos und Gebäude. Durch diese Welt eile ich nun auf dem Weg zu meinem Büro, wobei ich völlig gefangen bin von einem Problem, dem ich mich dort werde stellen müssen. Mag sein, daß es sich um eine philosophische Frage handelt, aber es kann auch sein, daß ich es mit dem Dekan zu tun bekomme, der sich gerade mit dem Fall meiner nichtautorisierten Kongreßreise beschäftigt. Derweil lenke ich geschickt das Auto und umfahre Fußgänger, andere Fahrzeuge, Laternenpfosten usw. In einer gewissen Hinsicht spielen alle diese Dinge in meiner Welt beinahe die gleiche Rolle, die die Trittsteine vor der Ankunft des sprachlich weiter fortgeschrittenen Vetters für den Jungen gespielt haben. Dabei richte ich keineswegs mein Augenmerk auf diese Dinge, sondern ich weiche ihnen ebenso geschickt aus, wie der Junge von Stein zu Stein springt. Der Unterschied liegt darin, daß diese Dinge bereits Namen haben, die mir bekannt sind; sie spielen in meiner artikulierten Welt schon eine Rolle.

Aber sie spielen ihre Rolle in vorreflexiver Weise. Denn hier schweben die Dinge einfach vorbei. Ich komme in geschickter Weise mit ihnen zurecht, aber ich bilde mir kein Urteil über sie.

Auch hier – ebenso wie im Fall des geschickten Zurechtkommens auf seiten des Jungen, der den Bach überquert, wenngleich in etwas anderer Weise – kann das, was vorbeischwebt, als Grundlage eines späteren Urteils fungieren. Sobald ich im Büro ankomme, höre ich, daß ein gefährlicher Irrer draußen sein Unwesen treibt. Er fährt einen gelben Lamborghini. Habe ich einen gesehen? Plötzlich merke ich: Ja, ich habe tatsächlich einen gesehen. Vor fünf Minuten habe ich auf der Grünstraße ein solches Auto gesehen (bzw. einen seltsam geformten, gelben Wagen, bei dem es sich um einen Lamborghini gehandelt haben muß). Jetzt habe ich tatsächlich eine Aussage formuliert und mir eine neue Überzeugung gebildet, die von der Welt handelt: »Um fünf vor neun ist ein gelber Lamborghini die Grünstraße entlanggefahren.« Ich für mein Teil bin bereit, die Polizei darüber zu unterrichten; die Polizei wiederum wird mit Hilfe dieser Information alle möglichen Überlegungen anstellen und hoffentlich den Irren schnappen, ehe weiterer Schaden entsteht. Aber die Fähigkeit zur Bildung dieser nützlichen

Überzeugung beruht darauf, daß ich die Grünstraße kennengelernt habe. Dieses Kennenlernen rührt daher, daß ich über die Grünstraße gefahren bin, wobei ich mir allerdings gar keine Überzeugungen über die Straße, sondern nur solche über den Dekan als einen scheinheiligen Idioten usw. gebildet habe.

Bei den Überzeugungen, die im Rahmen unserer Überlegungen eine Rolle spielen, handelt es sich also tatsächlich um Urteile oder Aussagen, die Begriffe zum Einsatz bringen. Doch worauf wir uns häufig stützen, um diese Urteile oder Aussagen zu formulieren, sind vorreflexive Auffassungen oder Formen des Kennenlernens unserer Welt. Vorreflexiv sind sie insofern, als sie entweder etwas Vorsprachliches sind oder noch kein ausgebildetes Urteil bzw. keine Aussage darstellen. Im ersten Fall (etwa im Fall des von Stein zu Stein springenden Jungen) ist zunächst gar kein Wort bzw. gar kein Begriff bekannt. Im zweiten Fall (etwa im Fall der Fahrt zum Treffen mit dem Dekan) verfügen wir zwar über ein solches Wort bzw. einen solchen Begriff, aber der Begriff trägt nicht zur Urteilsbildung bei, denn wir haben den betreffenden Gegenstand noch gar nicht als einen unter diesen Begriff fallenden erkannt, um uns auf diesem Weg eine Überzeugung über ihn zu bilden. In beiden Fällen ist es jedoch so, daß wir etwas erfaßt und somit etwas verstanden oder bemerkt haben, was dann später als Quelle von Überzeugungen dienen kann.

Allerdings fällt die Art und Weise, in der die vorreflexive Erfahrung als derartige Quelle dienen kann, unterschiedlich aus. Im zweiten, dem vorpropositionalen Fall kann man hinterher angeben, was man gesehen hat. Das gilt etwa für das Beispiel meiner Angabe, daß ein gelbes Auto die Grünstraße entlanggefahren sei. In diesem Fall brauche ich – anders als im Fall des Trittstein-Szenarios – kein neues Vokabular als Auslöser. In dieser Hinsicht ähnelt das Beispiel dem von McDowell angeführten Fall einer Person, die (wie etwa der oben erwähnte Schachmeister) ganz auf ihre Aufgabe konzentriert ist und hinterher unverzüglich erklären kann, warum sie etwa den Läufer gezogen hat. Diese Art der Vorreflexivität paßt zu McDowells Darstellung, während Fälle der ersten Art nicht dazu passen. Hier bedarf es eines weiteren Akts der Artikulation, damit die frühere Erfahrung zur späteren Urteilsbildung beitragen kann.

Jetzt wird erkennbar, inwiefern Überzeugungen von der Wahrnehmung zehren können. Das ist möglich, weil die Wahrnehmung mehr beinhaltet als nur Überzeugungen. Sie stützt sich auf epistemische Fertigkeiten und Formen des Verstehens, die unterhalb der Ebene der Überzeugungsbildung und häufig unabhängig von dieser Ebene wirksam werden. Im Fall des kleinen Hans werden sie zusammen wirksam, denn er zieht diese Fertigkeiten gerade deshalb heran, weil er so die gestellte Aufgabe erfüllen und zu einer das Bild betreffenden Überzeugung gelangen kann. Aber im Fall des von Stein zu Stein springenden Jungen wie auch im Fall des zum Dekan fahrenden besorgten Menschen sieht man, daß die verschiedenen Fertigkeiten unabhängig voneinander fungieren, obschon sie zu einem späteren Zeitpunkt immer noch bei der Verfertigung von Überzeugungen von Nutzen sein können.

An welchem Punkt sind wir anderer Meinung als McDowell? Uns selbst ist nicht ganz klar, welchen Teil der bisherigen Ausführungen er ablehnen würde. Zweifellos stimmen wir in der Meinung überein, daß wir Menschen uns im Nachkindesalter stets im Rahmen der sprachlichen Dimension bewegen. Es mag durchaus sein, daß uns die Worte für dies oder jenes fehlen (siehe das Beispiel des Jungen, der den Bach von Stein zu Stein springend überquert), oder es mag auch sein, daß wir von vielen bereits benannten Dingen kein spezifisches Bewußtsein haben. Es ist jedoch stets möglich, neue Wörter zu prägen oder das spezifische Bewußtsein im nachhinein wiederherzustellen. Grundsätzlich (das heißt, sofern keine psychischen Blockaden eintreten und sofern der entsprechende Unterricht stattgefunden hat) sind wir dazu in der Lage, unsere gesamte Erfahrung einer kritischen Prüfung zu unterziehen. Das ist offenbar ein Moment, das uns von den Tieren trennt. Auch wenn unsere Handlungen besonders ähnlich zu sein scheinen, bestehen entscheidende Unterschiede. Denken wir an den Fußballspieler, der die Affordanzen spürt, die von einer Verteidigerlinie, die er durchbrechen muß, ausgehen, sowie an einen Fuchs, der nach einem Ausweg sucht, der ihn vor der herannahenden Hundemeute schützen könnte. Für den Fußballspieler liegen die Dinge so: Zu den einschränkenden Hauptmerkmalen, auf die er reagiert, gehört etwa die um das Spielfeld gezogene weiße Linie, auf deren anderer Seite der Ball im Aus landen wird. Hier wirkt eine Norm zusammen mit den Flanken seiner Gegner, um das Feld zu konstituieren, durch das er sich hindurchbewegen muß. In der Welt des Fuchses gibt es nichts, was dem entspräche.[32]

Dennoch können wir den Unterschied zwischen der vorsprachlichen und der sprachlich bereits erschlossenen Welt – zwischen den Gegenständen unserer spezifischen Urteile und ihrer stummen Umgebung – nicht außer acht lassen, und sei es auch nur deshalb, weil ein solches Vorgehen bedeuten würde, daß man ein entscheidendes Merkmal unserer Erfahrung unberücksichtigt läßt oder sogar verzerrt.

Selbst unsere spezifischen Urteile, wie zum Beispiel »Das Gemälde hängt schief«, beruhen auf geschicktem Auskundschaften der Angebote, also etwa darauf, daß Gemälde und Raum in ein dem optimalen Erfassen dienliches Gleich-

---

32 Dieses Beispiel verdanken wir Terry Pinkard, der es im persönlichen Gespräch angeführt hat.

gewicht gebracht werden. Das ist etwas, wofür wir keine Worte haben (bzw. etwas, wofür wir keine Worte hatten, ehe Merleau-Ponty und Todes diese Situation für uns erkundeten). In dieser unhintergehbaren Abhängigkeit vom Vorbegrifflichen liegt unsere Verwandtschaft mit den übrigen Tieren, denen kein Logos geschenkt wurde (und dieses Wort »Logos« kann sowohl »Sprache« als auch »Vernunft« bedeuten).

3

Indem wir auf die Darstellung zurückgreifen, die wir im vorliegenden Kapitel von diversen vorsprachlichen, unbemerkten und expliziten Wahrnehmungsfertigkeiten gegeben haben, können wir jetzt die insgesamt elf Stadien des geschickten Wahrnehmens und Handelns ausbreiten, die eine Rolle bei dem Vorgang spielen, durch den man, beim kausalen Kontakt mit der physischen Welt ansetzend, bis hin zu begründeten Überzeugungen gelangt. Es liegt auf der Hand, daß diese Stadien vom Akteur selbst normalerweise nicht auseinandergehalten werden. Ja, in manchen Fällen kommt die Unterscheidung in der faktischen Abfolge gar nicht vor, sondern ist eher theoretischer Natur. Das gilt beispielsweise für den Schritt von 2 nach 3 sowie manchmal auch für den von 5 nach 6. Zum Vorschein kommt die Unterscheidung normalerweise nur in Fällen, in denen etwas schiefgeht oder in denen sich außergewöhnliche Schwierigkeiten ergeben und eine schon in Gang gebrachte Tätigkeit in »Zeitlupe« abläuft.[33]

33 Natürlich handelt es sich hier in gewissem Maße um eine Abstraktion, denn wir gehen von einem monologischen Subjekt aus. In dieser

1. Der Wahrnehmende (sei es Tier oder Mensch) wird in eine optimale Position versetzt, um die kausalen Wirkungen der Dinge im physischen Universum einsickern zu lassen – einerlei, ob es sich um ferne Sterne oder ganz in der Nähe befindliche Steine handelt.
2. Das Körperschema – unsere vorsprachliche und vorbegriffliche Vertrautheit mit der Welt – steht in Wechselwirkung mit der resultierenden unbestimmten Erfahrung und zergliedert sie in Figur und Hintergrund.
3. Das Gesichtsfeld als Ganzes nimmt einen Ausgleich zwischen verschiedenen Kraftlinien vor, pendelt sich auf eine bestimmte Ebene der Hintergrundbeleuchtung ein und erhält deren Helligkeit, Farbe und Beständigkeit aufrecht.
4. Zur gleichen Zeit wird der Wahrnehmende dazu veranlaßt, sich so zu bewegen, daß er den Gegenstand oder die Gegenstände, die im Gesichtsfeld hervorstechen, optimal in den Griff bekommt. Sie werden dann als Gegenstände erfahren, die sich in einer bestimmten Entfernung befinden und eine bestimmte Größe, Gestalt, Orientierung, Farbe usw. haben.
5. Auf solche stabilen Gegenstände kann man sich im folgenden verlassen, und sie werden zu einer bestimmten Handlungsbereitschaft auf seiten des Wahrnehmenden in Beziehung gesetzt. Ohne Sprache und ohne der Sache unbedingt Aufmerksamkeit zu schenken, hat der

---

Hinsicht war der im 3. Kapitel genannte Fall des kleinen Hans sehr viel typischer, denn er ergibt sich aus einem *Austausch* zwischen mehreren Beteiligten: Hans erhält den Auftrag, in das andere Zimmer zu gehen und zu prüfen, wie das Bild hängt. Doch indem wir so vorgehen, reagieren wir auf die überaus monologische Weise, in der diese Fragen aufgrund der Tendenz unserer erkenntnistheoretischen Tradition üblicherweise erörtert werden. Dieses Problem werden wir im 6. Kapitel explizit aufwerfen.

Akteur die Tendenz, einen Stein als etwas, was eine Stütze anbietet, einzusetzen, ein Haus als etwas, was einen Eingang anbietet, usw.

6. Sofern eine gewisse Bereitschaft gegeben ist, zeichnen sich bestimmte Aspekte des wahrgenommenen Gegenstands als besonders hervorstechend aus. So kann es sein, daß nicht die Farbe des Steins, sondern seine Festigkeit hervorsticht, nicht die Fenster des Hauses, sondern die Tür. Der Akteur wiederum reagiert auf solche Merkmale, und zwar immer noch, ohne eine Sprache zu benötigen. (Da einige dieser Reaktionen angebracht sind, während sich andere als Fehlschläge erweisen, kann man diese Handlungsbereitschaft, obwohl sie etwas Vorsprachliches ist, als Protoüberzeugung auffassen und die resultierende Handlung als Protourteil.)[34] Es versteht sich von selbst, daß etwas Ähnliches auch im Bereich der höheren Tiere, etwa der Primaten, vor sich geht.
7. Sofern sich der Akteur in der semantischen Dimension bewegt, können die hervorstechenden Aspekte des Gegenstands oder der Situation sprachlich artikuliert und von einem Begriff abgedeckt werden.
8. Der Bach-Überquerer kann den Stein als Stütze identifizieren, der Besucher kann die Tür als Eingang erkennen. Aber solche Formen des begrifflichen Sehens-als können vorpropositional bleiben.
9. Sind die Begriffe jedoch erst einmal zum Einsatz gebracht worden, ist dieses Sehen-als ein Motiv für die Bildung einer Überzeugung. Was die eben genannten Beispiele betrifft, heißt das, daß der Stein eine Stütze oder daß die Tür ein Eingang ist.

34 Samuel Todes, *Body and World*, Cambridge, MA: MIT Press 2001.

10. Unter der Voraussetzung, daß die oben genannten erkenntnistheoretischen Fertigkeiten erfolgreich angewandt worden sind, wird die Überzeugung normalerweise als zuverlässig angesehen.
11. Wenn der Überzeugung gemäß gehandelt wird, und die körperliche Einstellung, welche die Bildung der Überzeugung veranlaßt hat, empfängt von seiten der Welt die erwartete Reaktion, so wird diese Überzeugung normalerweise als gerechtfertigt angesehen.

Der Widerstand gegen die Zulassung dieser vorbegrifflichen Ebene, die allein dazu imstande ist, den Raum der Gründe mit dem Raum der Ursachen zu verknüpfen, rührt zum Teil von dem festen Griff des vermittlungsgebundenen Bilds her. Er kann aber auch von dem damit zusammenhängenden umfassenden Bild der Sprache herrühren, das zusammen mit der (heutzutage) wachsenden Überzeugung, die Sprache sei eine wesentliche Voraussetzung des Denkens, offenbar keinen Platz läßt für ein eventuell vorbegriffliches Erfassen von weltbezogenen Informationen, Erkenntnissen und Einsichten. Nur ein Schritt hin zum konstitutiven Bild kann eine kohärente Darstellung zulassen, die Wahrnehmen und Handeln, Verstehen, Sprache und Überzeugung miteinander verbindet.

5
Verkörpertes Verstehen

Das Alternativbild, das zum Vorschein kommt, sobald wir das vermittlungsgebundene Bild dekonstruieren, indem wir die metakritische Wende konsequent weiterführen, ist also das Bild eines verkörperten, in eine Gesellschaft eingebetteten Akteurs, der sich mit der Welt auseinandersetzt. Der Grundgedanke ist der, daß es sich hier nicht nur um zufällige Fakten über den erkennenden Akteur handelt, die für das Wesen seiner Erkenntnis oder deren Entwicklung nicht relevant sind. Ganz im Gegenteil: Die Feststellung etwa, daß wir verkörperte Akteure sind, läuft keineswegs auf das gleiche hinaus wie die Behauptungen mechanistischer Reduktionisten, die das Denken zu erklären beanspruchen, indem sie sich auf neurophysiologische Funktionen beziehen, beispielsweise auf Berechnungen, die in der »Hardware« des Gehirns und des Nervensystems realisiert seien. Derartige Aussagen würden keine Einwände gegen die Deutung des Wesens unserer Erkenntnis durch das vermittlungsgebundene Bild beinhalten. Erkenntnis bestünde demnach immer noch in für wahr gehaltenen Sätzen zum Beispiel oder in deren »Realisierungen« im Gehirn; und diese Sätze würden sich letztlich nicht auf von Menschen intendierten Sinn, sondern auf ein Universum neutraler Fakten beziehen.

Doch wenn wir sagen, Heidegger, Wittgenstein und Merleau-Ponty hätten etwa mit großem Einsatz dafür kämpfen müssen, daß der Akteur als engagiertes – eingebundenes – Wesen begriffen wird, als jemand, der in eine Kultur, eine Lebensform, eine »Welt« des Zu-tun-Habens eingebettet ist, so daß er letzten Endes als körperliches Wesen aufgefaßt wird, dann meinen wir damit etwas völlig anderes als das eben angedeutete Bild. Was ist hier unter »Engagement« zu verstehen? Es soll in etwa folgendes besagen: Die Welt des Akteurs wird von seiner Lebensform, seiner Geschichte, seiner körperlichen Existenz geformt. Darüber werden wir uns im 6. Kapitel eingehender äußern.

Unsere These über das Bild, das uns gefangenhielt, bedeutet, daß die vorherrschende vermittlungsgebundene Auffassung dieses Engagement – dieses Eingebundensein – ausgeblendet und ein Modell verbreitet hat, dem zufolge wir als desengagierte denkende Wesen gelten. Wenn hier von der »vorherrschenden« Auffassung die Rede ist, schweben uns nicht nur jene Theorien vor, die in der neuzeitlichen Philosophie eine hervorstechende Rolle gespielt haben, sondern wir denken auch an eine Einstellung, die bis zu einem gewissen Grad den Common sense unserer Zivilisation kolonisiert hat. Hier wird uns das Bild eines Akteurs geboten, der im Prozeß der Wahrnehmung Informationen aus seiner Umgebung in *Bit*-Gestalt aufnimmt und sie dann in der einen oder anderen Weise *verarbeitet*, um schließlich mit seinem *Bild* der Welt hervorzutreten. Anschließend handelt der einzelne auf der Grundlage dieses Bilds, um mit Hilfe eines *Kalküls* der Mittel und Zwecke seine Ziele durchzusetzen.

Die Popularität dieser Auffassung gehört zu den Faktoren, die dafür sorgen, daß Computer-Modelle des Geistes den Nichtfachleuten heutzutage völlig einleuchtend erscheinen. Diese Modelle passen genau in bereits eingebürgerte Kategorien. Die Deutung nach dem Modell der Informationsverarbeitung stützt sich auf eine seit langem untermauerte frühere Vorstellung, der zufolge atomare *Ideen* im Geist miteinander verbunden und dann als Basis einer dem Handeln zugrunde liegenden Berechnung benutzt werden.[1] Klassische

---

1 Von Forschern auf dem Gebiet der Künstlichen Intelligenz ist dieses rationalistische Modell des Denkens und Handelns in ein Forschungs-

Erkenntnistheorien cartesianischer oder empiristischer Prägung haben frühere Spielarten dieser Konzeption vorgestellt, die eine Form des Input-Atomismus mit einem Rechner-Bild der mentalen Funktionen verbinden. Diese beiden Elemente zusammen führen zwangsläufig zu einem dritten Merkmal: Die *faktenbezogenen* Informationen werden von ihrem *Wert* getrennt, das heißt von der Relevanz, die sie für unsere Zwecke haben. Der für diese Trennung ausschlaggebende Faktor ist der Atomismus, denn um mit den rein »faktenbezogenen« Merkmalen rechnen zu können, muß man davon absehen, daß sie im Rahmen unserer Ziele eine Rolle spielen. Aber daneben gibt es ein weiteres zugrundeliegendes Motiv, das zu diesem Vorgehen beiträgt, nämlich daß man in Einklang mit den Regeln der desengagierten Naturwissenschaft verfahren sollte, indem man die Welt von nirgendwo betrachtet. Jedenfalls weist die zusammengesetzte traditionelle Auffassung ein drittes Merkmal auf, das man vielleicht als »Neutralität« bezeichnen könnte. Dadurch wird dem ursprünglichen Informationsinput jegliche Wertungsrelevanz genommen, so daß bloß das Registrieren von »Fakten« übrigbleibt.

In manchen Hinsichten wurzelt diese Auffassung im Common sense unserer (zumindest *unserer*) Zivilisation und ist insofern älter als die Neuzeit. In anderen wichtigen Hinsichten jedoch wurde diese Auffassung erst in der Neuzeit durch die sogenannte vermittlungsgebundene Deutung geformt und fest eingebürgert. Dabei spielt besonders das vierte der oben aufgezählten Merkmale eine Rolle, nämlich die von uns so bezeichnete »dualistische Einteilung«. Auf diesen Entwicklungsstrang, der von der cartesianischen Er-

---

programm verwandelt worden. Das Scheitern dieses Programms stellt das ganze Vorhaben ernsthaft in Frage. Siehe Hubert Dreyfus, *What Computers Still Can't Do*, Cambridge, MA: MIT Press 1992.

kenntnistheorie zu modernen reduktionistischen Theorien des Geistes führt, wurde im 1. Kapitel bereits hingewiesen.

Will man nun dieses Bild durch das engagierte bzw. eingebettete Bild ersetzen, so beinhaltet das einen sehr tiefgreifenden Wandel: Man muß das vermittlungsgebundene Bild hinter sich lassen und zu einem Kontaktbild übergehen. Unser Erfassen der Dinge ist nicht etwas in unserem Inneren, das der Welt gegenüberstünde, sondern es liegt in der Art und Weise, in der wir zur Welt in Kontakt treten – in unserem In-der-Welt-Sein (Heidegger) oder unserem Zur-Welt-Sein (Merleau-Ponty). Das ist auch der Grund, warum sich ein pauschaler Zweifel an der Existenz der Dinge (»Existiert die Welt tatsächlich?«) als inkohärent erweist, sobald man die Wende zum Antifundierungsgedanken wirklich vollzogen hat, obwohl dieser Zweifel aus repräsentationalistischer Perspektive durchaus vernünftig wirken kann. Es mag sein, daß ich mich frage, ob manche Formen meiner Auseinandersetzung mit der Welt dazu führen, daß mir die Dinge verzerrt erscheinen. So ist es beispielsweise möglich, daß mit meiner Entfernungswahrnehmung etwas nicht stimmt; daß mein allzu intensiver Einsatz für eine bestimmte Frage oder eine bestimmte Gruppe meinen Blick für das Gesamtbild trübt; oder daß die zwanghafte Beschäftigung damit, wie ich auf andere wirke, dazu führt, daß ich die wirklich wichtigen Aspekte verkenne. Aber alle diese Zweifel können erst vor dem Hintergrund der Welt als dem alles umfassenden Ort meines Mit-den-Dingen-zu-tun-Habens aufkommen. Ernsthafte Zweifel sind hier nicht möglich, ohne sogar die Definition meiner ursprünglichen Ungewißheit, die ja nur vor diesem Hintergrund Sinn hatte, zu zersetzen.[2]

Eben haben wir von einem Kontaktbild gesprochen.

---

2 So heißt es bei Maurice Merleau-Ponty: »Sich fragen, ob die Welt wirklich ist, heißt selber nicht verstehen, was man sagt« (*Phänome-*

Worin besteht der Kontakt eigentlich? Er besteht darin, daß mein Verständnis der Welt auf der grundlegendsten, vorbegrifflichen Ebene nicht bloß von mir selbst konstruiert oder bestimmt wird. Vielmehr ist es eine »Koproduktion«, die von mir und der Welt zustande gebracht wird. Das ist der Sinn der Feststellung, daß unser Verständnis der Welt auf dieser Ebene nicht in unserem Inneren liegt, sondern in der Interaktion, dem Zwischenraum unseres Umgangs mit den Dingen. Angenommen, ich greife nach diesem Glas, ich hebe es hoch und trinke einen Schluck Wasser. Der »Angebotscharakter«, den das Glas (um mit Gibson zu reden) aus meiner Sicht hat, ist nur eines von vielen Merkmalen, die man an ihm ausfindig machen könnte, und in diesem Sinn ist mein Zugang voreingenommen und eingeschränkt. Aber obschon mein Zugang eingeschränkt ist, ist er in anderer Hinsicht unerschütterlich und nicht korrigierbar. Was könnte ein Skeptiker hier schon sagen? Die einzige Zuflucht, die ihm noch bliebe, wäre zugleich sein letzter Ausweg, nämlich die Vermutung, alles sei ein Traum. Wie ernst man diese Herausforderung des Skeptikers nehmen sollte, das hängt (wie wir bereits im 1. Kapitel angedeutet haben) davon ab, welchen Begriff wir uns von der erlebten Zeit machen.

Hier geht es jedoch darum, daß das Manöver des Skeptikers die Frage aufwerfen soll, ob ich hier überhaupt mit etwas umgehe – ob dieser ganze Ablauf etwa ein Traum ist. Weniger ausgefallene Zweifel kommen gar nicht zum Zuge. Indem ich diesen Becher ergreife und aus ihm trinke, hat er den Angebotscharakter »Greif zu und trink!«. Das liegt daran, daß diese Affordanz sich mir im Prozeß meines Ergreifens des Glases, also im Zuge der Interaktion mit diesem Ding, zeigt. Es handelt sich weder um eine Idee, die ich

---

nologie der Wahrnehmung [1945], übers. von Rudolf Boehm, Berlin: de Gruyter 1966, 396).

selbst ersonnen habe, noch um einen »Eindruck« in meinem Bewußtsein, der mit seiner distalen Ursache zusammenfällt – oder auch nicht. Es handelt sich um etwas, was ich und der Becher im Zuge unserer Interaktion »koproduziert« haben.

Auf der höheren, der wissenschaftlichen Ebene haben wir es immer mit Repräsentationen der Wirklichkeit zu tun, die sich als falsch erweisen können; und es gehört zu jeder brauchbaren wissenschaftlichen Methode, daß man sich dessen stets bewußt ist. Eigentlich kann jede formulierte Überzeugung falsch sein – und zwar sogar dann, wenn sie von solchen »Angeboten« handelt –, denn es kann immer vorkommen, daß man sich im Wort irrt. Aber auf der primitivsten Ebene unseres Erfassens der Dinge gibt es einen Kontakt, der die Lücke zwischen »Subjekt« und »Objekt« überbrückt und zeigt, daß diese Terminologie letzten Endes fehl am Platz ist.

Demnach gibt es eine tiefe Kluft zwischen zwei zeitgenössischen Denkrichtungen, die beide beanspruchen, die traditionelle Erkenntnistheorie zu dekonstruieren. Manche Autoren glauben, eigentlich sollten sich unsere Argumente nur gegen den Fundierungsgedanken richten, also gegen den Versuch, die Erkenntnis »von ganz unten her« aufzubauen. Daß dieses Unterfangen aussichtslos ist, könne man mit Hilfe einer holistischen Begründung à la Quine zeigen bzw. mit Hilfe von Gründen, die eher den alten skeptischen Argumenten ähneln. Aber zugleich sind diese Autoren willens, den von uns so bezeichneten Gedanken der »Vermittlungsgebundenheit«, das heißt, eine Erklärung der Erkenntnis des Akteurs, bei der Erkenntnis und Welt völlig getrennt bleiben, unangetastet zu lassen.

Andere Autoren (zu denen wir auch uns selbst zählen) finden die Dekonstruktion des Cartesianismus deshalb so spannend, weil dieses Bild des »Subjekts« damit aus der Welt geschafft wird. Was zutiefst verfehlt ist, ist die Vorstellung, man könne eine Zustandsbeschreibung des Akteurs geben, ohne dabei auf seine Welt Bezug zu nehmen (bzw. eine Beschreibung der Welt qua Welt zu geben, ohne dabei eine Menge über den Akteur zu sagen). Eine derartige Beschreibung wäre möglich, wenn sich die Erkenntnis »im Inneren« des »Subjekts« befände. Dort befindet sie sich aber nicht, sondern das Verstehen liegt im Kontakt – in der Interaktion –, und diese Interaktion läßt sich nicht beschreiben, indem man ausschließlich über den Akteur redet.

Die Überzeugung, es wäre möglich, eine Zustandsbeschreibung des rein für sich genommenen Akteurs zu geben, könnte man sogar als das fünfte kriteriale Merkmal der vermittlungsgebundenen Auffassung ansehen, das zu den bereits genannten vier Merkmalen hinzukäme. Man könnte es als »fünftes Dogma der Erkenntnistheorie« gelten lassen. Aber es ist nicht nötig, die Merkmale dieses unzulänglichen Bilds zu vermehren. Es liegt ohnehin auf der Hand, daß es zu den übrigen paßt.

1

Damit haben wir unsere Kontaktauffassung – unsere interaktive Vorstellung vom Akteur in der Welt – zusammengefaßt. Die dabei angeführten phänomenologischen Argumente wirken durchaus zwingend. Aber sehr oft wird dem entgegengehalten, diese Argumente seien eben bloß phänomenologischer Art. Sie sagen uns zwar, wie die Dinge erscheinen, doch wie steht es mit ihrem wirklichen Sosein? Schließlich sind wir seit Galilei an die Vorstellung gewöhnt, daß die Erscheinungen trügen können. Die Sonne versinkt nicht wirklich hinter dem Horizont. Natürlich hält die Schubkarre an, sobald wir sie nicht mehr schieben, aber das heißt noch lange nicht, daß alle in Bewegung begriffenen Gegenstände einer ununterbrochenen Anwendung von Kräften bedürfen, um sich weiterzubewegen. Und so verhält es sich auch hier: Natürlich *scheint* es kein zwischen Geist und Welt vermittelndes Element zu geben. In dieser Hinsicht unterscheiden sich die modernen Theorien allerdings vom alten Empirismus, der offenbar behauptete, durch aufmerksame Beobachtung werde deutlich, daß unsere »Eindrücke« oder »Ideen« die primären Gegenstände des Bewußtseins seien. Die modernen Theorien schlagen jedoch auf einer anderen Ebene ebenfalls eine zugrundeliegende materialistische Erklärung der Erfahrung vor, bei der alles von Zuständen abhängt, die in einem anderen Sinn etwas Inneres sind. Sie befänden sich nicht im Geist, sondern im Organismus, aber dennoch seien sie von der Außenwelt getrennt.

Während wir unsererseits beispielsweise sagen wollen, meine Fähigkeit, mich in meiner Heimatstadt zurechtzufinden, habe ihren Ort nicht in meinem Bewußtsein, ja nicht einmal bloß in meinem Körper, sondern in meinem Die-Straßen-durchquerenden-aktiven-Körper, gibt es eine einflußreiche moderne Denkrichtung, die behaupten würde, diese Fähigkeit sei im Gehirn kodiert und es handele sich dabei um etwas, was mein Gehirn auch dann besitzen könnte, wenn es in einem Tank am Leben gehalten würde, ohne dort irgendeinen Kontakt zu Straßen oder einer Stadt zu haben. Diese Auffassung wird beispielsweise von John Searle vertreten, der zu den entschiedenen Vertretern der Hypothese gehört, wir könnten selbst dann, wenn wir Gehirne im Tank wären, alle bewußten Erlebnisse haben, die wir auch im jetzigen Zustand kennen. Searles Beweis geht offenbar ungefähr wie folgt: Eigentlich seien wir sowieso nichts anderes als Gehirne im Tank – mit dem einzigen Unterschied, daß in unserem Fall der Schädel den Tank bildet.

Warum also sollte es nicht möglich sein, daß unsere wirkliche Situation durch die ersetzt wird, die im Film *Matrix* geschildert wird? Dort werden die ganzen Organismen der bedauernswerten Menschen in Tanks eingeschlossen, während ihr Gehirn mit Input- und Output-Korrelationen versorgt wird, durch die sie genau das bekommen, was sie brauchen, um ihnen das bewußte Erlebnis zu verschaffen, das man hat, wenn man sich im aktiven, normalen Leben in einem Raum voller Mitmenschen umherbewegt. Es handelt sich also um eine Situation, in der die Menschen ein Leben, das in manchen Hinsichten einem Traum gleicht, für ein echtes, normales Leben halten.

Nun könnte man gegen unsere Position sicher den Einwand erheben, daß man zu den intentionalen Gegenständen, die es in der Matrix-Welt zu geben scheint, keinen wirklichen Kontakt hätte. Die einzige Gemeinsamkeit mit dem normalen Leben bestünde in der Ähnlichkeit der Gehirnzustände. Aber wenn die Gehirnzustände in beiden Fällen genau die gleichen wären, könnten wir doch gewiß auch im normalen Fall sagen, daß unsere Fähigkeit zum Zurechtfinden restlos im Gehirn enkodiert sei, sofern die richtigen Input-/Output-Verbindungen hergestellt seien.

Man beachte, daß diese Überlegung zu einem der Standardargumente der vermittlungsgebundenen Theorie paßt, nämlich zu dem sogenannten Täuschungsargument. Dieses Argument setzt normalerweise bei der Tatsache an, daß Täuschungen wirklich vorkommen: Man glaubt eine Schlange zu sehen, aber eigentlich ist da nur ein Seil. Man glaubt eine Oase zu sehen, aber eigentlich ist da nur Wüste. Und so weiter. Um sich in dieser Weise täuschen zu lassen, müsse das subjektive visuelle Erlebnis jedoch im Fall der Täuschung genau das gleiche sein wie im Fall der echten Wahrnehmung. Demnach müsse auch der Normalfall diese zwei Seiten aufweisen: ein bestimmtes inneres Erlebnis einerseits und einen genau entsprechenden äußeren Gegenstand andererseits. Es sei dieses zweite Element, das dann fehlt, wenn wir einer Täuschung erliegen.

Diese Argumentation zwingt uns dazu, unsere normale Situation als etwas Vermittlungsgebundenes zu sehen, als einen Kontakt zur Welt, der durch einen inneren Zustand hergestellt wird. Genauso funktioniert auch das Szenario der Gehirne im Tank. Sofern die Matrix-Personen genau die gleichen Erlebnisse haben können wie wir in unserem normalen Wachleben, obwohl sie bewegungslos im Tank liegen und durch angeschlossene Leitungen elektrische Impulse empfangen, dürften diese Erlebnisse doch wohl vom Vorhandensein dieser eingespeisten Impulse abhängen und allenfalls in zweiter Linie davon, daß es draußen wirkliche Dinge der richtigen, unterstellten Art gibt, von denen die Impulse erzeugt werden, die (soweit wir wissen) genausogut von den Kontrolleuren des Reichs der bewegungslosen und in ihren Tank eingeschlossenen Körper stammen könnten.

Die Herausforderung, vor die wir durch die Gehirn-im-Tank-Hypothese gestellt werden, ließe sich etwa wie folgt formulieren: Wie kann man behaupten, die Fähigkeit zum Zurechtfinden liege im Zwischenraum zwischen Körper und Welt, obwohl es (soweit wir wissen) möglicherweise gar keine Welt der zuversichtlich unterstellten Art gibt und obwohl sich das Erlebnis des Vorhandenseins einer solchen Welt durch die Abfolge der Zustände des Gehirns hinreichend erklären läßt?

Auf den ersten Blick scheint es nicht leicht zu sein, eine Antwort auf diesen Einwand zu finden. Die Hypothese, mit uns könne es de facto ähnlich stehen wie mit den Bewohnern der Matrix, ähnelt den skeptischen Extremannahmen, wie sie beispielsweise von Descartes erwogen wurden: Unser ganzes Leben könne ein Traum sein. Darauf könnte man schlicht erwidern, indem man auf unsere tatsächliche Erfahrung verweist und feststellt, daß es Dinge gibt, die wir nur in der Interaktion mit den wirklichen Gegenständen in dieser Welt tun können, wie zum Beispiel: in unserer Heimatstadt von A nach B gelangen oder eine Schleife binden. Hier sind wir nicht dazu in der Lage, etwa eine Karte zu zeichnen oder eine Reihe von Anweisungen zu geben, das heißt, wir sind außerstande, das, was zu tun ist, in irgendeiner Weise zu repräsentieren. So kann ich dir beim Binden der Krawatte nur dadurch helfen, daß ich mich hinter dich stelle und sie an deinem Hals so binde, wie ich es bei mir selbst tue. Ich kann es dir weder erklären, noch kann ich dir ein Diagramm dieser Bewegungen zeichnen, noch kann ich gar die Bewegungen ohne Vorhandensein der Krawatte vollziehen. Phänomenologisch gesehen, hat die Fähigkeit ihren Ort im Zwischenraum.

Darauf würde unser Gegner erwidern: Die Fähigkeit müsse, obwohl sie nur durch Ausführung geübt werden könne, auf einem Gehirnzustand beruhen. Freilich, im wirklichen Leben entsteht dieser Zustand durch die üblichen Formen des Lernens, etwa durch Versuch und Irrtum oder durch Einübung unter der Anleitung eines Lehrers mit ähnlich inartikuliertem Verständnis der Sache. Allerdings wäre es durchaus möglich gewesen, diesen Zustand auch in anderer Weise herbeizuführen, etwa in der Art und Weise, in der Trinity im Film lernt, einen Hubschrauber zu fliegen.

Darauf replizieren wir wie folgt: Alles hängt davon ab, was man hier unter »möglich« versteht. Das Wort hat eine anspruchsvolle und eine weniger anspruchsvolle Bedeutung. Im weniger anspruchsvollen Sinn sagt man, etwas sei möglich, wenn es (soweit man weiß) im Bereich der Gegebenheiten kein Hindernis gibt, das dem betreffenden Geschehen im Weg stünde. So meint man vielleicht, das Reisen durch die Zeit sei in diesem Sinn möglich, denn der Begriff der Zeit hat viele Seiten, die wir nicht zur Gänze verstehen. Andererseits können wir es uns ohne weiteres ausmalen, daß Zeitreise im anspruchsvolleren Sinn faktisch unmöglich ist: Es könnte sein, daß sie durch die Art und Weise des Funktionierens der Dinge in unserer Welt ausgeschlossen ist.

Die Gehirn-im-Tank-Hypothese – also die Vorstellung, eine bestimmte Sequenz beliebig erzeugter, aber miteinander korrelierender sensomotorischer Impulse sei eine hinreichende Bedingung für bewußte Erfahrungen des Zurechtkommens mit einer raumzeitlichen Welt wie der unseren – ist offensichtlich nur im weniger anspruchsvollen Sinn möglich. Es könnte sich durchaus herausstellen, daß ihre Verwirklichung ausgeschlossen ist.

Werfen wir einen Blick auf einige der offenkundigen Überlegungen: Im Grunde verstehen wir sehr wenig – ja, man könnte sagen: fast gar nichts – davon, wie bewußte Erfahrungen wirklich auf unsere körperlichen Zustände und Handlungen supervenieren. Was garantiert uns, daß der physische Zustand, auf den sie supervenieren, bloß ein Zustand des Gehirns ist und nicht etwa ein Zustand des Gehirns plus Nervensystem oder gar des Gehirns im Zusammenhang des ganzen Körpers? Oder ist gar der aktive Körper in seiner Umgebung nötig? Die unerschütterliche Gewißheit von Autoren wie Searle, die meinen, das Gehirn allein müsse die hinreichenden Bedingungen des bewußten Erlebens bereitstellen, ist bestimmt ein Relikt des in ihrem Denken nach wie vor wirksamen Cartesianismus – eines unbewußten Apriori, dem sie noch nicht entronnen sind.

Tatsächlich weisen neuere Forschungen zur Bildung neuraler Verbindungen zum und vom Gehirn der Kleinkinder darauf hin, daß das System der Verknüpfungen durch ihre letztlich erfolgreichen Versuche gebildet wird, sich in der Welt zurechtzufinden, Dinge zu greifen, Dinge zu sehen und das zu erreichen, was sie erreichen wollen.[3] Nun gewinnt es allmählich den Anschein, als stünde die Gehirn-im-Tank-Hypothese gar nicht in Einklang mit der Art und Weise, in der die Welt organischer Wesen tatsächlich funktioniert.

Ein ähnliches Apriori scheint das Täuschungsargument zu infizieren, in dem man die für die Gehirn-im-Tank-Hypothese prägende Schablone vermuten könnte. Wie wir schon gesehen haben, gehen alle diese Argumente davon aus, daß es im Fall der Täuschung stets ein subjektives Erlebnis geben muß, das genau das gleiche ist wie im Fall der zutreffenden Wahrnehmung. Aber verhält es sich wirklich so?

Angenommen, jemand hat in der letzten Nacht geträumt, er habe sich mit Josef Stalin unterhalten. Ein beängstigendes Erlebnis! Aber war das tatsächlich genauso wie ein wirklicher Kreml-Besuch bei dem Diktator? Erzählen wir kurz den folgenden Traumablauf: Unmittelbar vor einem Gespräch war ich zu Hause in Montreal. Irgendwann im Laufe des Gesprächs verwandelte sich mein Gesprächspartner in einen besonders unangenehmen Kollegen am hiesigen Institut. Betrachtet man den Ablauf im kritischen Licht wachen Bewußtseins, wirkt er nicht sonderlich realitätsnah. Es bedarf des ungebrochenen, unkritischen Stroms des Traumes, um mir das Reibungsgefühl einer Begegnung mit der Wirklichkeit zu vermitteln. Die Täuschung beruht eher darauf als auf einer inhaltlichen Ähnlichkeit mit der echten Erfahrung. Vergleichbare Bemerkungen ließen sich, wie Merleau-Ponty darlegt, über manche Halluzinationen machen.[4]

Bei beiden Argumenten wird, ebenso wie bei der Ge-

3 Siehe Alva Noë, *Out of Our Heads*, New York: Hill & Wang 2009.

4 Siehe Merleau-Ponty, *Phänomenologie der Wahrnehmung*.

hirn-im-Tank-Hypothese, vorausgesetzt, daß es irgendein im Fall der Wahrheit und im Fall der Täuschung genau gleiches X gibt – hier ein Zustand subjektiven Erlebens, da ein von bestimmten Aktivitäten geprägter Zustand des Gehirns. Doch wenn man der Sache nachgeht, zeigt sich, daß das gar nicht unbedingt der Fall sein muß. Das Gefühl der Notwendigkeit ist eine Täuschung, die auf das vermittlungsgebundene Bild zurückgeht.

Dieses Apriori müssen wir loswerden. Allerdings gibt es nichts, was es einem stärker empirisch gesinnten und von seinen verbleibenden cartesianischen Intuitionen getriebenen Searle verbieten könnte, darauf zu wetten, daß die Forschung zu guter Letzt die Richtigkeit der Gehirn-im-Tank-Hypothese nachweisen wird. Genauso werden wir, da uns die Art und Weise, in der unsere Fähigkeiten zum Zurechtkommen im Zwischenraum zwischen Akteur und Welt existieren, beeindruckt, eher darauf wetten, daß man den gesamten Akteur-in-der-Welt braucht, um das Erleben zu reproduzieren. Wir haben das Gefühl, daß uns trotz der von der modernen Neurowissenschaft angeführten beeindruckenden Belege für die zerebrale Basis des Erlebens damit nur die notwendigen kausalen Bedingungen gegeben sind. Die hinreichenden Bedingungen dagegen setzen den in einer bestimmten Situation zurechtkommenden Akteur voraus.

Was sollen wir also von diesen Szenarien halten, insbesondere von dem *Matrix*-Szenario? Bisher haben wir eine überzeugende phänomenologische Argumentation für eine Kontakttheorie vorgelegt, in deren Rahmen wir uns als Wesen sehen müssen, die sich so mit der Welt auseinandersetzen, daß der Ort unserer Erfahrung und unseres Tuns nicht ohne weiteres mit etwas in unserem Inneren gleichgesetzt werden kann. Die erwähnten Szenarien jedoch könnte man so auffassen, als präsentierten sie einen skeptischen Einwand gegen unser alltägliches Bewußtsein. Sie weisen uns einen Ort zu, der fest in einer unabhängigen Welt verankert ist, aber vielleicht ist diese Situation selbst reiner Schein, und darüber hinaus wurde sie womöglich rein innerlich erzeugt.

Sollten wir uns darüber Sorgen machen? Die hier dargelegte Auffassung besagt, daß wir sozusagen en gros mit der Welt in Kontakt stehen: Es mag zwar sein, daß wir uns im Hinblick auf diese oder jene Darstellung der Dinge, die wir bislang zuversichtlich akzeptiert haben, irren, aber dieser Irrtum hat seinen Ort im Rahmen eines allgemeinen Situationsverständnisses, das nicht zur Gänze falsch sein kann und das uns oft die Möglichkeit gibt, genau den Druck auf die Dinge auszuüben, der nötig ist, um unsere Ansichten zu korrigieren. In einem bestimmten Sinn treibt das *Matrix*-Szenario diese Möglichkeit des regionalen Irrtums bis zur Grenze, nämlich bis zu einem Punkt, an dem sie auf den En-gros-Bereich überzugreifen droht.

Was dem Irrtum, dem die Bewohner der Matrix erliegen, eine Grenze setzt, ist der Umstand, daß ihnen und den einmal aus dem Tank befreiten Menschen die gleiche Struktur der Welt gemeinsam ist: Wir sind Akteure unter anderen Akteuren und befinden uns in einer gemeinsamen Welt, die auf uns alle in der gleichen Weise einwirkt. Außerdem verhält es sich mit unserer Betrachtungsweise der Dinge so, wie sie von John McDowell beschrieben wird (siehe die Zitate im 4. Kapitel): Aus unserer Sicht sind wir offen für die Gestalt der Realität; wir begreifen unser Bild von den Dingen als etwas, was durch das Einwirken der Realität auf uns motiviert ist; die kausale Basis unserer Wahrnehmung und die Gegenstände unserer Wahrnehmung konvergieren. (Natürlich bezieht sich der Ausdruck »kausale Basis« hier nicht auf das rein passive Rezipieren, das sich der klassische Empirismus erträumt hat. Wir sind stets damit beschäftigt, die Welt zu deuten. Aber aus unserer Sicht ist das Resultat dieser Deutung eine Reaktion auf das, was wirklich vorhanden ist, und in diesem Sinn kausal abhängig davon.) Der Gegensatz zwischen der realen Welt und der Matrix-Welt besteht darin, daß diese Betrachtungsweise der realen Welt angemessen ist, während sie der Matrix-Welt nicht entspricht. In der Matrix scheint es so zu sein, daß unsere Wahrnehmung eines Autos kausal vom wirklichen Vorhandensein eines Autos abhängt, während es in Wirklichkeit kausal davon abhängig ist, daß die Programmierer bestimmte sensorische Impulse in unser Gehirn einspeisen.

Aber vielleicht betrifft das nur das Szenario dieses speziellen Films. Nehmen wir an, die Programmierer machten den Versuch, uns die Welt als Dinosaurier oder als Mäuse erleben zu lassen. Wieder nähert sich eine Möglichkeit (im weniger anspruchsvollen Sinn) einer Grenze, an der sie mit dem wirklich Möglichen in Konflikt gerät. Kann jemand, der in anatomischer und biologischer Hinsicht als Mensch ausgestattet ist, sich selbst wirklich als Saurier sehen – jedenfalls in irgendeinem Sinn, der mehr beansprucht, als daß eine Traumsequenz uns durch dieses Selbstgefühl erschrecken könnte? Auch in diesem Fall verfügen wir nicht über das nötige Wissen, um zu entscheiden, wo hier die Grenzen sind, aber es liegt auf der Hand, daß diese Grenzen womöglich strikt sind. Vielleicht können wir dazu veranlaßt werden, einen phantastischen Sauriertraum zu träumen, und da könnte es sein, daß wir in unserer auf den Tank beschränkten Existenz uns niemals zu der kritischen Haltung durchringen, die den Traum als bloße Einbildung entlarven würde, aber das läuft nicht auf das gleiche hinaus wie: etwas erfahren, das in puncto Erlebnischarakter nicht von der Wirklichkeitserfahrung zu unterscheiden ist.

Was können wir insgesamt über diese Dinge sagen? Einerseits läßt sich vielleicht folgendes festhalten: Innerhalb plausibler Grenzen würde das Szenario in *Matrix* auf einer bestimmten Ebene immer noch voraussetzen, daß man sich – zumindest im Hinblick auf die strukturellen Merkmale der Erfahrung – einen zutreffenden Begriff davon macht, was es heißt, in der wirklichen Welt zu existieren. Es könnte jedoch sein, daß man diese Behauptung für nicht sonderlich sinnvoll hält, da alle Details über das Leben der Matrix-Bewohner falsch sind. Aber es ist, wie wir oben geltend gemacht haben, natürlich nicht einmal klar, ob auch nur das *Matrix*-Szenario wirklich möglich ist. Und selbst wenn es möglich wäre, können wir uns nur innerhalb eines Rahmens, dessen Struktur die Möglichkeit des »Aufwachens« in der wirklichen Welt vorsieht, eine Vorstellung davon machen. Merleau-Pontys oben zitierter Ausspruch – »Sich fragen, ob die Welt wirklich ist, heißt selber nicht verstehen, was man sagt«[5] – erweist sich sogar hier als richtig, wenn auch in einem sehr viel schwächeren Sinn als vom Autor beabsichtigt: Eine mit der unseren strukturgleiche Welt – die Welt der Programmierer – muß vorhanden sein, damit das Szenario überhaupt umgesetzt werden kann.

Was ist die Moral dieser ganzen Geschichte? Klar ist, daß die Gehirn-im-Tank- oder Matrix-Szenarien nur ganz dürftige und unplausible Einwände gegen unsere Kontakttheorie zu bieten haben. Selbst wenn sich herausstellen würde, daß die ganze Verarbeitung, die unserem Verhältnis zur Welt zugrunde liegt, wirklich im *Gehirn* geleistet wird, würde das nicht zeigen, daß die cartesianisch geprägte, repräsentationalistische Auffassung des *Geistes* gerechtfertigt ist. An der nicht vermittlungsbedingten Phänomenolo-

5 Ebd., 396.

gie – an unserem direkten Kontakt zur Welt – würde sich dadurch nichts ändern.

Allgemein gesprochen, müssen wir uns gegen cartesianische Überbleibsel in unserem Denken wehren, die uns zu der Annahme verleiten, die bloße Tatsache, daß die Verarbeitung durch das Gehirn unserem Verhältnis zur Welt zugrunde liegt, stütze den Gedanken der Vermittlungsbedingtheit sowie den damit einhergehenden globalen Skeptizismus. Die Tatsache, daß unsere Welterfahrung eine kausale Basis hat – einerlei, ob diese Basis ihren Ort im Gehirn, im Körper oder in der ganzen situierten Interaktion des verkörperten Akteurs hat –, liefert keine Begründung für eine vermittlungsbedingte Darstellung. Es ist, entgegen der Tendenz der gesamten cartesianischen Tradition, wichtig einzusehen, daß die zugrundeliegenden kausalen Prozesse nicht zwischen uns und der Welt stehen, sondern das sind, was unseren direkten Kontakt zur Welt ermöglicht.

Tatsächlich erscheint es immer wahrscheinlicher, daß die hinreichenden Bedingungen für diese direkte Begegnung mit der Wirklichkeit in der gesamten Interaktion zwischen Organismus und Welt zu finden sind, wie es auch die hier vorgestellte Phänomenologie nahelegt.[6] Michael Wheeler

6 Eine neurodynamische Theorie der den hier beschriebenen holistischen Phänomenen zugrunde liegenden Gehirnaktivität ist von dem Neurophysiologen Walter Freeman ausgearbeitet worden. Er schreibt: »Makroskopische Gesamtgruppierungen existieren in vielen Materialien und in vielen verschiedenen Größenordnungen in Raum und Zeit. Sie reichen von chemischen Verbindungen innerhalb einzelner Zellen bis hin zu ökologischen Netzen, sozialen Organisationen, Wettersystemen (wie Wirbelstürmen und Orkanen) und sogar ganzen Galaxien. In jedem Fall wird das Verhalten der makroskopischen Elemente oder Teilchen durch die umfassende Gesamtgruppierung eingeschränkt, und das mikroskopische Verhalten läßt sich nicht anders verstehen als durch Bezugnahme auf die makroskopischen Aktivitätsmuster. [...]

Nachdem die Neuronen durch dendritisches und axonales Wachs-

drückt es so aus: »Grob gesprochen, dreht sich der Ansatz der Verkörperung und der Einbettung um den Gedanken, die Kognitionswissenschaft müsse die Kognition zurück ins Gehirn verlagern, das Gehirn zurück in den Körper und den Körper zurück in die Welt.«[7]

---

tum eine gewisse Dichte der anatomischen Verbindungen erreicht haben, hören sie auf, individuell zu handeln, und fangen an, als Ensemblemitglieder am Bestehen einer Gruppe mitzuwirken, zu der jedes einzelne beiträgt und von der jedes einzelne Anweisungen entgegennimmt. [...] Das Aktivitätsniveau wird jetzt nicht mehr von den Individuen, sondern von der Population bestimmt. Das ist der erste Baustein der Neurodynamik.«
(Aus: Walter J. Freeman, *How Brains Make Up Their Minds*, London: Weidenfeld & Nicolson 1999, 55)

7 Michael Wheeler, *Reconstructing the Cognitive World: The Next Step*, Cambridge, MA: MIT Press 2005, 11.

6
Horizontverschmelzung

An dieser Stelle wäre es vielleicht hilfreich, wenn wir versuchten, den Gedankengang in groben Zügen erneut zusammenzufassen und in dieser Weise eine weitere Dimension der hier vertretenen Auffassung des menschlichen Handelns zu verdeutlichen.

Schon im 1. Kapitel haben wir eines der Hauptmotive dafür erkannt, daß man sich seit Descartes vermittlungsgebundenen Erkenntnistheorien zugewandt hat. Die treibende Kraft hinter diesem Wandel ist ein gewisser Sinn für die einwandfreie kritische Methode. Es kann sein, daß man, um eingefleischte Anschauungen in Frage zu stellen, manches, was als selbstverständlich gilt, explizit machen muß. Außerdem kann es äußerst nützlich sein, eine Behauptung oder die sie stützenden Teilbelege in ihre Bestandteile zu zerlegen. Womöglich ist es unbedingt nötig, eine rein faktische Behauptung von einer fragwürdigen Wertung zu trennen oder eine scharfe Unterscheidung zwischen dem Bild, das wir uns von den Dingen machen, und ihrem wirklichen Sosein zu treffen.

Dies alles ist völlig richtig und häufig von entscheidender Bedeutung. Der Grundirrtum bestand jedoch darin, die Methode zu ontologisieren und daraus folgenden Schluß zu ziehen: Da sich diese Denkweise vielfach bewährt hat, ist es zugleich die Art und Weise, in der der Geist immer funktioniert, weshalb wir davon ausgehen dürfen, daß wir durchweg Bröckchen von expliziten, neutralen Informationen aufnehmen und sie miteinander verbinden. Allerdings sei es auch so, daß wir dabei oft nachlässig oder unaufmerksam verfahren oder zu sehr im Bann einer äußeren Autorität stehen. Deshalb sei es nötig, uns zur Ordnung zu rufen und dazu anzuhalten, bei unserer Konstruktion sorgfältiger und reflektierter vorzugehen.

Demgegenüber vertreten wir die These, unsere ursprüngliche Form des In-der-Welt-Seins, des Zurechtkommens mit der Realität, des Sich-Zurechtfindens reflektiere eine Art von Verstehen, bei der diese Unterscheidungen zwischen expliziten, analytischen Elementen ebensowenig eine Rolle spielen wie die Unterscheidungen zwischen Tatsache und Wert oder zwischen Glaube und Wirklichkeit. Dadurch, daß wir die Methode ontologisieren und die expliziten, atomaren und neutralen Informationsbröckchen in unseren Alltagsverkehr mit der Welt hineinlesen, wird nicht nur unsere Alltagsrealität verzerrt, sondern es wird auch verhüllt, welch eine Leistung die Kritik eigentlich darstellt. Wir verkennen, inwiefern die Kritik verlangt, daß wir unsere Haltung gegenüber der Welt verändern, uns aus den normalen Bedeutungen der Dinge ausklinken und uns von den Formen des Zu-tun-Habens mit unserer Umwelt abnabeln.

Der Heideggersche Ausdruck »ursprünglich« wurde benutzt, um diesen Gedanken zu verdeutlichen. Das normale, engagierte Zurechtkommen ist nicht nur deshalb etwas Ursprüngliches, weil es faktisch die erste Form unseres In-der-Welt-Seins ist, die wir niemals völlig preisgeben können, sondern auch deshalb, weil die abgenabelte, kritische Haltung nur im Rahmen dieser gewöhnlichen Daseinsweise entstehen kann, die dann im Verhältnis zu den Gegenständen unserer Forschung völlig außer Kraft gesetzt wird, während wir uns immer auf unsere alltäglichen Fähigkeiten zum Zurechtkommen verlassen.

Natürlich kann man die Motive für diese Ontologisierung verstehen. Zunächst ist anzuführen, daß das ganze Unterfangen der Fundierung aussichtslos ist, es sei denn, wir können immer tiefer graben bis hin zu den letzten Stückchen expliziten Belegmaterials, auf dem das Gebäude der Wissenschaft errichtet werden kann. Für die Wegbereiter dieser Tradition, wie zum Beispiel Descartes und Locke, muß diese Überlegung großes Gewicht gehabt haben. Aber selbst nachdem man den Fundierungsgedanken aufgegeben hat, legen jene, die auf völlige Durchsichtigkeit des menschlichen Denkens und/oder eine klare wissenschaftliche Erklärung dieses Denkens hoffen, nach wie vor Wert auf das Atomare und das Explizite. Beobachten kann man das anhand derjenigen Modelle des menschlichen Denkens, die nach dem Vorbild des Computers gestrickt sind und sich in unserer Zeit großer Beliebtheit erfreuen. Auch diese Modelle setzen voraus, daß mit expliziten Informationsbröckchen gerechnet wird, während sie keinen Platz für den (Gestalt-)Holismus unseres In-der-Welt-Seins vorsehen. Außerdem gibt es bestimmte Formen der Kritik, die sich auf die (unbegründete) Überzeugung stützen, im Zuge unserer Überlegungen sei es immer möglich, faktenbezogene Prämissen von wertenden Prämissen zu trennen.

Ein weiteres Merkmal der (zumindest aus Descartes' Perspektive gesehen) richtigen Methode bestand nun darin, daß sie uns – und zwar jeden einzelnen von uns – auf unser eigenes Urteilsvermögen zurückwarf. Es sei so, daß wir diese Dinge nicht in gutem Glauben akzeptieren können; vielmehr müsse jeder von uns sicher sein, daß die Grundlagen unseres Denkens, ebenso wie unsere Schlußketten, wirklich klar und deutlich sind. In dieser Denkweise liegt eine gewisse Feindseligkeit gegenüber der Einstellung, man könne etwas einfach so aus der eingebürgerten Tradition oder durch Berufung auf äußere Autoritäten übernehmen. Zu guter Letzt heißt es, wir seien im Rahmen unseres kritischen Denkens »selbstverantwortlich«.[1]

---

1 Diesen Ausdruck übernehmen wir von Edmund Husserl, der ihn an

Dieses Merkmal der kritischen Methode kann zwar häufig Gültigkeit beanspruchen, aber es ist dermaßen ontologisiert worden, daß das Individuum nunmehr als der primäre Träger der Erkenntnis gilt. Auch dieser Schritt hat eine enorme Verzerrung der Conditio humana bewirkt. Was das insgesamt bedeutet, können wir hier nicht zur Gänze erörtern; dazu wäre zumindest ein weiteres Buch nötig. Aber einige Aspekte der Sache sind für unsere Argumentation unmittelbar relevant.

Sobald wir erkennen, daß Kritik nur durch einen Wandel unserer Einstellung möglich ist, und sobald wir darüber nachdenken, daß Veränderungen dieser Art eine Entwicklung durchmachen und im Zuge der Evolution der menschlichen Kultur in unser Repertoire aufgenommen werden, sehen wir unverzüglich ein, daß die Annahme, Kritik komme schlicht im Inneren selbstverantwortlicher Individuen und durch solche Individuen zum Tragen, eine enorme, übermäßige und potentiell verheerende Vereinfachung darstellt. Freilich, manchmal ist es wirklich der Fall, daß sich eine Einzelperson im Kampf gegen einen falschen Konsens hervortut; und Fälle dieser Art werden in unserer neuzeitlichen Kultur des Abendlands tendenziell hochgehalten. Außerdem kann es geschehen, daß eine heldenhafte Persönlichkeit dieses Typs eine neue Art von Kritik erfindet. So-

---

einer Stelle seiner Vorlesungen über die *Krisis der europäischen Wissenschaften* verwendet, an der er sich – allen Meinungsverschiedenheiten zum Trotz – mit der Grundhaltung Descartes' identifiziert. Was Descartes' eigene Einstellung zu etablierten Autoritäten betrifft, vgl. den negativen Hinweis darauf, daß »wir uns lange Zeit von unseren Trieben und Erziehern regieren lassen mußten« (*Discours de la Méthode*, 2. Abschnitt, übers. von Christian Wohlers, Hamburg: Meiner 2011, 23). Zu Locke siehe die Einleitung zu *An Essay Concerning Human Understanding* (1690, 4. Aufl. 1700; übers. von C. Winckler: *Versuch über den menschlichen Verstand*, Hamburg: Meiner 1981).

krates, Descartes und Kant können als Beispiele hierfür angesehen werden. Aber selbst der innovativste Schritt, der unserem historischen Repertoire kritischer Einstellungen etwas Neues hinzufügt, kommt nicht aus dem Nichts. Vielmehr baut er auf längst etablierten Formen auf, und selbst ein besonders heldenmütiger Neuerer muß sie zunächst durch Schulung und Sozialisation lernen, ehe er seinen einsamen Kampf führen kann. Wie sehr haben wir normalen Nachbeter es dann erst nötig, das Werkzeug unserer eigenen kritischen Tätigkeit aus den Händen unserer Kultur zu empfangen!

Ausgestaltet werden diese verschiedenartigen Einstellungen des Desengagements und der Abnabelung in der Sprache, die hier – ebenso wie in anderen Zusammenhängen – ihre entscheidende Artikulationsfunktion an den Tag legt. Die Sprache dient nicht nur zur Beschreibung dessen, was wir bereits identifiziert und herausgegriffen haben, sondern sie kann auch benutzt werden, um neue Formen des Redens, Denkens und Fragens zum Ausdruck zu bringen und sie damit zum ersten Mal in unser Repertoire einzuführen. Auch hier ist Sokrates wieder ein paradigmatisches und in unserer Tradition hochverehrtes Beispiel. Jetzt verfügen wir (auch dank Platon) über ein neues Wort, nämlich »Dialektik«, das aber nicht dazu dient, eine bereits existierende Wirklichkeit zu beschreiben, sondern dazu, unserem Verständnis einer neuartigen, zusammen mit der Wortschöpfung entstandenen Form des fragenden Redewechsels eine bestimmte Richtung zu geben. Ebenso wird das Wort »Idee« von Descartes in einer neuen Weise und mit einem neuen technischen Sinn verwendet, um etwas zu bezeichnen, was im Selbstverständnis der Menschen früher keine Rolle gespielt hat, nämlich eine ausschließlich im »Geist« vorkommende, grundlegende Informationseinheit. Kant wiederum erweitert unser Repertoire, indem er dem Wort »kritisch« selbst eine neue und spezielle Bedeutung verleiht.[2]

Diese großen Denker haben uns neue Begriffe geschenkt. Aber wir sollten unser Augenmerk nicht ausschließlich auf diese Begriffe lenken. Es ist nicht nur so, daß unser Beschreibungsrepertoire in der gleichen Weise bereichert worden ist, in der es etwa durch einen hervorragenden Botaniker bereichert werden kann. Vielmehr handelt es sich bei dem, was uns geschenkt wurde, um neue Möglichkeiten, gemeinsam Kritik zu üben. Neue Manöver sind aus bereits bestehenden Gesprächsformen entstanden und haben schließlich zur Umgestaltung dieser Gespräche geführt. Gewiß haben sich die Athener schon vor Sokrates darüber gestritten, was Gerechtigkeit oder Frömmigkeit eigentlich heißen, doch die Hinwendung zu einer kollaborativen, aber zugleich agonistischen Suche nach einer Definition, die nicht gleich wieder in Inkohärenz mündet und scheitert, war eine neue (und extrem irritierende) Form der Fortführung des Meinungsstreits und gab den Untersuchungen eine neue Richtung. Wir müssen uns gegen die ganze atomistische Wucht des vermittlungsgebundenen Standpunkts wehren und daran denken, daß das Gespräch hier den Vorrang hat. Es liefert sowohl den Nährboden, dem das neue dialektische Manöver entspringen kann, als auch die umgestalteten Formen des Austauschs, die es ermöglicht und die aus ihm hervorgehen.

Dieser Gedanke ist im vorigen Jahrhundert in vielfältiger Weise zum Ausdruck gebracht worden. Wittgenstein etwa hat gezeigt, inwiefern wir außerstande sind, die Bedeu-

2 Eine ausführlichere Erörterung dieser expressiv-konstitutiven Funktion der Sprache findet der Leser in Charles Taylors Abhandlung »The Importance of Herder«, in: ders., *Philosophical Arguments*, Cambridge, MA: Harvard University Press 1995, 79-99.

tungen bestimmter Ausdrücke zu erfassen, sofern wir nicht erkennen, welche Funktion sie in den (sozialen) Sprachspielen erfüllen, in denen sie entstehen. Diese Spiele wiederum müssen im Rahmen der gesamten Lebensform, die sie zu konstituieren helfen, ihren Ort haben.[3] Andere Autoren haben darauf hingewiesen, daß wir, um eine bestimmte Begriffsverwendung oder die Sätze, in denen der betreffende Begriff eine Rolle spielt, zu verstehen, das Genre des Diskurses, in dem er vorkommt, ermitteln müssen. Die Interpretation kann sich nicht auf Einzelsätze beschränken, sondern man muß außerdem den »Text« kennen, in den sie eingebettet sind. Außerdem sind viele Text-Genres in Wirklichkeit Formen des Austauschs, also Gespräche, in denen beispielsweise der Bezug der Pronomen der einen »Rede« auf dem Weg über die in anderen »Reden« vorkommenden Bezug nehmenden Ausdrücke zustande kommt.

Daß die Vorrangstellung des Gesprächs, des Sprachspiels der Kritik, gegenüber den individuellen Manövern des Desengagements und der Abnabelung auf dem Weg zur kritischen Denkweise in den Vordergrund gerückt wird, bereichert das Verständnis des menschlichen Handlungsvermögens, das wir aus den Klauen der vermittlungsbedingten Verzerrung retten müssen. In der oben bereits in Anspruch genommenen Heideggerschen Sprache ausgedrückt, wird das ursprüngliche Handeln im Zuge des engagierten Zurechtkommens im Rahmen eines gemeinschaftlichen Repertoires wirksam. Der Akteur ist in erster Linie nicht das Individuum, sondern einer unter mehreren, deren gemeinschaftliche Beteiligung im Rahmen gemeinsamer Formen unentbehrlich ist. Das wiederum gilt sogar für die

3 Ludwig Wittgenstein, *Philosophische Untersuchungen* (1953), Frankfurt/M.: Suhrkamp 2003.

Realisierung jenes Teilbereichs meines Repertoires, in dem ich nach und nach allein zurechtkommen kann.

Unserem expliziten, abgenabelten, desengagierten, ja einsamen Denken liegt ein in höherem Maße basaler Kontakt mit der Realität zugrunde. Dabei handelt es sich nicht nur um Kontakt mit der Welt, mit der auch wir selbst uns auseinandersetzen, sondern überdies um Kontakt mit jenen anderen, die sich gemeinsam mit uns ebenfalls daran abarbeiten.

Aus der knappen in den voranstehenden Absätzen dargelegten Erörterung geht hervor, daß der vermittlungsbedingte Ansatz auf zwei Hauptachsen widerlegt werden kann, die wir bereits am Anfang des 2. Kapitels skizziert haben. Allgemein gesprochen, sind wir in den Kapiteln 2 bis 5 der ersten Achse der Widerlegung gefolgt. Es ging darum, Einwände gegen die zentrale Bedeutung der mentalen Repräsentation für die Erkenntnis zusammenzutragen. Unberührt blieb dabei die zweite Argumentationslinie, bei der die monologische Ausrichtung der traditionellen Theorie der Vermittlungsgebundenheit aufs Korn genommen wird. Wie wir eben gesehen haben, ist eine der treibenden Kräfte hinter dem vermittlungsgebundenen Ansatz schon seit Descartes der Sinn für das, was man für die richtige Methode hält. Dabei wird die Methode als etwas im paradigmatischen Fall Monologisches aufgefaßt, als etwas, was in einem individuellen Geist und von einem individuellen Geist angewendet wird. Doch jetzt ist es an der Zeit, das zweite der in den vorigen Absätzen angeschnittenen Themen aufzugreifen und den Primat des Gesprächs im sprachlichen Leben der Menschen hervorzuheben. Die Methoden und Formen der Kritik, auf die wir uns stützen und mit denen wir arbeiten, werden zunächst im Rahmen unserer Kultur etabliert. Es stimmt zwar, daß der eine oder andere von uns ein Sokrates ist und dazu beiträgt, bisher unbekannte Formen einzuführen; aber diese Formen werden nur deshalb zu Bestandteilen des Erbes unserer Nachfahren, weil sie von der Kultur, die wir ihnen vermachen, akzeptiert werden.

Im 6. Kapitel werden wir uns deutlich sichtbar auf diesem zweiten Gleis bewegen.

1

Wie wir eben festgestellt haben, ist ein besonders wichtiger Bereich, in dem wir zwischen so etwas wie Schema und Inhalt unterscheiden wollen, dort zu finden, wo wir es mit grundverschiedenen Betrachtungsweisen zu tun haben, mit denen wir an die Natur und die Conditio humana herangehen. Auch hier kann die von uns selbst vertretene Auffassung es nicht zulassen, daß man behauptet, diese Unterschiede seien nicht zu überbrücken oder unvermeidlich. Der einbettungsbezogene Ansatz bietet sogar Mittel und Wege an, um Unterschiede im Schema zu erkennen, ohne dadurch Argumente für den Nichtrealismus ins Spiel zu bringen. Die Auffassung, die vom erkennenden Akteur, der sich mit der Welt auseinandersetzt, ausgeht, bietet Möglichkeiten, die ganz anderer Art sind als jene, die uns dem vermittlungsgebundenen Ansatz zufolge zur Verfügung stehen. Offenbar ist es nicht nur möglicherweise, sondern tatsächlich so, daß es Unterschiede, alternative Betrachtungsweisen und Deutungen der Realität gibt, die sogar systematischer und weitreichender Art sein können. Einige von ihnen *werden* falsch sein, und alle von ihnen *können* falsch sein. Aber jede derartige Betrachtungsweise oder Deutung spielt sich im Rahmen einer basalen Beschäftigung mit der Welt bzw. eines Weltverständnisses ab, das einen Kontakt mit der Welt darstellt, der erst im Fall des Todes abgebrochen werden kann. Es ist unmöglich, völlig im Irrtum zu sein. Selbst wenn ich, nachdem ich auf diesem Pfad hochgestiegen bin, glaube, auf der falschen Wiese angekommen zu sein, befinde ich mich dennoch in der richtigen Gegend; ich kenne den Heimweg usw. Die Realität des Kontakts zur wirklichen Welt ist das unentrinnbare Faktum des menschlichen (oder tierischen) Lebens, und nur mit Hilfe verfehlter philosophischer Argumente kann sie weggedacht werden. Aufgrund dieses Kontakts mit einer gemeinsamen Welt gibt es immer etwas, was wir einander zu sagen haben, und etwas, worauf wir bei Meinungsverschiedenheiten über die Realität zeigen können.

Welchen Reim sollen wir uns auf diese Möglichkeit der Verständigung machen? Hier gibt es zwei Ebenen, auf denen wir uns die Sache zurechtlegen können. Eine wichtige Gemeinsamkeit gibt es erstens schon allein dadurch, daß wir alle als Menschen durch engagiertes Zurechtkommen mit der Welt in Kontakt sind. Wir alle müssen uns innerhalb der Grenzbedingungen ein und derselben Welt zurechtfinden, wobei wir uns auf die gleichartige Physis, auf gleichartige Basisfähigkeiten usw. verlassen müssen. Außerdem sind uns allen die gleichen Grundbedürfnisse gemeinsam: Nahrung, Kleidung, Wohnung, Schlaf und dergleichen mehr. Damit ist praktisch garantiert, daß bei der Begegnung mit einer neuen Kultur beide Seiten die jeweils fremde Sprache lernen können. Das gilt auch dann, wenn man – wie im Fall der Forschungsreisenden, die auf einem bisher unbekannten Kontinent landen – völlig unvorbereitet ist. Beide Seiten wissen, daß jeder Beteiligte mittelgroße, in Bewegung begriffene Objekte als besonders hervorstechend herausgreifen wird, so daß sie einander das Wort für »Kaninchen« beibringen können. Sie sind sich im klaren darüber, daß es nutzlos ist, auf ein Kaninchen zu zeigen, das dem Auge des Gesprächspartners durch einen Baum verborgen ist. Sie wissen auch, daß jeder Mensch Nahrung benötigt; also können sie darum bitten, Tauschhandel damit treiben usw.

Diese Ebene der Verständigung leuchtet jedem ein, auch unseren Gegnern aus dem vermittlungsgebundenen Lager. Doch die besonders problematischen Differenzen sind bisher unberührt geblieben. Die erste Ebene, von der wir gesprochen haben, ist die des Allgemeinmenschlichen. Sie steht in engem Zusammenhang mit der Ähnlichkeit zwischen uns allen als organischen Wesen; in bestimmten Fällen handelt es sich sogar um Gemeinsamkeiten zwischen Mensch und Tier. Doch die kaum zu überwindenden Differenzen, die jedem Verständnis zu spotten scheinen, finden sich auf der Ebene der Kultur bzw. der spezifisch menschlichen Bedeutungen, die in der Sprache zum Vorschein kommen. Dabei geht es um Dinge, die man vielleicht wie folgt beschreiben würde: Die Religion und die Rituale der fremden Gesellschaft kommen uns seltsam vor. Wir können nicht einsehen, warum sich jemand dergleichen zu eigen machen sollte. Ja, vielleicht finden wir sie sogar abstoßend. Ein anderer Fall: Was wir für den Ehrenkodex der Fremden halten, erscheint uns unausgewogen. Sie stoßen sich an Trivialitäten, während ihnen wichtige Dinge egal sind. Ihre Einstellung zum eigenen wie zum fremden Tod ist für uns kaum zu verstehen. In unseren Augen sind sie viel zu leicht bereit, andere zu töten oder selbst getötet zu werden. Womöglich bleibt das, was wir als das politische System der Fremden kennzeichnen würden, für uns unverständlich. Es sieht so aus, als hätten sie gar keine Regierung. Wie wir später sehen werden, ist diese Art der Beschreibung unserer Differenzen nicht unproblematisch. Doch an dieser Stelle sollte sie zur bequemen Identifizierung des Phänomens ausreichen.

Wir haben es hier nicht mit sozusagen »lebensbezogenen«, also uns als biologischen Lebewesen gemeinsamen Bedeutungen zu tun, sondern mit Bedeutungen auf einer moralischen, ethischen oder spirituellen Ebene. Sie hängen mit den Dingen zusammen, die als höchste Ziele gelten, als beste Lebensweise, als moralische Pflicht, als edles Verhalten oder als Tugend der einen oder anderen Art. Nennen wir sie »menschenbezogene« Bedeutungen, denn es handelt sich bei ihnen um etwas, was wir bei den übrigen Tieren nicht antreffen, sondern nur bei den Menschen als sprachlichen und kulturellen Wesen. Natürlich sind diese beiden Ebenen nur in der Theorie getrennt. Im tatsächlichen menschlichen Leben sind sie (wie wir weiter unten besprechen werden) engstens miteinander verflochten.

Diese lebensbezogenen Bedeutungen hängen im jeweiligen Einzelfall mit einem bestimmten Sinn oder einem Zweck zusammen. Dabei kann es geschehen, daß man den Sinn nicht erkennt. Vielleicht gelingt es, ihm mit Hilfe von Allgemeinbegriffen einen Ort zuzuweisen, wie zum Beispiel im Fall der oben angeführten Beschreibungen, in denen es hieß, die Religion der Fremden sei seltsam oder ihr Ehrenkodex sei unausgewogen. Aber mit einer solchen Identifikation wird das Rätsel nicht gelöst, sondern nur eingeordnet. Wenn mein Gesprächspartner etwa vor Zorn erbebt, weil ich eine (aus meiner Sicht) harmlose Bemerkung gemacht habe, kann ich einfach nicht erkennen, was seine Ehre verletzt hat. Der *point d'honneur* bleibt mir in diesem Fall völlig verborgen.

Die Sache kann sogar dermaßen im dunkeln bleiben, daß sich die Frage stellt, ob ich es überhaupt mit der richtigen allgemeinen Beschreibung versucht habe. Vielleicht handelt es sich ja gar nicht um eine Ehrensache. Noch tiefer geht die Frage, wenn man nicht recht weiß, ob die betreffende Gesellschaft überhaupt eine Dimension mit Anliegen kennt, die dem von mir gebrauchten Wort entsprechen. Womöglich gibt es bei den Fremden so etwas wie Ehrensachen gar nicht. Vielleicht kennen sie auch keine Religion, jedenfalls nicht in ungefähr dem Sinn, den dieses Wort bei uns hat. Hier zeigt sich, warum die Suche nach dem Thema der Differenzen ein alles andere als harmloses Unterfangen sein und dazu führen kann, daß man mit der Interpretation nicht weiterkommt.

Auf dieser kulturellen Ebene besteht das Problem jedenfalls darin, daß wir zunächst außerstande sind zu erkennen, was es mit den moralischen, ethischen oder spirituellen Bedeutungen der Fremden auf sich hat. Dennoch gelingt es uns zumindest in manchen Fällen, miteinander zu kommunizieren. Wir überwinden die Schranken und begreifen allmählich, worum es den anderen geht. Einerlei, ob wir uns die fremde Lebensweise wirklich zu eigen machen wollen oder nicht – wir können verstehen, was für die anderen wichtig ist. Wie ist das möglich?

Der vermittlungsgebundene Ansatz zieht häufig den Zweifel nach sich, ob es denn wirklich möglich sei. Denn dieser Ansatz legt den Gedanken nahe, jede Kultur entwickle ihr eigenes Schema zur Definition menschenbezogener Bedeutungen, denen sich die Angehörigen der betreffenden Kultur nicht entziehen können. Wo die Schemata verschieden sind, scheitere die Verständigung. Daher das in bestimmten Kreisen der Linken bis vor kurzem akzeptierte Verbot, niemand in einer höheren Position dürfe versuchen, die Weltsicht einer Person in untergeordneter Position zu artikulieren – einerlei, ob es sich um einen Ethnologen handelt, der die Einstellung der von ihm untersuchten Gesellschaft erklärt, oder um einen Mann, der den Standpunkt der Frauen erläutert, usw. In allen diesen Fällen müsse es sich um eine unzulässige »Aneignung der Stimme« der weniger Mächtigen durch die herrschende Gruppe handeln.

Weniger drastisch ausgedrückt: Selbst wenn ein gewisses Maß an Verständnis zugelassen wird, hat das vermittlungsgebundene Bild die Tendenz, einer Form von Relativismus den Rücken zu stärken. Die verschiedenen Standpunkte seien inkommensurabel, und es gebe keine Realität, anhand deren man sie beurteilen könne. Also könne man sie auch nicht nach Rangstufen ordnen. Natürlich kann diese Haltung einem Plädoyer für Toleranz und friedliche Koexistenz als Grundlage dienen.

In diesem Zusammenhang kann man erkennen, welchen Sinn der Versuch hat, die Möglichkeit der universellen Verständigung durch uneingeschränkte Ablehnung der Idee eines Begriffsschemas zu bestätigen. Ein bekannter Vorschlag, der in diese Richtung geht, stammt von Donald Davidson,[4] und auf Rortys Billigung dieses Vorschlags haben wir weiter oben bereits hingewiesen.[5] Nach Davidson soll die von ihm dargelegte Argumentation als Ablehnung der gesamten repräsentationalistischen Erkenntnistheorie aufgefaßt werden: »Indem wir den Dualismus von Schema und Welt fallenlassen, verzichten wir nicht auf die Welt, sondern stellen die unmittelbare Beziehung zu den Gegenständen wieder her, deren Possen unsere Sätze und unsere Meinungen wahr oder falsch machen.«[6]

---

4 Donald Davidson, »On the Very Idea of a Conceptual Scheme«, in: ders., *Inquiries into Truth and Interpretation*, Oxford: Clarendon Press 1984, 183-198 (übers. von Joachim Schulte: »Was ist eigentlich ein Begriffsschema?«, in: Donald Davidson, *Wahrheit und Interpretation*, Frankfurt/M.: Suhrkamp 1986, 261-282).

5 Richard Rorty, *Philosophy and the Mirror of Nature* (1979), Princeton, NJ: Princeton University Press 2009 (übers. von Michael Gebauer: *Der Spiegel der Natur*, Frankfurt/M.: Suhrkamp 1987).

6 Davidson, »On the Very Idea of a Conceptual Scheme«, 198 (Übers., 282). Diese Formulierung stellt unverkennbar klar, daß Davidson den Strang (1) des zusammengesetzten Bilds des vermittlungsbedingten Ansatzes ablehnt. Doch wie wir oben bereits geltend gemacht haben, wirkt das Bild im Bereich der übrigen Stränge fort.

Wir sind jedoch der Auffassung, daß die im Sinne Davidsons vollzogene Ablehnung der Unterscheidung zu Inkohärenz oder noch Schlimmerem führt. Die übliche Gefahr, die hier besteht, ist der Ethnozentrismus: Man mißversteht den Fremden, weil er so interpretiert wird, als bediene er sich der gleichen Klassifikationen wie wir selbst. Die Verhaltensunterschiede werden dann häufig schlicht als »schlecht« versus »gut« kodiert.

Nach unserer Überzeugung bietet Gadamers Theorie des interkulturellen Verstehens die Möglichkeit, eine angemessenere Erklärung der Differenz und ihrer Überbrückung zu finden: »Verstehen [ist] immer der Vorgang der Verschmelzung [...] vermeintlich für sich seiender Horizonte.«[7]

Gadamers Horizontbegriff weist eine gewisse Ähnlichkeit mit unserem Begriff des Hintergrunds auf. Er bezeichnet den umgebenden Zusammenhang, in dem die partikularen Dinge, die wir tun, sagen, fragen oder herbeiführen, den ihnen faktisch zukommenden Sinn haben. Der Begriff des Hintergrunds läßt sich jedoch wiederum auf verschiedenen Ebenen anwenden. So gibt es etwa ein Hintergrundverständnis, das unserem alltäglichen Zurechtkommen zugrunde liegt. Das bezieht sich auf uns als körperliche Wesen in unserer tatsächlichen Umgebung. Dieses Verständnis haben wir in den vorigen Kapiteln beschrieben, und es hilft uns, unsere Umgebung im Sinne von Figur und Hintergrund zu deuten, als begrenztes oder offenes Gebiet, als Hindernis oder Hilfsmittel. Diese Art von Hintergrund ist den Menschen im allgemeinen gemeinsam, und artikuliert wird sie im Umkreis der lebensbezogenen Bedeutungen.

Man kann aber auch vom Hintergrundverständnis einer gegebenen Kultur sprechen, das heißt vom allgemeinen Ver-

---

7 Hans-Georg Gadamer, *Wahrheit und Methode*, Tübingen: Mohr 1975, 289.

ständnis dessen, was im menschlichen Leben – also in dem Zusammenhang, in dem die Dinge den ihnen zukommenden ethischen, moralischen und spirituellen Sinn haben – eine Rolle spielt. Denken wir an urwüchsige Gesellschaften, die bestimmten Orten extrem hohe Bedeutung beimessen. Sie weigern sich, diese Orte – ihre Heimat – gegen andere einzutauschen, damit wir dort beispielsweise nach Öl bohren können; und sie weigern sich, obwohl der ihnen angebotene neue Ort aus der Sicht von uns entwurzelten, globalisierten, ökonomisch orientierten Akteuren ungleich bessere Lebensbedingungen zu bieten scheint. Diese Einstellung der Ureinwohner können wir nur verstehen, wenn wir die Art und Weise begreifen, in der ihre Identität etwa durch einen spezifischen Berg definiert ist, was wiederum nur deshalb Sinn hat, weil sie zur Welt der Geister und ihrer Natur in einem bestimmten Verhältnis stehen.

Nach unserer Auffassung bezieht sich Gadamers Horizontbegriff (zumindest in diesem Zusammenhang) auf ein allgemeines Verständnis der zuletzt genannten, kulturellen Art. Zu beachten sind allerdings die Komplexität und die Flexibilität, die diesem Begriff wesentlich sind. Einerseits können Horizonte identifiziert und voneinander unterschieden werden; und durch solche Unterscheidungen können wir begreifen lernen, was das Verständnis beeinträchtigt und die Verständigung behindert. Doch andererseits sind Horizonte etwas, was sich entwickelt und Veränderungen unterliegt. So etwas wie einen feststehenden Horizont gibt es nicht: »Der Horizont ist vielmehr etwas, in das wir hineinwandern und das mit uns mitwandert. Dem Beweglichen verschieben sich die Horizonte.«[8] Ein Horizont mit

8 Ebd., 288.

unveränderlichen Umrissen ist eine Abstraktion. Horizonte, die von den Akteuren, deren Welt sie umreißen, identifiziert werden, sind stets in Bewegung. Der Horizont von A und der Horizont von B können dementsprechend zum Zeitpunkt t verschieden sein; währenddessen ist ihr wechselseitiges Verständnis vielleicht ganz unvollkommen. Doch wenn A und B Nachbarn werden, kann es geschehen, daß sie zum Zeitpunkt t + n nur noch einen einzigen, einen gemeinsamen Horizont haben.

So gesehen, funktioniert das Wort »Horizont« in etwa ähnlich wie das Wort »Sprache«. Man kann beispielsweise über die »Sprache des modernen Liberalismus« reden oder über die »Sprache des Nationalismus« und zugleich auf Dinge hinweisen, die nicht damit gemeint sein können. Aber hierbei handelt es sich um Abstraktionen, um Standbilder aus einem fortlaufenden Film. Ist etwa von der Sprache der Amerikaner oder der Franzosen die Rede, können wir ihre Grenzen nicht mehr a priori ziehen, denn die Sprache wird anhand der Akteure identifiziert, und diese Akteure können sich entwickeln.

Hier wird erkennbar, daß sich aus diesem Bild der Horizonte und ihrer potentiellen Verschmelzung so etwas wie ein »Prinzip der Nachsichtigkeit« ergibt: Mein Gesprächspartner kann nicht völlig falschliegen, und ich selbst kann es auch nicht, denn wir beide stehen unweigerlich in Kontakt zur Realität und können unsere Betrachtungsweise dieser Realität verändern. Aber trotz aller Oberflächenähnlichkeiten zwischen diesem Bild und Davidsons Auffassung sind die Argumente eigentlich grundverschieden. Gadamers Gedankengang hat eine ontologische Basis: Die Menschen stehen in Kontakt zum Realen. Davidsons Gedankengang ist erkenntnistheoretischer Art: Die Bedingung dafür, daß ich dich so verstehe, wie du mit Hilfe deiner eigenen Begriffe denkst und handelst, besteht darin, daß ich dich so interpretiere, daß du unter Zugrundelegung meiner Begriffe meistens sinnvoll redest. Dieser Gedanke hat im Grunde die klassische Form einer antirealistischen These: Wenn wir es mit einer im Common sense verankerten Unterscheidung zu tun haben, die uns der Gefahr aussetzt, im Hinblick auf eine wichtige Sache unabänderlich unwissend zu bleiben, sollten wir den mutigen Schritt tun, diese Unterscheidung für nichtig zu erklären.

Die im Common sense verankerte Unterscheidung, um die es hier geht, ist die, daß zwei Gesellschaften oder Kulturen ihr jeweiliges Leben in grundverschiedener Weise verstehen und deuten können. Die beunruhigende Möglichkeit ist die, daß sie vielleicht niemals dazu fähig sein werden, einander zu verstehen. Es kann sein, daß sie für immer in ihre eigene Weise der Sinndeutung eingepfercht bleiben. Und besonders beunruhigend ist, daß es eine zwar menschliche, aber fremde Kultur geben könnte, auf die wir uns nie einen Reim werden machen können. Was aus Sicht der Fremden das Leben ausmacht, bleibt für uns letztlich unerkennbar. Die antirealistische Reaktion auf diese Möglichkeit läuft darauf hinaus, daß man die Unterscheidung selbst bestreitet: So etwas wie grundverschiedene, nicht aufeinander zurückführbare Weisen der Sinndeutung des Lebens gebe es nicht; also gebe es auch nichts, was auch nur der Möglichkeit nach die Rolle des unerkennbaren Gegenstands spielen könnte.

Nun könnte man meinen, daß die Basis für das Prinzip der Nachsichtigkeit nicht zählt; vielmehr komme es nur auf die Konklusion an. Aber was die wichtigen Fragen in puncto interkulturelle Differenz betrifft, sind die Wirkungen der beiden Prinzipien völlig verschieden.

Davidsons Argument gegen die Vorstellung, wir könnten in Schemata eingekerkert sein, die überhaupt nicht zueinander passen, leistet offenbar eine ganze Menge. Sein

Prinzip der Nachsichtigkeit verlangt, daß ich (der Beobachter bzw. Theoretiker) die untersuchte Person interpretiere, was wiederum heißt, daß ich das meiste von dem, was sie tut, denkt und sagt, verständlich finde. Andernfalls kann ich sie nicht als rationalen Akteur behandeln, und dann gibt es – im relevanten Sinn von »verstehen« – gar nichts zu verstehen.

Dieses Argument zeigt, daß völlige Unverständlichkeit einer fremden Kultur nicht in Frage kommt. Denn um den Eindruck zu bekommen, eine andere Gruppe sei, was einen nicht unbeträchtlichen Bereich ihrer Praktiken betrifft, unverständlich, müssen wir sie im Hinblick auf andere (und zwar ganz beträchtliche) Bereiche durchaus verständlich finden. Wir müssen verstehen können, daß sie Absichten artikulieren, Handlungen ausführen, Befehle zu geben und wahre Aussagen mitzuteilen versucht usw. Falls wir uns auch diese Dinge wegdenken, gibt es keine Basis mehr, die es uns gestatten würde, die Fremden als Akteure zu erkennen. Aber dann ist auch nichts mehr übrig, was uns Rätsel aufgeben könnte. Bezogen auf Nichtakteure kann man nicht fragen, was sie vorhaben, und daher gibt es auch keine Möglichkeit, diesbezüglich verblüfft zu sein.

Es liegt auf der Hand, daß dieses gänzliche Unverständnis im Verhältnis zwischen Menschen nicht möglich ist. Wie oben bereits ausgeführt wurde, können wir uns stets darauf verlassen, daß Verständigung über Themen, bei denen es um unsere Natur als körperliche Akteure und die gemeinsamen Lebensbedürfnisse geht, sofort möglich ist. Das Problematische an Davidsons Argumentation ist jedoch, daß sie in einem gewissen Sinn *zu* leistungsfähig ist. Mit ihrer Hilfe erschlägt er das mythische Ungeheuer der völligen und unabänderlichen Unverständlichkeit. Aber was uns bei unseren echten Begegnungen zwischen verschiedenen Völkern zu schaffen macht, sind die Schakale und Geier der partiellen und (hoffentlich) überbrückbaren Nichtverständigung.

In dieser Situation des wirklichen Lebens ist Davidsons Theorie weniger nützlich. Das liegt hauptsächlich daran, daß sie offenbar den Gedanken der Begriffsschemata insgesamt diskreditiert, obwohl die Argumentation eigentlich nur *den* Fall ausschließt, daß wir auf ein völlig unverständliches Schema treffen könnten. Aber wenn wir es mit den realen, partiellen Verständnishindernissen zu tun haben, müssen wir herausbekommen können, was uns im Weg steht. Dazu wiederum benötigen wir eine Möglichkeit, die systematischen Deutungsunterschiede zwischen den beiden verschiedenen Kulturen zu ermitteln, ohne diese Unterschiede zu verdinglichen oder als unabänderlich zu brandmarken. Der Grund liegt in zwei Faktoren, die hier ins Spiel kommen: (1) Was uns im Weg steht, ist der Umstand, daß wir nicht begreifen, welche Bewandtnis es mit den menschenbezogenen Bedeutungen hat, auf die die Fremden reagieren. (2) Diese Bedeutungen hängen im Rahmen eines Gestalt-Holismus miteinander zusammen; wir jedoch verstehen nur Dinge, die im Verhältnis zum umfassenden Sinn dessen, was letztlich wichtig ist, partikular bleiben.

Diese Faktoren werden von Gadamers Bild des Horizonts berücksichtigt. Horizonte können verschieden sein, aber zugleich können sie wandern, wechseln, größer werden, wie es beispielsweise geschieht, wenn man auf einen Berg steigt. Das ist es, was der Position Davidsons bisher fehlt.

Ohne dieses Element bleibt Davidsons Prinzip der Nachsichtigkeit anfällig dafür, zu ethnozentrischen Zwekken mißbraucht zu werden. Das Prinzip sagt, man soll sich die Worte und Taten des anderen möglichst verständlich machen. Indem ich seine Worte in meine Sprache übersetze, sollte ich seine Äußerungen so wiedergeben, daß möglichst viele seiner Aussagen wahr sind, daß er gültige Schlüsse zieht usw. Aber eigentlich geht es hier um die Frage: Was gilt in diesem Zusammenhang als »meine Sprache«? Einerseits kann die Sprache gemeint sein, die ich zum Zeitpunkt der Begegnung spreche. Andererseits kann auch die erweiterte Sprache gemeint sein, also jene Sprache, die bei meinen Versuchen, den anderen zu verstehen und seinen Horizont mit dem meinen zu verschmelzen, zum Vorschein kommt. Falls wir »meine Sprache« in der ersten Bedeutung auffassen, können wir beinahe sicher sein, daß ich ein ethnozentrisches Zerrbild des anderen hervorbringen werde.

Das Problem ist nämlich folgendes: Die ständige Verlockung des Ethnozentrismus besteht darin, daß man es zu eilig hat, wenn es darum geht, den Fremden zu verstehen (womit gemeint ist, daß man ihn im Sinn der eigenen Begriffe verstehen will). »Die minderen Rassen kennen kein Gesetz« [Kipling], denn sie kennen nichts, was wir als Gesetz gelten lassen. Der Schritt, durch den man sie dann als Gesetzlose und Vogelfreie brandmarkt, ist leicht getan, aber er ist unberechtigt und verhängnisvoll. Als die Konquistadoren den Azteken begegneten, waren diese hartgesottenen, skrupellosen Abenteurer zutiefst erschüttert, als sie von der aztekischen Praxis des Menschenopfers erfuhren. Die nicht sonderlich gebildeten Spanier konnten sich das nicht anders erklären als durch den Gedanken, daß die Azteken den Teufel anbeteten: »Es ist ganz einfach, *compadres*: entweder betet man Gott an oder den Teufel. Daß man anderen das Herz herausreißt – heißt das, Gott zu verehren? Nein, also folgt daraus, daß ...«

Davidsons Ansatz ist deshalb problematisch, weil er es uns gestattet, zu vergessen oder von vornherein zu verkennen, wie sehr es uns mißlingt, den Sinn der fremden Handlungen zu verstehen. Er gestattet es uns, allzu bequem davon auszugehen, daß uns die Pointe des Handelns der Fremden im Rahmen unseres eigenen Sinn-Repertoires bereits zugänglich ist.

Was wir brauchen, ist nicht Davidsons »Prinzip der Nachsichtigkeit« (das soviel bedeutet wie: Mach dir die Fremden mit Hilfe deiner eigenen Begriffe möglichst verständlich!), sondern wir müssen begreifen, daß es eine ganz andere Möglichkeit gibt, das menschliche Leben, den Kosmos, das Heilige usw. zu verstehen. Irgendwo auf diesem Weg braucht man in der eigenen Ontologie einen Platz für so etwas wie die »aztekische Sicht der Dinge« im Gegensatz zu »unserer eigenen Sicht der Dinge« – kurz, man braucht so etwas wie die Unterscheidung zwischen Schema und Inhalt. Wenn man es unterläßt, diese Unterscheidung zu treffen, kann das buchstäblich tödliche Folgen haben.

Natürlich ist diese Form von Ethnozentrismus gar nicht mit Davidsons Absichten zu vereinbaren. Das Problem ist jedoch, daß wir verstehen müssen, wie wir von unserer Sprache zum Zeitpunkt der Begegnung – also von einer Sprache, die den Fremden nicht gerecht werden kann – zu einer reichhaltigeren Sprache gelangen können, die den Fremden Platz einräumt: Wie kommen wir vom »bestmöglichen Verständnis« im Sinne unserer Ausgangsbegriffe (die im Regelfall einem fremden, aufoktroyierten Begriffssystem angehören) zum bestmöglichen Verständnis im Rahmen eines verschmolzenen Horizonts. Es ist nicht einzusehen, wie man sich diesen Vorgang ausmalen oder ihn in die Tat umsetzen soll, ohne so etwas wie alternativen Horizonten oder Begriffsschemata Zugang zur eigenen Ontologie zu gewähren. Darin liegt, wie wir meinen, ein Kennzeichen der Überlegenheit der Auffassung Gadamers gegenüber derjenigen Davidsons.

Davidsons Argument ist aber dennoch äußerst wertvoll, insofern es die Gefahren, ja die Paradoxien aufzeigt, die mit dem Gebrauch einer solchen Terminologie einhergehen. Das läßt sich erkennen, wenn wir die Frage aufwerfen: Welches ist der Kontrastbegriff zu »Schema«? Kein Zweifel, der Ausdruck »Inhalt« taugt gar nichts. Er suggeriert, es gäbe einen bereits vorhandenen Stoff, der in verschiedene Schemata eingeordnet werden könnte. An diesem Punkt haben wir es gewiß mit einem tiefreichenden Problem zu tun.

Wenn man den Grundbegriff des Schemas in dem Sinn auffaßt, in dem man ihn in der interkulturellen Forschung zu verstehen versucht ist, schließt er die Vorstellung ein, daß das Schema ein systematisches Verfahren andeutet, mit dessen Hilfe die Menschen ihre Welt interpretieren bzw. verstehen. Verschiedene Schemata sind dann unvereinbare Verfahren zur Deutung derselben Dinge.

Hier möchte man einwenden: Aber welche Dinge denn? Wie kann man auf die fraglichen Dinge zeigen? Bedient man sich der Sprache der erforschten Gesellschaft, um zu diesen Dingen zu gelangen, verschwindet die ganze Unterscheidung zwischen Schema und Inhalt. Aber welches andere Instrument kann man benutzen? Nun, beispielsweise unsere eigene Sprache, also die Sprache, die wir Beobachter und Wissenschaftler benutzen, um über das untersuchte Gebiet zu reden. Doch dann werden wir immer noch zu dem gemeinsamen »Inhalt« gelangt sein, der ja irgendwie unabhängig von beiden Schemata identifizierbar sein müßte.

Dieser Gedanke ist geschickt formuliert, und wir dürfen ihn nicht unberücksichtigt lassen, wenn wir bestimmte Fallstricke, in die man leicht gerät, vermeiden wollen. Dazu gehört beispielsweise die Vorstellung, es gebe eine neutrale, universelle Kategorisierung der Strukturen oder Funktionen aller Gesellschaften (»politisches System«, »Familie«, »Religion« usw.), die die letztlich zutreffende Beschreibung dessen ermöglicht, worauf all die verschiedenen, herumprobierenden, kulturgebundenen Sprachen abzielen, also gleichsam die Noumena zu den entsprechenden phänomenalen Sprachsystemen. Aber dennoch bleibt die Vorstellung von zwei Schemata und einem zu untersuchenden Gebiet gültig, ja unentbehrlich.

Kommen wir zurück auf das Beispiel mit den Konquistadoren und den Azteken. Hier könnte man sagen, die Konquistadoren hätten immerhin insofern richtig gelegen, als sie einsahen, daß das Herausreißen der Herzen, auf die spanische Gesellschaft übertragen, irgendwie der Kirche, der Messe und dergleichen entsprach. Das heißt, die richtige Einsicht, die einen guten Ausgangspunkt für die letztliche Horizontverschmelzung liefert, beinhaltet, daß man ein Element unseres Lebens identifiziert, das in nützlicher Weise einem Bereich des rätselhaften Lebens der Fremden gegenübergestellt werden kann. Um mit Gadamer zu sprechen: Wir gehen so vor, daß wir diejenige Facette unseres Lebens identifizieren, die von den sonderbaren Gebräuchen der Fremden interpoliert und herausgefordert wird und zu der diese Gebräuche eine theoretische Alternative darstellen.

Ein Beispiel wird veranschaulichen, worum es hier geht. Vor einiger Zeit legte ein extrem reduktionistisch gesinnter Sozialwissenschaftler aus Amerika eine Theorie über die Opfergebräuche der Azteken vor. Diese Theorie sollte das Opfer »materialistisch« erklären, und zwar durch Bezugnahme auf den Proteinbedarf der Azteken.[9] Nach dieser Auffassung wären die richtigen Vergleichsobjekte in der spanischen Gesellschaft nicht die Kirchen, sondern die Schlachthöfe. Ein solcher Ausgangspunkt bringt uns selbstverständlich nicht weiter.

9 Marvin Harris, *Cannibals and Kings: The Origins of Cultures*, New York: Random House 1977, 182.

Die fruchtbare Annahme ist die, daß das, was da oben auf den Pyramiden vor sich ging, eine ganz andere Deutung eines X reflektiert, das sich mit etwas überschneidet, was in Spanien durch den christlichen Glauben und die christliche Praxis gedeutet wird. Das ist ein Punkt, an dem das Denken und Forschen nutzbringend ansetzen kann. Dieser Annahme liegt eine höchst leistungsfähige – und prinzipiell angreifbare – Voraussetzung zugrunde: daß im Menschsein eine Gemeinsamkeit liegt, die es uns letzten Endes ermöglichen wird, uns in das aztekische Opferritual hineinzudenken, weil es sich um eine Art und Weise handelt, mit der gemeinsamen Conditio humana zu Rande zu kommen. Sobald dieser Gedanke akzeptiert ist, führt an der Vorstellung von zwei Schemata und gleichem X kein Weg vorbei. Wir müssen nur aufpassen, was wir an die Stelle von »X« setzen.

Wenn es um einen allgemeinen Satz geht, könnte man »Dimension« oder »Aspekt der Conditio humana« vorschlagen. In unserem spezifischen Fall ist es aber sehr viel riskanter, eine Angabe zu machen. »Religion« wäre ein einleuchtendes Wort, das sich anbietet. Aber das Risiko liegt gerade darin, daß wir dann getrost alles mit an Bord nehmen, was dieses Wort in unserer Welt bedeutet, so daß wir wieder zurückgleiten in die ethnozentrische Lesart der Konquistadoren. Also möchte man sich vielleicht auf einen eher vagen Ausdruck zurückziehen, wie zum Beispiel »das Numinose«. Aber selbst der Gebrauch dieses Worts ist nicht frei von Risiken.

Wichtig ist, daß man hier vor Etiketten auf der Hut ist. Das ist die Lektion, die man aus Angriffen auf die Unterscheidung zwischen Schema und Inhalt lernen sollte. Doch daß die Messe und das aztekische Opferritual konkurrierenden Deutungen ein und derselben, aus unserer Sicht durch keinen stabilen, kulturtranszendenten Namen identifizierbaren Dimension der Conditio humana angehören, ist ein Gedanke, den wir nicht fallenlassen können, es sei denn, wir wollen die Fremden einem Bereich der Unverständlichkeit überantworten, in den uns wiederum die Angehörigen einer anderen Spezies verbannen würden. Sofern die Ablehnung der Unterscheidung zwischen Schema und Inhalt bedeutet, daß wir in diese Einstellung abgleiten, dürfte es sich kaum um einen harmlosen Schritt handeln.

2

Aus diesem Vergleich zwischen Gadamer und Davidson läßt sich ersehen, daß Gadamer erkannt hat, was uns fehlt, wenn wir auf die andere Seite einer Kluft zwischen den Kulturen starren, ohne irgend etwas zu begreifen. (1) Wir können nicht verstehen, worum es beim Tun der Fremden geht. (2) Wir werden es erst dann verstehen, wenn wir uns in allgemeiner Form auf ihr Gefühl dafür, welche Dinge letzten Endes wichtig oder entscheidend sind, einen Reim machen können. Doch was das betrifft, kann das Wort »Schema« irreführend sein, und zwar nicht nur in der Hinsicht, die wir im vorigen Abschnitt erkundet haben, sondern auch deshalb, weil es zu implizieren scheint, daß dieses Gefühl ausschließlich durch Begriffe oder Sätze formuliert wird.

Dieser Eindruck ist jedoch in entscheidender Hinsicht verfehlt. Es ist offenbar tatsächlich der Fall, daß kein Volk dazu imstande wäre, sein um ein gegebenes Gefühl für das letztlich Wichtige zentriertes Leben zu organisieren, ohne sich dabei auf begriffliche Formulierungen zu stützen. Andererseits ist es ganz und gar nicht der Fall, daß die Menschen sich ausschließlich solcher Formulierungen bedienen. Vielmehr existiert dieses Gefühl in »multimedialer« Formulierung (wie wir es oben genannt haben). So gibt es etwa eine Ebene, auf der wir es mit dem von Bourdieu so bezeichneten »Habitus« zu tun haben. Damit ist die Art und Weise gemeint, in der wir infolge unserer Erziehung eine bestimmte Haltung einnehmen, in der Gegenwart anderer dastehen, sie in einem bestimmten Ton anreden usw. Beispielsweise bringen wir Kindern und Jugendlichen bei, in respektvoller Haltung vor Erwachsenen zu stehen, sich im geeigneten Augenblick zu verbeugen, nicht zu laut zu sprechen und bestimmte Anredeformeln zu gebrauchen. In allen diesen Hinsichten lernen die Kleinen, Eltern und ältere Erwachsene zu achten oder sogar zu verehren. Es kommt auch vor, daß Frauen so erzogen werden, daß sie in der Gesellschaft von Männern stets auf den Boden schauen; sie sollen den Männern nicht direkt ins Gesicht blicken usw., also eine untergeordnete Position einnehmen und keinesfalls Widerworte geben.[10]

Aber wenn man einen solchen Habitus lernt, geht es nicht nur darum, daß man die Ausführung bestimmter Bewegungen lernt. Die Schulung gilt zugleich bestimmten sozialen Bedeutungen. So hätten die Kinder gar nichts gelernt, wenn sie nicht erfaßt hätten, daß bestimmte angemessene Gefühle und Einstellungen mit dem betreffenden Verhalten einhergehen und daß gewisse Wertungen mit ihrer Handlungsweise in Einklang stehen, andere hingegen nicht. Wenn ich als junger Mensch von Verachtung für die Erwachsenen erfüllt bin, obwohl ich mich an die Regeln halte, sehe ich sogleich ein, daß das etwas ist, was ich verbergen muß, daß

10 Pierre Bourdieu, *Le Sens Pratique*, Paris: Minuit 1980 (übers. von Günter Seib: *Sozialer Sinn: Kritik der theoretischen Vernunft*, Frankfurt/M.: Suhrkamp 1987).

ich eigentlich heuchle, während ich meinen Diener mache, daß ich in meinem Inneren einen Konflikt austrage, während ich mich weiterhin nach den Normen richte, und daß ich mich innerlich dagegen auflehne.

Man kann sich diesen Gedanken auch noch anders vor Augen führen: An die Regeln halte ich mich nicht, indem ich bloß Bewegungen ausführe, die einer bestimmten neutralen Beschreibung entsprechen. Vielmehr sollen diese Bewegungen Respekt verkörpern. Daher gibt es auch Möglichkeiten, sie in dermaßen nachlässiger oder sogar unbekümmerter Form auszuführen, daß es im Grunde eine Frechheit und folglich eine Normverletzung darstellt.

Hier ist der Habitus also ein Medium der Äußerung menschenbezogener Bedeutungen, die eine bestimmte soziale Welt mit ihrem eigenen konstitutiven Sinn für das Wichtige definieren. Zugleich ist er das, was mich in diese soziale Welt integriert und diese Bedeutungen für mich, das heranwachsende Kind, erkennbar und real macht. Daneben gibt es weitere Formen des Ausdrucks, der Integration und der Kundgabe. Dazu gehören auch »theoretische« Aussagen über ältere Menschen. Auf diese Weise wird etwa angegeben, daß – und warum – sie Respekt verdienen. Außerdem gehören Symbole und anerkannte symbolische Zusammenhänge dazu: Kopfbedeckungen für die Ältesten, Rituale, an denen sie teilnehmen, usw. Ein weiteres Element sind die Geschichten, welche die Menschen erzählen: Legenden, didaktische Fabeln usw. Alle diese Dinge durchdringen sich wechselseitig und berühren einander. Der Respekt, den ich als wohlerzogener Knabe empfinde, kann von allem möglichen zutiefst geprägt sein, beispielsweise von einer mich als Kind beeindruckenden Geschichte über einen vorbildlichen Senior und die ihm von den Kindern erwiesene Liebe und Bewunderung oder von frappierenden Formulierungen des Gedankens, daß die Menschen mit zunehmendem Alter immer weiser werden, oder von einer heiligmäßigen Persönlichkeit, die mir begegnete, als ich ein kleines Kind war. Wir haben es hier mit einem Fall jener Art zu tun, die wir im 2. Kapitel als multimediales Verstehen von Bedeutungen bezeichnet haben.

Diese wechselseitige Verflechtung des Körperlichen, des Symbolischen, des Narrativen und des Propositionalen veranschaulicht, was oben bereits gesagt wurde, als es hieß, die lebensbezogenen Bedeutungen ließen sich im Strom des menschlichen Daseins nicht von den menschenbezogenen Bedeutungen trennen. Der Habitus selbst – ein körperliches Verhalten, das die wichtigsten sozialen Bedeutungen zum Ausdruck bringt – zeigt, wie diese beiden Ebenen miteinander verschweißt sind. Es gibt eine Ebene, auf der wir unser Halten des Gleichgewichts so beschreiben können, daß wir im Gravitationsfeld Halt finden und so die Möglichkeit bekommen, zu handeln, uns umherzubewegen und Dinge zu handhaben. Aber seit Anbeginn des menschlichen Lebens wird diese aufrechte Haltung zum Ort menschenbezogener Bedeutungen, von Deutungen der Würde (im Gegensatz zur »Erniedrigung«, in Bodennähe gezwungen zu werden) oder unseres Verhältnisses zu einer höheren Instanz (dem Himmel etwa). Dieses Bedeutungsverständnis läßt sich dann im Rahmen philosophischer oder theologischer Theorien auf unterschiedliche Weise entfalten und ausschmücken.[11]

---

11 Daß dem Körper menschenbezogene Bedeutungen beigelegt werden, zeigt, wie es möglich ist, *beides* zu sagen: daß es universell erkennbare menschliche Bedürfnisse und Handlungen gibt, denen unsere gemeinsame biologische Konstitution zugrunde liegt; und daß jede Kultur alle unsere körperlichen Gesten und Handlungen in Einklang mit den kulturbedingten, menschenbezogenen Bedeutungen transformiert. (Dieser zweite Punkt ist von einigen Philosophen – wie z. B. Merleau-Ponty und Foucault – in Anspruch genommen worden.) Auch die besonders »basalen« Handlungen – etwa wie die Leute essen, wie sie ihre sexuellen Begierden ausdrücken, wie sie mit-

Insbesondere der Körper ist der Ort sozialer Bedeutungen. Der Grund liegt in der »Interkorporalität«, wie man vielleicht sagen könnte, also in der Art und Weise, in der unser Körper seit Anbeginn des menschlichen Lebens auf andere Körper eingestimmt ist. Der Säugling imitiert das Lächeln auf dem Gesicht der Mutter schon, lange bevor ehe er durch Beobachtung das eigene Gesicht verstehen und die Ähnlichkeit zwischen dem eigenen Gesichtsausdruck und dem der Mutter erkennen kann. Merleau-Ponty führt das folgende Beispiel an: »Nehme ich im Spiel die Finger eines fünfzehnmonatigen Kindes zwischen die Zähne und beiße ein wenig, so öffnet es den Mund. Und doch hat es schwerlich je sein Gesicht im Spiegel gesehen und ähneln seine Zähne nicht den meinen. Aber sein eigener Mund und seine Zähne sind für das Kind, so wie es sie von innen fühlt, unmittelbar Beißwerkzeuge, und mein Kiefer, so wie es ihn von außen sieht, ist unmittelbar mit der gleichen Intention begabt.«[12] Das Gefühl für mögliche Inten-

---

einander ins Gespräch kommen – legen in verschiedenen Kulturen verschiedene Stilmerkmale an den Tag, und der Fremde riskiert ständig, einen krassen Fauxpas zu begehen. Trotzdem fällt es uns auf dieser »basalen« Ebene nur selten schwer, die jeweilige Handlung der betreffenden Art zuzuordnen, was zeigt, in welch hohem Maße die verschiedenen Stile als Variationen über das gleiche Thema wahrgenommen werden. Im Regelfall merken wir, daß die Leute mit Essen beschäftigt sind, oder sogar, daß sie Hunger haben und nach Nahrung suchen – einerlei, wie verschieden z. B. die Tischmanieren sein können (an einem Ort wird ruhig gegessen, an einem anderen schmatzend und rülpsend) oder auch die Regeln des gemeinschaftlichen Essens bzw. die diversen Formen, in denen sich das Essen zu den menschenbezogenen Bedeutungen der jeweiligen Kultur verhält. (So kann es sein, daß Kultur A geweihten Mahlzeiten eine wichtige Rolle einräumt, während dergleichen in Kultur B gar nicht vorkommt.)

12 Maurice Merleau-Ponty, *Phänomenologie der Wahrnehmung* (1945), übers. von Rudolf Boehm, Berlin: de Gruyter 1966, 403.

tionen im eigenen Körper und die Wahrnehmung dieser Intentionen an anderen werden von vornherein als dem gleichen Typus zugehörig begriffen, und die Gleichheit wird in der Gemeinschaft des Zwei-Personen-Spiels erlebt, ehe sie überhaupt als Klassifikation verstanden wird. Wir sind von Anfang an darauf eingestellt, auf dialogische Rhythmen und gemeinsam mit anderen ausgeführte Handlungen einzugehen und mit ihnen unablässig repetitive Spiele des Versteckens und Offenlegens, des Verbergens und der Überraschung zu spielen. Damit wird der Boden bereitet für künftige, die Geographie des späteren sozialen Lebens prägende Posituren, die Intimität und Abstand, Gemeinsamkeit des Handelns und Getrenntheit der Projekte ausdrücken.

Die verschiedenen Haltungen des Desengagements sind, wie im 5. Kapitel erwähnt wurde, erst in der Sprache ausgestaltet worden. Diesen Gedanken können wir auf den Gesamtbereich der menschenbezogenen Bedeutungen übertragen, also auf den Bereich der moralischen, politischen, ästhetischen und religiösen Bedeutungen. Doch indem wir dies sagen, müssen wir den Begriff der Sprache in einem hinreichend umfassenden Sinn verstehen, damit auch jene körperlichen Praktiken darunter fallen, die – wie etwa die Verbeugung des oben beschriebenen Knaben – derartige Bedeutungen reflektieren und verkörpern. Faßt man die Sprache in diesem weiten Sinn auf, gruppiert sie die Gesamtheit der Medien mit konstitutiver Kraft und somit die Gruppe derjenigen Medien, die uns Bedeutungen vorführen können. Im Grunde ist die menschenbezogene Bedeutung, wie wir im 2. Kapitel geltend gemacht haben, in die ganze Skala der Medien eingebettet – in deklarative Äußerungen, Geschichten, Symbole, Regeln und Habitus.

An diesem Punkt ergibt sich eine Verbindung zu der Gadamerschen These, die Welt, in der wir leben, die menschenbezogenen Bedeutungen, die wir erleben, seien im wesentlichen sprachlich konstituiert, sofern man »Sprache« im weiten Sinn des vorigen Absatzes auffaßt. Dies ist Gadamers These der Sprachlichkeit.

Der weite Sinn des Worts »Sprache«, den wir hier verwenden müssen, verweist auf ein weiteres Problem, das den Ausdruck »Begriffsschema« betrifft. (Sollten wir lieber ein anderes Wort als »Sprache« gebrauchen wollen, müßte es dennoch eine ebenso weite Bedeutung aufweisen.) Die Unterschiede zwischen menschlichen Kulturen lassen sich nicht einfach auf der Ebene der deskriptiven Begriffe aufspüren, die in den (im engeren, normalen Sinn aufgefaßten) Sprachen eine Rolle spielen. Daß es sich doch so verhält, scheint Davidson im Rahmen seiner oben genannten Erörterung anzunehmen.[13] »Inkommensurable« Schemata müßte dann soviel heißen wie »nicht ineinander übersetzbare« Sprachen.[14] Doch wenn wir an zwei Sprecher denken, die mit einer Welt konfrontiert sind, deren Merkmale aufgrund ihrer vergleichbaren Wahrnehmungs- und Identifikationsfähigkeiten usw. beiden gleichermaßen zugänglich sind, fällt es schwer, sich einen gravierenden Fall echter wechselseitiger Unübersetzbarkeit vorzustellen. Angenommen, mein Gesprächspartner klassifiziert die Dinge wirklich anders als ich. Eben, als ein Boot vorbeisegelte, sagte er etwa: »Sieh mal, die hübsche Yawl da!«, obwohl er standardsprachlich »Ketsch« hätte sagen müssen. Wenn sein Blickfeld ungetrübt ist und es wahrscheinlich so ist, daß er »gar keinen Fehler gemacht hat hinsichtlich der Position des Besanmasts auf dem vorüberfahrenden Segelboot«, werde ich einfach annehmen, daß er einen Malapropismus begangen hat und daß das im normalen Sprachge-

---

13 Davidson, »On the Very Idea of a Conceptual Scheme«.

14 Ebd., 190 (Übers., 271).

brauch verwendete Wort »Ketsch« in seinem Lexikon zu »Yawl« geworden ist.[15] Die Übersetzung ist hiermit gelungen.

Doch sobald wir die Erörterung des 5. Kapitels in Betracht ziehen und sehen, in welcher Weise sich ziemlich verschiedenartige Diskursformen und Sprachspiele im Laufe der Menschengeschichte entwickeln, also sobald wir sehen, daß diese Sprachspiele Bedeutungen in Anspruch nehmen, die in einem weiteren Bereich von Medien geäußert und kundgetan werden als bloß im Medium der beschreibenden Prosa, können wir auch erkennen, wie fragil die Annahme ist, Sprecher stünden einer Welt gegenüber, deren Merkmale allen gleich zugänglich sind. Das mag zwar für die von Austin so bezeichneten »Kurzwaren mittlerer Größe« gelten, aber wie steht es mit dem persischen Besucher, der das Griechische zu beherrschen glaubt und dann hört, wie Thrasymachos von Sokrates befragt wird (oder etwa auch der eher schlichte Besucher aus Megara)? Wie steht es mit den Spaniern, die das aztekische Opferritual entdecken? Freilich kann man ihnen ein Wort in den Mund legen: »Das ist Dialektik« oder: »Das ist N (oder wie auch immer das entsprechende Wort auf nahuatl lautet).« Das nützt aber nichts – jedenfalls nützt es nicht genug –, denn nach wie vor ist rätselhaft, was das Wort eigentlich beschreiben soll. Geht es um die Tätigkeit selbst oder um die Beschreibungen der Dinge (wie »Aporie« oder »geeignetes Opfer«), die im Rahmen der betreffenden Tätigkeit eine Rolle spielen?

Dem kann man jedoch entgegenhalten, daß wir nicht damit rechnen können, diese Fremden wüßten über alles Bescheid. Daß man etwas rätselhaft findet, kann ja keine

15 Ebd., 196 (Übers., 279).

hinreichende Bedingung für wechselseitige Unübersetzbarkeit sein. Es kommt oft genug vor, daß wir uns nicht auskennen, sobald wir in eine spezielle Umgebung kommen – und das gilt auch für unsere eigene Kultur. In einem chemischen Laboratorium oder einem Teilchenbeschleuniger würde ich für mein Teil mich gar nicht auskennen und wäre außerstande zu verstehen, was die Leute sagen. In diesem Fall nehmen wir deshalb keine kulturelle Kluft wahr, weil ich vermutlich dazu in der Lage bin, mir mit Hilfe ganz allgemeiner Begriffe zurechtzulegen, worum es bei der postgalileischen Wissenschaft geht und wie sie es ermöglicht, die im Inneren der mittelgroßen Kurzwaren ablaufenden Prozesse gründlicher zu verstehen. Ich weiß, wo ich solche Gespräche unterzubringen habe, obwohl mir das nötige Fachwissen fehlt, um ihnen zu folgen. (Allerdings reden wir in diesem Fall manchmal – im Anschluß an Snow[16] – von »zwei Kulturen«, wenn wir weitreichende Unterschiede der Einstellung und der Werte betonen wollen, die zwischen fachlich geschulten Natur- und Geisteswissenschaftlern bestehen.)

Mit anderen Worten: Im Gegensatz zu einem mittelalterlichen Bauern, der durch eine Zeitschlaufe plötzlich in unserem Jahrhundert gelandet ist, verstehen wir, worum es bei dieser Tätigkeit geht. Aber genau das ist es, was dem Perser bzw. dem Spanier im oben angeführten Beispiel entgeht. Diese Differenz spiegelt sich zweifellos in wechselseitig unübersetzbaren deskriptiven Wörtern wie »Dialektik« und »Aporie« oder dem aztekischen Wort, das wir in groben Zügen mit unserem Wort »Opfer« wiedergeben. Die Sprachlichkeit dieser Unterschiede betrifft jedoch eine

16 C. P. Snow, *The Two Cultures and the Scientific Revolution*, New York: Cambridge University Press 1959 (übers. von Grete u. Karl-Eberhardt Felten: *Die zwei Kulturen*, Stuttgart: Klett 1967).

tiefere Ebene. Die Tätigkeiten selbst sind sprachlich konstituiert. Ihre Konstitution erfolgt durch bestimmte Formen des Diskurses oder des sprachlichen Austauschs, die vor oder vielleicht gleichzeitig mit der Beschreibung dieser Tätigkeiten stattfinden. Wir können uns vorstellen, daß der Ausdruck »Dialektik« noch gar nicht geprägt war, als Sokrates mit seiner (irritierenden und herausfordernden) Form der Befragung auf den Plan trat. In Wirklichkeit war es vielleicht Platon, der das Wort erst später geprägt hat. Das aztekische Opferritual, das Cortés und seine Männer schockierte, ist aus rituellen Sprachverwendungen hervorgegangen, aus reichhaltigen Verflechtungen von Gesten, Symbolen und Redewechseln, die schließlich dahin gelangten, im Zusammenhang der Verhältnisse zwischen Menschen und Göttern bestimmte Bedeutungen auszudrücken bzw. zu konstituieren.

Daß man eine Fremdsprache lernt, kann nicht bloß darauf hinauslaufen, daß man ein deskriptives Vokabular für die vor uns liegenden, allen Menschen gleichermaßen zugänglichen Dinge beherrschen lernt. Solche Dinge sind tatsächlich vorhanden – Kaninchen, Elefanten, Bäume, Hände, Füße, eßbare Früchte –, und bei den ersten Begegnungen sind sie uns eine enorme Hilfe dabei, die Verständigung in Gang zu bringen. Doch darin erschöpft sich das wechselseitige Verständnis nicht. Tiefreichende Inkommensurabilität bzw. wechselseitige Unübersetzbarkeit[17]

17 Daß ein Ausdruck aus L nicht in L' übersetzt werden kann, gilt natürlich nur für L' zu einer bestimmten Zeit (unter der Voraussetzung, daß L' eine natürliche Sprache ist). Der Grund liegt darin, daß Sprachen Neologismen bilden und, wie wir gesehen haben, erweitert werden und sich entwickeln können. Es ist bedeutsam, daß einige Begriffe aus recht weit entfernten Kulturen in unsere Sprache gelangen, indem sie – zusammen mit ethnographischen Erklärungen – eingebürgert werden. Anschauliche Beispiele sind Wörter wie *mana*,

stellt sich ein, sobald wir uns große Teile des Diskurses der Fremden oder einiger ihrer besonders wichtigen Sprachspiele nicht verständlich machen können. Um diesen Zustand zu überwinden, müssen wir etwas erfassen, was weit hinausgeht über das, was wir jemals herausbekommen könnten, indem wir das deskriptive Vokabular der Fremden mit der uns zugänglichen Welt vergleichen. Dazu müssen wir erfassen, wie sie es im Gesamtbereich der verschiedenen Medien fertigbringen, menschenbezogene Bedeutungen zu konstituieren, die uns anfangs zum Teil sehr fremdartig vorkommen.

Dementsprechend kann es sein, daß einige der fremden Wörter sehr schwer zu interpretieren sind, da sie nicht nur zu den zentralen Praktiken der Fremden gehören, sondern außerdem bei der Konstitution dieser Praktiken eine entscheidende Rolle spielen. Denken wir an ein Beispiel, das für uns in politischer Hinsicht sehr wichtig gewesen ist, nämlich die Regierungsform, die wir von der griechischen Polis (und bis zu einem gewissen Grad von der römischen Republik) übernommen haben. Hier herrschte eine grundlegende Gleichheit zwischen den Bürgern als Bürgern – eine Gleichheit, die für ihre Vorstellung von freier Selbstregierung und einem freien Volk wesentlich war. Diese Regierungsform ist unmöglich, sofern es keine Formulierung der Forderung nach Gleichheit gibt und ohne daß sich daraus ein Wertungsbegriff entwickelt, der auf bestimmte Gesellschaften oder bestimmte Zusammenhänge zutrifft, auf

---

tabu und *seppuku*. Natürlich kann es vorkommen, daß die bloße Übernahme des Worts nicht viel nützt. Das kann man etwa am Beispiel des Worts *tabu* erkennen, das bei uns zwar ungezwungen, doch dabei in einer Weise verwendet wird, die zum ursprünglichen polynesischen Sprachgebrauch in keinem Verhältnis steht. Siehe Marshall Sahlins, *Social Stratification in Polynesia*, Seattle: University of Washington Press 1958.

andere dagegen nicht. Wir können uns zwar bestimmte Formen von primitiven Gesellschaften vorstellen, in denen etwas, was wir »Gleichheit« nennen können, existiert, ohne formuliert zu werden, aber für den Fall der griechischen Polis zum Beispiel würde das nicht gelten, denn dort war die Gleichheit mit Normen verknüpft, die bestimmten, wer regieren und wie er regieren sollte: Die Norm mußte also in der einen oder anderen Form als solche anerkannt werden.

Fakten wie die, daß sich die Spartaner selbst als Gleiche (*homoioi*) beschrieben, daß in der Demokratie die Norm der *isêgoria* und in der Schlacht die *isonomia* galt, sind keine nebensächlichen Merkmale, die man sich völlig wegdenken könnte, ohne daß sich am Wesen dieser Gesellschaften viel verändern würde. Die Selbstbeschreibung als Gleiche ist ein wesentlicher Bestandteil dieser Regierungsform, also dieses Verhältnisses der Gleichheit. Der Grund ist der, daß diese Regierungsform ein gewisses Maß an explizitem gemeinsamem Verständnis voraussetzt – und dieses Verständnis ist ohne Selbstbeschreibung nicht möglich.

Das ist ein Beispiel für die, wie man vielleicht sagen könnte, konstitutive Dimension der Sprache. Es gibt Hinsichten, in denen die Sprache, die wir gebrauchen, unsere Gefühle, unsere Ziele, unsere sozialen Beziehungen und Praktiken prägt und zu einem ihrer wesentlichen Elemente wird. In manchen Fällen kann der in dieser Hinsicht wesentliche Aspekt der Sprache ein rein expressiver Aspekt sein. So verhält es sich etwa, wenn Anredeformen dazu dienen, das Rangverhältnis, in dem wir zueinander stehen, zu markieren. Es kann aber auch sein, daß bestimmte Beschreibungen dasjenige sind, was für ein bestimmtes Gefühl oder Verhältnis wesentlich ist.

Das ist etwa im Fall der Polis zu beobachten. Die Selbstbeschreibung als Gleiche ist dieser Regierungsform wesentlich. So verhält es sich aber nicht aufgrund einer rein kausalen Bedingung, da man ja sagen könnte, daß die relative Isolation oder die Infrastruktur der Sklavenarbeit für diese Regierungen wesentlich war. Vielmehr geht es darum, daß diese Art der praktizierten Gleichheit die explizite Anerkennung der Gleichheit wesentlich voraussetzt. Ohne diese Anerkennung – ohne daß die Beteiligten wechselseitig auf die Norm pochen – wäre eine entsprechende Klassifizierung dieser spezifischen Praxis gar nicht möglich.

Um es anders auszudrücken: Unabhängig von einer bestimmten Menge von Praktiken – hier der Selbstregierung der Bürger – ist die Norm gar nicht zu verstehen. Die Praktiken wiederum sind ohne die Norm nicht denkbar. Ohne dieses Konstitutionsverhältnis zu begreifen, hat der von außen kommende Beobachter kein ausreichendes Gespür für die deskriptive Bedeutung.

Angenommen, wir kommen aus einer völlig despotischen Kultur und geraten als Besucher in das Athen der klassischen Zeit. Hier hören wir ständig, wie die Leute von »Gleichen« reden und häufig die Wörter *isos* und *homoios* (»gleich«) verwenden. Wir wissen zwar, wie man diese Wörter auf Stöcke, Steine und vielleicht auch auf Häuser und Schiffe anwendet, denn in diesen Fällen gibt es eine einigermaßen genaue Übersetzung in unsere Muttersprache (etwa das Persische, wie wir wieder annehmen wollen). Außerdem kennen wir einige Möglichkeiten, diese Wörter auf Menschen anzuwenden, beispielsweise dann, wenn es um körperliche Ähnlichkeit oder gleiche Körpergröße geht. Die Hellenen jedoch verwenden diese Wörter außerdem in einer sonderbaren Weise, die uns verblüfft. Ja, sie haben eine trotzige und eigensinnige Art, diese Wörter auf Menschen anzuwenden, die einander nach unserem Eindruck ganz und gar nicht ähnlich sind: einige sind groß und andere klein, einige aus edlem Geschlecht, andere aus einfachen Verhältnissen usw.

Was wir verstehen müssen, ist die Art und Weise, in der es diesen Wörtern gelingt, im politischen Bereich Fuß zu fassen. Mag sein, daß es uns nicht schwerfällt zu erkennen, daß sich diese kleinen Männer aus einfachen Verhältnissen weigern, den hochgewachsenen Edelleuten rückhaltlos zu gehorchen. Soviel wird schon aus den aggressiven Gesten und vielleicht sogar aus den Handgreiflichkeiten hervorgehen. Was wir aber noch nicht begreifen können, ist der aus der Sicht der Bürger bestehende positive Wert dieser Lebensweise. Uns selbst kann es so vorkommen, als gäbe es da nur Zwietracht – ein Zeichen bevorstehenden Niedergangs. Es will uns gar nicht gelingen, darin eine andere und tragfähige Lebensweise zu erkennen. (Etwas Ähnliches geschah im frühen achtzehnten Jahrhundert, als manche Franzosen glaubten, England müsse unmittelbar vor dem Zusammenbruch stehen, da man dort mit »His Majesty's Loyal Opposition« eine verrückt und widersprüchlich anmutende Institution zugelassen hatte.)

Das Ideal eines Volks freier Akteure müssen wir erst noch verstehen, also das Ideal eines Volks, bei dem sich keiner der vollwertigen Teilnehmer von anderen Befehle erteilen läßt. Die Akteure müssen sich daher selbst regieren, haben aber dennoch genügend Mut, Initiative und Patriotismus, um gemeinsam zu handeln, sobald sie für ihre Freiheit kämpfen müssen. Diese Akteure üben ihr Recht aus, gemeinsam über ihre künftigen Handlungen zu beraten; doch das Recht auf freie Rede hindert sie keineswegs daran, als Akteure und Krieger etwas zu leisten, sobald sie zu Taten aufgerufen sind.[18] Anders ausgedrückt: Die edle Seite die-

18 Vgl. die Begräbnisrede des Perikles bei Thukydides, *Der Peleponnesische Krieg*, Buch II, Abschnitte 34-36.

ser Lebensweise – bzw. das, was aus der Sicht der Beteiligten edel wirkt – erkennen wir noch nicht. Wir haben noch keinen Blick für ihre Vorstellung von der Würde des Menschen (sie meinten damit ausschließlich: freie, erwachsene Männer), einer Würde, die darin liegt, daß man ein Akteur ebendieser Art ist und ebendiese Form von Freiheit genießt.

Etwas Ähnliches könnte man im Hinblick auf bestimmte Verwendungen des Worts »Freiheit« sagen, die bei den Griechen üblich waren. Denken wir an einen anderen Beobachter, einen Gegner der Polis, der viele Jahrhunderte später schrieb, um eine despotische Ordnung zu verteidigen. Aus seiner Sicht war die Vorstellung von der Freiheit als einem Status im Rahmen einer bestimmten Praxis der Selbstregierung völlig sinnlos. Freiheit könne nichts anderes bedeuten als die Abwesenheit physischer Hindernisse; und diese Bedeutung könne man dahingehend erweitern, daß sie das Fehlen rechtlicher Verbote einschließt.[19]

Was unser persischer Beobachter nicht sehen konnte und was Hobbes nicht sehen wollte, ist die Art und Weise, in der Wörter wie »gleich«, »ebenbürtig«, »frei« und »Bürger« dazu beitragen, einen Werthorizont zu definieren. Sie artikulieren das Empfinden der Bürger für Maßstäbe, die diesem Ideal und dieser Lebensweise innewohnen. Solche Formen der Artikulation sind für diese Lebensweise konstitutiv, und daher können wir die Lebensweise nicht verstehen, sofern wir die Begriffe nicht verstehen.

Umgekehrt ist es jedoch so, daß wir diese Begriffe nicht verstehen können, sofern wir nicht begreifen, welches Emp-

---

19 Thomas Hobbes, *Leviathan oder Stoff, Form und Gewalt eines kirchlichen und bürgerlichen Staates* (1651), hg. von Iring Fetscher, übers. von Walter Euchner, Frankfurt/M.: Suhrkamp [15]2011, Kapitel 21.

finden sie artikulieren. Dabei können sie nicht einfach nach dem Modell der Repräsentation verstanden werden: als potentielle Beschreibungen einer unabhängigen Wirklichkeit, als Prädikate, die von bestimmten, unabhängig existierenden Gegenständen »erfüllt« werden können. Es stimmt zwar, daß sie dazu dienen, bestimmte soziale Bedingungen und Verhältnisse zu beschreiben, aber diese Bedingungen und Verhältnisse existieren nur deshalb, weil die beteiligten Akteure bestimmte, in spezifischer Weise definierte Anliegen gelten lassen. Wäre es anders, würden sie nicht als Träger genau dieser Verhältnisse und Zustände fungieren. Aber die Begriffe selbst sind eine wesentliche Bedingung dafür, daß die so definierten Anliegen tatsächlich anerkannt werden. Erst durch sie wird der Horizont der Anliegen der betreffenden Akteure genauso artikuliert, wie er artikuliert werden muß, damit ebendiese Praktiken, Bedingungen, Verhältnisse existieren.

Also gilt: Um zu verstehen, was diese Begriffe repräsentieren – also um sie in ihrer repräsentierenden Funktion zu erfassen –, müssen wir sie in ihrer artikulierend-konstitutiven Funktion verstehen. Wir müssen erkennen, wie es ihnen gelingt, einem bestimmten Horizont der Anliegen eine bestimmte Artikulation angedeihen zu lassen.

Wie schaffen wir das? Hier gibt es kein Patentrezept. Was jedoch auf der Hand liegen sollte, ist, daß man nicht weiterkommt, sofern man sich nicht auf die betreffenden Leute einläßt. Um sich in ihrem Diskurs zurechtzufinden, muß man den Versuch machen, mit ihnen ins Gespräch zu kommen. Am Anfang werden diese Gespräche ziemlich primitiv ausfallen und um jene Dinge kreisen, die allen gleichermaßen zugänglich sind. Aber erst auf diesem Weg können wir uns zu Gesprächen vortasten, die denen näher kommen, in denen menschenbezogene Bedeutungen konstituiert werden. Hierin liegt das zutiefst Verfehlte der

Art und Weise, in der Quine und Davidson das Problem des Spracherwerbs aufwerfen. Die »radikale Übersetzung« (Quine) bzw. die »radikale Interpretation« (Davidson) setzt eine Lernsituation voraus, in der der Schüler das, was der Sprecher sagt, ebenso beobachtet wie den Kontext der Äußerung und das, was ihr vorhergeht und auf sie folgt. Die Haltung ist die gleiche wie die des Naturforschers: hie Beobachter, da Gegenstand. Daß das funktioniert, könnte man sich zur Not gerade noch vorstellen, wenn es darauf ankäme, das fremde Vokabular für mittelgroße Kurzwaren so zu kalibrieren, daß es zu unserem eigenen paßt, aber es wäre völlig aussichtslos, wenn es darum ginge, sich einen Reim auf die Zwecke und Bedeutungen zu machen, die dem Leben und den Gebräuchen der Fremden einen Sinn geben. Auch die Behauptung, »daß unser tatsächliches Schema, unsere tatsächliche Sprache am besten extensional und materialistisch aufgefaßt werden«,[20] erscheint sinnvoll, wenn man von dieser restriktiven Zielsetzung ausgeht; doch wenn wir verstehen wollen, was die Leute vorhaben, fällt es sogar schwer zu erkennen, was mit dieser Behauptung überhaupt gemeint sein könnte.

Hier erweist sich der Ansatz Gadamers als weit überlegen. Im Rahmen seiner Interpretation der Geisteswissenschaften rückt er nicht das Paradigma des forschenden, in die Untersuchung des Objekts vertieften Subjekts in den Mittelpunkt, sondern das Paradigma des *Gesprächs*. Der Erfolg stellt sich nicht dann ein, wenn wir über eine adäquate Theorie des Objekts verfügen, sondern (wie oben bereits angemerkt) dann, wenn es zu einer »Horizontverschmelzung« kommt. Diese Auffassung berücksichtigt zur Gänze den im vorigen Absatz erläuterten Gedanken, daß wir be-

---

20 Davidson, »On the Very Idea of a Conceptual Scheme«, 188 (Übers., 268).

stimmte Lücken in unserem Verständnis nur überbrücken können, indem wir uns auf die relevanten Anderen einlassen. Außerdem muß dieser Austausch auf mehr oder weniger gleichberechtigtem Fuß stattfinden – andernfalls riskiert man gravierende Verzerrungen. Drittens können beide Seiten bei diesem Prozeß des Verstehens zu der Einsicht gelangen, daß ihr bisheriges Selbstverständnis herausgefordert und aus dem Gleichgewicht gebracht wird.

Dieses zuletzt genannte Resultat wird sich des öfteren einstellen, denn indem wir zum Verständnis von Aktivitäten gelangen, deren Sinn uns zunächst seltsam und unverständlich erscheint, wird es häufig geschehen, daß wir unsere unausgesprochenen Vorstellungen vom »Normalen« oder Menschenmöglichen umwerfen. Die kulturgebundenen Bilder, die uns hinsichtlich des Bereichs der menschlichen Möglichkeiten gefangenhielten, werden verschwinden müssen, damit wir uns auf die neue Daseinsweise einen Reim machen können, ohne sie zu verzerren. Wir erkennen etwa, daß uns die Deutung des Opfers als Teufelsverehrung im Weg steht; und sobald wir das eingesehen haben, muß diese pauschale Erklärung fremder Religionen preisgegeben werden. Unsere Typologie ist damit gesprengt und völlig offen.

Allgemein ließe sich folgendes sagen: Um Verzerrungen zu überwinden, muß man einsehen, daß es andere Möglichkeiten gibt, daß die eigene Daseinsform weder die einzige noch die einzig »natürliche« ist, sondern *eine* unter mehreren möglichen Formen darstellt. Nun können wir zu unserer Handlungs- oder Deutungsweise kein »naives« Verhältnis mehr haben, so als wäre sie zu selbstverständlich, um sie eigens zu erwähnen.

Sofern das Verstehen des Anderen nicht als Verfügen über eine Wissenschaft von dem betreffenden Objekt gedeutet werden soll, sondern als Horizontverschmelzung, könnte das Schlagwort wie folgt lauten: Kein Verständnis des Anderen ohne ein verändertes Verstehen des Selbst.

Das Verständnis, zu dem die herrschenden Gruppen mit Bezug auf die Beherrschten und die Eroberer mit Bezug auf die Eroberten gelangen, basiert – besonders wenn man an die ausgedehnten europäischen Imperien der letzten Jahrhunderte denkt – im Regelfall auf der stillen Zuversicht, daß sie die benötigten Begriffe schon in ihrem Wortschatz haben. Ein großer Teil der »Sozialwissenschaft« des vorigen Jahrhunderts ist, so gesehen, kaum mehr als eine weitere Offenbarung einer uralten menschlichen Schwäche. In der Tat, sieht man von der Beute, dem ungleichen Wechselkurs und der Ausbeutung der Arbeitskräfte ab, gehört zu den Freuden des Herrschens außerdem und ganz besonders die Bestätigung der eigenen Identität, die daher rührt, daß man dieses Märchen leben kann, ohne unbarmherzig widerlegt zu werden. Wirkliches Verstehen geht stets mit einem kostspieligen Identitätsopfer einher, und das ist etwas, was die Beherrschten oft schmerzlich erlebt haben. Es ist (hoffentlich) ein Merkmal der Welt von morgen, daß dieses kostspielige Opfer nunmehr weniger ungleich verteilt sein wird.

Zu dem Eindruck, daß es sich um eine kostspielige Angelegenheit handelt, gelangt man natürlich vom Standpunkt der vorherigen Identität. Sobald der Wechsel vollzogen ist, kann man zu dem Urteil kommen, man habe auch etwas gewonnen. Dadurch, daß wir erfahren, welche sonstigen menschlichen Möglichkeiten in unserer Welt existieren, werden wir auch bereichert. Es läßt sich aber nicht leugnen, daß der Weg zu dieser Einsicht häufig schmerzhaft ist.

Der entscheidende Moment ist der, in dem wir es gestatten, daß der Andere uns zum Gestand der Interpolation macht, also der Moment, in dem die Differenz aus ihrer bisherigen Kategorisierung entkommt und nicht mehr als Irrtum, Fehler oder niedrigere, weniger weit entwickelte Spielart des eigenen Wesens gilt, sondern uns dazu herausfordert, sie als tragfähige menschliche Alternative zu sehen. Dadurch wird unser eigenes Selbstverständnis unweigerlich in Frage gestellt. Das ist die Haltung, die Gadamer als »Offenheit« bezeichnet und der Betrachtungsweise gegenüberstellt, bei der man sich zum Wahrgenommenen als einem Objekt der wissenschaftlichen Forschung verhält und den Versuch macht, »sich selber aus der Beziehung zum anderen herauszureflektieren und dadurch von ihm unerreichbar zu werden«.[21] »Offenheit für den anderen schließt [...] die Anerkennung ein, daß ich in mir etwas gegen mich gelten lassen muß, auch wenn es keinen anderen gäbe, der es gegen mich geltend macht.«[22]

Indem Gadamer das Subjekt-Objekt-Modell der Geisteswissenschaften mit Hilfe seines Gesprächsparadigmas herausfordert, gelingt es ihm zu zeigen, wie entscheidend wichtig der Austausch zwischen Gleichen ist, wenn es darum geht, kulturelle Schranken wirklich zu überwinden.[23]

21 Gadamer, *Wahrheit und Methode*, 342.

22 Ebd., 343.

23 Zur weiteren Erörterung dieses Themas siehe Charles Taylor, »Understanding the Other: A Gadamerian View on Conceptual Schemes«, in: ders., *Dilemmas and Connections: Selected Essays*, Cambridge, MA: Belknap Press of Harvard University Press 2011, Kapitel 2.

3

Hinzu kommt, daß die optimistische, ja geradezu glaubensvolle Einstellung zu unserer Fähigkeit, sogar über große kulturelle Differenzen hinweg miteinander kommunizieren zu können, auf einer Basis ruht, die Gadamer mit seiner Grundthese der Sprachlichkeit erfaßt. Daß wir in unsere Heimatkultur eingeführt wurden, konnte nur dadurch gelingen, daß wir eine Sprache (im oben angedeuteten weiten Sinn von »Sprache«) gelernt haben. Als Menschen sind wir allerdings auch dazu fähig, andere Sprachen zu lernen. Einerlei, wie verschieden und wechselseitig unverträglich die Bedeutungen unserer jeweiligen Welten sein mögen, prinzipiell wird es uns stets möglich sein, den anderen zu verstehen. Wir gebrauchen hier das Wort »prinzipiell«, denn es liegt auf der Hand, daß die Verständigung in der Praxis äußerst schwierig sein kann und daß Konflikte, Ängste, ungleiche Machtverhältnisse, Arroganz und eine Unmenge weiterer Hindernisse uns daran hindern können, schon hier und jetzt zu gegenseitigem Verständnis zu gelangen.

Was liegt der Möglichkeit, Fremdsprachen zu lernen, zugrunde, sofern uns diese Möglichkeit wirklich gegeben ist? Wir dürfen nämlich nicht vergessen: Es gibt keine Garantie dafür, daß wir dazu imstande sind, den Sinn jeder beliebigen Lebensweise als solchen zu erkennen. Wir können uns fremde Wesen vorstellen, deren moralische oder spirituelle Begriffe (sofern diese Ausdrücke überhaupt angebracht sind) für uns keinen erkennbaren Sinn hätten. In einigen Teilbereichen können wir so etwas wie diese Verständnislosigkeit sogar dann beobachten, wenn wir es mit Menschen zu tun haben. Angenommen, wir führen eine angeregte Diskussion über die Schönheit der späten Klavierkonzerte von Mozart oder über die spirituelle Tiefe der späten Streichquartette von Beethoven. Wenn nun ein völlig unmusikalischer Mensch dazustößt, wird er außerstande sein, unser Gespräch zu verstehen oder daran teilzunehmen. In diesem Fall können wir uns ausmalen, daß die Schwierigkeit nicht zu überbrücken ist. Die gleiche verdutzte Verständnislosigkeit kann auch jemanden überkommen, der noch gar nichts von abendländischer Musik versteht, obwohl er zu einem späteren Zeitpunkt durchaus in der Lage sein mag, seinen Horizont mit dem unseren zu verschmelzen.

Daß wir dazu fähig sind, enorme Klüfte kultureller Differenz zu überbrücken, obwohl es große Mühe und viel Zeit kosten kann, ist ein bemerkenswertes Faktum, das wir vielleicht nicht genügend erforschen und anstaunen. Unsere Situation ist offenbar folgende: Alle normalen menschlichen Säuglinge werden mit dem Potential geboren, durch Einführung in eine Sprache (im weiten Sinn) und eine Lebensweise in die eine oder andere kulturgebundene Form des Verstehens des Sinns menschlicher Äußerungen integriert zu werden. Dieses Potential kann nur durch eine solche Einführung realisiert werden, muß also in einer spezifischen Variante realisiert werden. Aber: (1) Wir wissen, daß es möglich gewesen wäre, dieses Kind hier erfolgreich in jede beliebige andere Kultur einzuführen, sofern es dort erzogen worden wäre. (2) Das Kind kann sich durch Lernen mit einer zweiten Kultur vertraut machen.

Das heißt: Einerlei, wie stark die Menschen von den Ausdrucks-, Integrations- und Kundgabeformen einer bestimmten Kultur geprägt sein mögen – sie sind nicht in diese Formen eingekerkert. Sie sind deshalb nicht in sie eingekerkert, weil sie etwas von der ursprünglichen Fähigkeit beibehalten, jede beliebige dieser Formen zu verstehen und in sie eingeführt zu werden. Hier haben wir es mit einer anderen Art von Kontakt zu tun, die derjenigen ähnelt, auf die wir im Zusammenhang mit dem alltäglichen Mit-der-Welt-

Zurechtkommen hingewiesen haben. Der kleine Hans zum Beispiel ist in keine partikulare Menge von Überzeugungen bezüglich seiner Umgebung eingesperrt, denn durch seinen ursprünglichen Verkehr mit den Dingen besitzt er diese Grundfähigkeit, hinzugehen und zu prüfen, was man ihm zu prüfen aufgegeben hat. Genausowenig ist Sara in die individualistische Kultur des Abendlands eingekerkert. Sie kann sich etwa als Ethnologin aufmachen und in den Busch gehen, um dort zu begreifen, was es bedeutet, wenn die eigene Identität durch Totemtiere und heilige Geographie definiert wird. Hier besteht der Kontakt in einer ursprünglichen und noch nicht ausgemerzten menschlichen Fähigkeit, bei bestimmten Bedeutungen – nämlich bei den Bedeutungen, die zum Bereich des Menschen gehören – mitzuschwingen. Dieser Bereich ließe sich nur bestimmen, wenn man beobachtete, in welche künstlich entworfenen Kulturformen menschliche Säuglinge eingeführt oder nicht eingeführt werden können. (Selbstverständlich wird niemand je die erforderlichen Versuche anstellen. Würde jemand dergleichen doch vorschlagen, sollte man ihn ins Gefängnis sperren.)

Im ersten Fall besteht der »Kontakt« aus wirklichen Auseinandersetzungen mit der Welt, und dadurch erhalten wir die Fähigkeit, unsere Repräsentationen (unsere formulierten Überzeugungen) zu hinterschreiten. Im zweiten Fall besteht sie aus einer Fähigkeit zu reagieren, mitzuschwingen und menschenbezogene Bedeutungen zu verstehen. Hier geht es nicht so sehr um Repräsentationen – obwohl sie auch in diesem Fall eine gewisse Rolle spielen –, sondern wir werden dazu befähigt, eine gewisse Prägung, durch die ein bestimmter Bereich von Bedeutungen für uns zu einem Bereich menschenbezogener Bedeutungen geworden ist, zu hinterschreiten und zu unterschreiten. Diese beiden Fähigkeiten sind auf dem Gebiet unserer besonders grundlegenden körperlichen Verhaltensweisen an der Wurzel miteinander verflochten.

Über die Frage, was dieser Fähigkeit, menschenbezogene Bedeutungen zu erfassen, zugrunde liegt, kann man Mutmaßungen anstellen, und es gibt ein breitgefächertes Angebot von Theorien. Einige dieser Erklärungen richten ihr Augenmerk auf die intrinsische menschliche Natur, die vielleicht im Sinne der Evolutionstheorie verstanden oder mit unseren rationalen Fähigkeiten in Verbindung gebracht wird. Andere berufen sich auf eine Instanz außerhalb unserer selbst. Womöglich ausgehend von dem Gefühl, mit etwas Jenseitigem und Höherem in Verbindung zu stehen – einem Gefühl, das seinen Ort in unserer aufrechten Haltung haben kann –, machen sie sich ganz unterschiedliche Vorstellungen von dieser höheren Realität. Vielleicht stellen sie sich diese Realität als den von der jüdisch-christlich-muslimischen Tradition beschworenen Gott vor; als Nirwana und die Nichtrealität des Selbst; als großen, den Kosmos durchströmenden Fluß des Lebens (wie einerseits bei Wordsworth und andererseits bei Dostojewskij) usw. durch eine Unmenge weiterer Hypothesen. Wir werden es nachgerade unmöglich finden, uns zu guter Letzt für eine von ihnen zu entscheiden; und es mag sein, daß sie alle falsch sind. Aber das Phänomen, das sie zu erklären versuchen, ist real und wichtig, und falls wir es aus dem Blick verlieren, haben wir eine verzerrte Wahrnehmung des interkulturellen Dialogs.

Gadamer verfaßt seine Schriften im Kielwasser der wegweisenden Werke Heideggers. Sein »Prinzip der Nachsichtigkeit« ist von einer Kontakttheorie geprägt: Unsere verschiedenen Welten sind sprachlich konstituiert, aber unsere Sprachen reagieren auf etwas, indem sie versuchen, ein Element der Conditio humana zu artikulieren. Wollten wir behaupten, daß die Sprache bzw. die Kultur, indem sie unsere Welten formen, unseren Kontakt zum Universum und zu unserer menschlichen Natur herstellen, müßten wir hinzufügen, daß unsere Sprache für diesen Kontakt nicht allein maßgeblich ist. Vielmehr entsteht dieser Kontakt zunächst vor dem Hintergrund (bzw. im Kontext) unserer animalischen Existenz, indem er den Regungen des Instinkts bei der Auseinandersetzung mit unserer Umgebung folgt; zweitens entsteht er als Spezifikation einer allgemeineren Fähigkeit, die nie ganz verlorengehen kann, nämlich der Fähigkeit, in die eine oder andere spezielle Variante der menschenbezogenen Bedeutungen eingeführt zu werden.

Das ist der Grund, weshalb wir niemals in eine Einzelsprache eingekerkert sind, weshalb wir uns in andere hineindenken und uns zu guter Letzt – und sei's auch nach langer Zeit und großer Mühe – verständlich machen können, wovon die anderen reden, welche Bedeutungen sie kundtun. Wir sind nicht eingekerkert, denn das Verfertigen von Sprache und Welt ist nichts Willkürliches, sondern sie kommen in Reaktion auf etwas zustande. Das ist die Pointe des Heideggerschen Bilds vom Menschen als dem »Hirten des Seins«.[24] Auf jeden Fall ist das betreffende Etwas – einerlei, wie rätselhaft, schwierig und abstoßend es erscheinen mag – nicht unabänderlich vor anderen Menschen verborgen. Zumindest ist diese Behauptung der Gegenstand eines gewissen humanistischen Glaubens.

Freilich, faßt man das wechselseitige Verständnis in *diesem* Sinn auf, läuft es noch nicht auf »Horizontverschmelzung« im Sinne Gadamers hinaus. So kann ich eine Fremdsprache lernen oder mich in eine andere Kultur hineindenken, ohne deshalb dazu in der Lage zu sein, aus der betreffenden Sprache zu übersetzen oder meinen Lands-

---

24 Martin Heidegger, *Über den Humanismus*, Frankfurt/M.: Klostermann 1949, 19 u. 29.

leuten zu erklären, was es mit der fremden Kultur auf sich hat. Sich in zwei Sprachen oder zwei Kulturen bewegen zu können ist etwas anderes als die Fähigkeit, eine unserer Sprachen oder Kulturen so zu kalibrieren, daß sie einander entsprechen. Die Behauptung, Sprachen seien inkommensurabel, besagt, daß viele Dinge, die in der einen gesagt werden, nicht in die andere übersetzt werden können. Die bloße Tatsache, daß ich sie beide gelernt habe, ändert daran nichts.

Was Gadamer unter »Verschmelzung« versteht, ist ein neues Stadium, in dem wir die Fähigkeit erlangen, *eine* Menge menschenbezogener Bedeutungen zu einer *anderen* Menge in ein Verhältnis zu setzen. In diesem Stadium kann es sogar gelingen, eine gemeinsame Menge von Begriffen auszuarbeiten, mit deren Hilfe die verschiedenen Grundoptionen der beiden Mengen auf die jeweils andere bezogen werden können. Durch diesen Vorgang erweitern wir unsere ursprünglichen Muttersprachen, gestalten ihr Vokabular reichhaltiger und erweitern ihre Skala von Bezugspunkten, so daß sie dazu in der Lage sind, dieses umfassendere Verständnis zu tragen. In Fächern wie Ethnologie und Historiographie gibt es eine Vielzahl von Versuchen, Sprachen für deutliche Kontraste zu bilden, wie zum Beispiel die Unterscheidung zwischen Scham- und Schuldkulturen oder zwischen dem Gabentausch à la Marcel Mauss und dem ökonomischen Warenaustausch.

Aber wie die genannten Beispiele schon andeuten, bleiben derartige Versuche stets anfällig und Einwänden ausgesetzt. Wir sind niemals völlig sicher, daß wir nicht die eine oder die andere der miteinander verglichenen Kulturen verzerrt wiedergegeben haben. Außerdem ist es ohne Frage sehr wahrscheinlich, daß sich einige dieser Differenzen für immer der Kalibration wiedersetzen. Es ist sogar ein wesentlicher Bestandteil der von uns selbst vertretenen und im 8. Kapitel ausführlicher erläuterten Position des *pluralistischen Realismus*, daß man für die Möglichkeit, letzten Endes auf eine Kalibrierung verzichten zu müssen, stets aufgeschlossen bleiben muß. Um zu erfahren, was auf diesem Gebiet erreicht werden kann und was nicht, braucht es Zeit und nicht nachlassende Anstrengung. Hier gibt es keine apriorischen Sicherheiten, die in die eine oder die andere Richtung weisen.

Es ist eine Bedingung jedes Verschmelzungsversuchs und muß jedem derartigen Versuch vorgeordnet sein, daß man sich auf den anfangs fremden Anderen einen Reim macht, der in der uns als menschlichen, sprachbegabten Tieren gemeinsamen Lernfähigkeit wurzelt. Versteht man diese Situation richtig, geht tatsächlich ein »Prinzip der Nachsichtigkeit« daraus hervor. Es gründet in einer Kontakttheorie und beruht letztlich auf einem unproblematischen *Realismus*. Dieses Prinzip kann die frappierenden Lücken und Inkommensurabilitäten berücksichtigen, die im Verhältnis zwischen menschlichen Kulturen hervortreten, während es verständlich macht, daß wir sie oft überbrücken können, auch wenn es uns nicht gelingt, darüber hinauszugelangen, um sie miteinander zu verschmelzen.

Die Schwierigkeiten von Davidsons Prinzip hingegen rühren daher, daß er nach wie vor in das vermittlungsgebundene Bild eingebettet ist, so daß sein Beweis dafür, daß es keine unzugänglichen Begriffsschemata geben kann, die Form eines antirealistischen Standardarguments annimmt: Die Bedingungen der Möglichkeit unseres Verstehens der fremden Bedeutungen als Bedeutungen machen es uns unmöglich, ein von dem unseren grundverschiedenes Begriffsschema auch nur als solches zu erkennen. Man muß aus der Gefangenschaft in diesem Bild der Vermittlungsgebundenheit ausbrechen, um sich in fruchtbarer Weise mit den Fragen des interkulturellen Verstehens auseinandersetzen zu können. Das ist eines von vielen Beispielen dafür, wie wichtig es ist, dieses in der modernen Kultur zutiefst verwurzelte Bild der Vermittlungsgebundenheit zu identifizieren und ihm zu entkommen.

7
Wiedergewonnener Realismus

Bisher haben wir für die Ansicht argumentiert, daß wir, sobald wir von dem vermittlungsgebundenen Bild befreit sind, erkennen können, daß wir in unmittelbarer Verbindung zur Alltagsrealität stehen. Dem können wir jetzt folgendes hinzufügen: Da die vermittlungsgebundene Auffassung den Kontext liefert, in dem der ganze Komplex von Fragen bezüglich »Realismus« und »Antirealismus« Sinn hat, werden diese Fragen ihren Sinn einbüßen, sofern man sich dieser Deutung entzieht. Oder um es vielleicht besser auszudrükken: Man wird sich eines unproblematischen Realismus hinsichtlich der Welt bewußt, und das ist keine gewagte philosophische »These« mehr.

Paradoxerweise ist es jedoch so: Sobald wir außerdem merken, daß die Welt eine Koproduktion ist, daß die Gegenstände, denen wir unmittelbar begegnen, durch unsere körperliche Einbettung in die Alltagswelt geformt sind, sieht es so aus, als seien wir nicht mehr dazu imstande, uns die Möglichkeit einer Deutung der Dinge in ihrem Ansichsein und unabhängig von jeder Interaktion mit Menschen begreiflich zu machen. Ja, insofern unsere alltäglichen Praktiken des Zurechtkommens uns unmittelbaren Zugang zur *Alltagswelt* verschaffen, scheinen sie jeden Zugang zum *Universum an sich* zu versperren.

Rorty hat nichts dagegen, sich diese neue Unterscheidung zwischen Innen und Außen zu eigen zu machen. Nach seiner Überzeugung sind wir freilich auf das beschränkt, was wir auf der Grundlage unserer Praktiken des Zurechtkommens antreffen können. Daher gehe es nicht an, die Wissenschaft als Mittel zur Entdeckung einer unabhängigen Wirklichkeit anzusehen; und zum Glück sei das auch gar nicht nötig. Das eingebettete Zurechtkommen sei die einzige Form von Realismus, die wir verstehen können, und das sei schon der ganze Realismus, den wir brauchen, um uns auf die Wissenschaft einen Reim zu machen.

Wir jedoch wollen für *beides* argumentieren, nämlich sowohl dafür, daß wir direkten Zugang zu den *uns* erscheinenden Dingen der Alltagswelt haben, als auch für eine realistische Auffassung der Wissenschaft als eines Unterfangens, das die Dinge im Universum so beschreibt, wie sie *an sich* und unabhängig von ihrem Verhältnis zu unseren physischen Fähigkeiten und unseren Praktiken des Zurechtkommens sind. In seinem Artikel gegen Charles Taylor faßt Rorty seinen Widerstand gegen unsere Auffassung wie folgt zusammen:

> Interessant wird der Realismus erst, wenn man die schlichte Ausdrucksweise und den Common sense um die Unterscheidung zwischen »an sich« und »für uns« ergänzt. Nach Taylors Ansicht trage ich die Beweislast, denn er meint, diese Unterscheidung könne man nicht einfach links liegenlassen, sondern man müsse sich mit ihr auseinandersetzen. Meiner Meinung nach hat weder er noch sonst jemand erklärt, warum man sie nicht einfach links liegenlassen kann. Eine solche Erklärung müßte mehr Aufschluß über den angeblichen Nutzen dieser Unterscheidung geben, als uns bisher zuteil geworden ist. Ich hoffe nach wie vor, daß sich Taylor, der ein ebenso leidenschaftlicher Anticartesianer ist wie ich selbst, mir anschließen und die Unterscheidung preisgeben wird. Leider bleibt er bislang bei der auch von Bernard Williams [...] und anderen Descartes-Bewunderern vertretenen Ansicht, diese Unterscheidung sei unentbehrlich.[1]

---

1 Richard Rorty, »Charles Taylor on Truth«, in: ders., *Truth and Progress*, Cambridge: Cambridge University Press 1998, 84-97, hier: 94 (übers. von Joachim Schulte: »Charles Taylor über Wahrheit«, in:

Hier trennen sich die Wege: Rorty vertritt einen *deflationären Realismus*, der behauptet, alle Gegenstände einschließlich derjenigen, die von der Naturwissenschaft erforscht werden, seien nur vor dem Hintergrund unseres eingebetteten Zurechtkommens verständlich, so daß die Vorstellung von einem Blick von nirgendwo buchstäblich unverständlich erscheint. Wir hingegen vertreten einen *robusten Realismus*, der behauptet, man müsse, um den Status der von der Naturwissenschaft untersuchten Strukturen zu verstehen, eine unabhängige Realität begreifen. Aus der Perspektive des robusten Realisten gesehen, ist der deflationäre Realismus eine Form von Antirealismus, der im Gefängnis eines neuen Innen-außen-Bilds sitzt. Es ist kein Zufall, daß Hilary Putnam diese Form von Realismus früher einmal unter dem Namen »*interner* Realismus« vertrat (inzwischen hat er diese Auffassung fallengelassen).[2]

Aber sind wir selbst nicht der gleichen Logik erlegen? Ist der interne Realismus nicht die einzige Form von Realismus, die jenen offensteht, die behaupten, wir hätten ebendeshalb direkten Zugang zur *Alltagswelt*, weil sie *von* verkörperten Wesen wie uns selbst und *für* solche verkörperten Wesen strukturiert wird? Wie können wir denn behaupten, die ursprünglichen und unabdingbaren Bedeutungen der Dinge seien von unserer innerweltlichen körperlichen Existenz abhängig, und gleichzeitig eine Wissenschaft zu verstehen behaupten, die die Bestandteile des Universums in ihrem Ansichsein – völlig unabhängig von jeder Beziehung zu unserer Körperlichkeit – zu beschreiben beansprucht?

Wahrheit und Fortschritt, Frankfurt/M.: Suhrkamp 2000, 123-143, hier: 138).

2 Hilary Putnam, *Reason, Truth and History*, Cambridge: Cambridge University Press 1981 (übers. von Joachim Schulte: *Vernunft, Wahrheit und Geschichte*, Frankfurt/M.: Suhrkamp 1982).

Sofern es richtig ist, daß das engagierte Erleben etwas Ursprüngliches ist, während der desengagierte Modus aus dem engagierten *abgeleitet* ist, fragt es sich, wie man sich erhoffen kann, einen Blick von nirgendwo zu erreichen oder auch nur annähernd zu erreichen. Es scheint sich doch eher zu ergeben, daß alles, was wir antreffen können, von dem Körper und den Bedürfnissen abhängt, mit denen wir unabänderlich ausgestattet sind. Wie soll es nun möglich sein, einen unproblematischen Realismus zu vertreten, der *nicht* deflationär ist?

Um diese schwierigen Fragen zu beantworten, werden wir Rortys Herausforderung annehmen müssen, wir sollten »mehr Aufschluß über den angeblichen Nutzen dieser Unterscheidung [zwischen ›an sich‹ und ›für uns‹] geben, als uns bisher zuteil geworden ist«.[3] Auf den Schultern von Merleau-Ponty und Samuel Todes stehend, werden wir genau dies zu tun versuchen.

Wir setzen bei der These an, daß die Welt des Akteurs von seiner körperlichen Existenz geformt wird. Was heißt es jedoch, die Welt werde von etwas »geformt«? Das Verhältnis, um das es hier geht, ist ein wenig verschieden von der normalen kausalen Verknüpfung, mit der es manchmal verwechselt wird. Konzentrieren wir uns auf die Art und Weise, in der unsere Welt dadurch geformt wird, daß wir physische Akteure der faktisch gegebenen Art sind. Das ist etwas anderes als die Art und Weise, in der einige Funktionen, die wir als Akteure erfüllen, durch physikalische Ursachen bestimmt werden. Um ein Beispiel zu nennen: Ich als wahrnehmender Akteur kann die Wand hinter mir nicht sehen. Das läßt sich durch bestimmte kausale Beziehungen erklären. Das Verhalten des Lichts und meine physische

3 Rorty, »Charles Taylor on Truth«, 94 (Übers., 138).

Konstitution stehen in einem solchen Verhältnis zueinander, daß das von der Wand hinter mir reflektierte Licht meine Netzhaut nicht erreichen kann. In diesem Sinn formt meine Körperlichkeit zweifellos meine Wahrnehmung und daher in einem gewissen Sinn auch meine »Welt«.[4]

Das ist jedoch ein ganz anderes Verhältnis als im folgenden Beispiel: Während ich hier sitze und die vor mir liegende Szenerie in mich aufnehme, ist sie vertikal ausgerichtet. Manche Dinge sind »oben«, andere sind »unten«. Außerdem ist die Szenerie im Hinblick auf die Tiefe ausgerichtet – manche Dinge sind »in der Nähe«, andere sind »weit entfernt«. Einige Gegenstände sind »zur Hand«, andere sind »außer Reichweite«; manche stehen der Bewegung als »unüberwindliche Hindernisse« im Weg, andere lassen sich »leicht aus dem Weg räumen«. Meine gegenwärtige Position verschafft mir keinen »günstigen Zugang« zur Szenerie; um die Lage zu verbessern, müßte ich weiter nach links rücken. Und so weiter.

Das ist eine Welt, die insofern durch meine Körperlichkeit »geformt« wird, als meine Art, die Welt zu erfahren

4 Es ist allerdings nicht so, als gäbe es eine gesetzähnliche Korrelation zwischen Licht und Sehvermögen. Die elektromagnetische Strahlung, die auf meine Netzhaut auftrifft, ist eine notwendige, aber nicht eine hinreichende Bedingung dafür, daß ich die Wand sehe. Wäre man anderer Ansicht, würde man die von Merleau-Ponty monierte empiristische Verwechslung von Reiz und Wahrnehmung begehen. Denken wir an den Fall der Wand in meinem Rücken. Hier muß man, wie Merleau-Ponty darlegt, bedenken, daß die Reizung der Retina scharfe Grenzen aufweist, während mein Gesichtsfeld keine derartigen Grenzen kennt. Hinzu komme, daß wir die Wand hinter uns de facto eben doch spüren. Das sei mit der Situation vergleichbar, in der etwas, was wir als Fassade auffassen, anders aussieht als etwas, was wir als Haus ansehen. Wenn ich glaubte, daß hinter mir ein Abgrund klafft, würde die Welt vor mir anders aussehen. Siehe Maurice Merleau-Ponty, *Phänomenologie der Wahrnehmung* (1945), übers. von Rudolf Boehm, Berlin: de Gruyter 1966, 91-96.

oder zu erleben, im wesentlichen die eines Akteurs mit einem Körper wie dem unseren ist. Das ist ein Akteur, der bestrebt ist, seine aufrechte Haltung beizubehalten; ein Akteur, der sich mit in der Nähe befindlichen Dingen sofort befassen kann – sei's auch nur dann, wenn sich diese Dinge vor ihm befinden; ein Akteur, der sich bewegen muß, um weiter entfernte Dinge in die Hand zu bekommen; ein Akteur, der Dinge bestimmter Art (im Gegensatz zu Dingen anderer Art) leicht in den Griff bekommt, der bestimmte Hindernisse (im Gegensatz zu anderen) aus dem Weg räumen kann, der sich bewegen kann, um einen besseren Überblick zu bekommen, usw. Die Feststellung, unsere Welt sei im wesentlichen die Welt von Akteuren unserer eigenen Art, bedeutet, daß die Begriffe, mit deren Hilfe wir unsere Erfahrung beschreiben – wie zum Beispiel die im vorigen Absatz in Anführungszeichen eingeschlossenen Ausdrücke –, nur vor dem Hintergrund einer Körperlichkeit wie der unseren Sinn haben. Um zu verstehen, was es heißt, etwas sei »zur Hand«, muß man verstehen, was es heißt, eine Akteurin mit den spezifischen körperlichen Fähigkeiten der Menschen zu sein. Ein Wesen von einem fremden Planeten wäre vielleicht außerstande, diesen Ausdruck als einen projizierbaren Begriff zu verstehen. Natürlich könnte es sein, daß dieses Wesen eine Beschreibung austüftelt, die der unseren in etwa extensional entspricht; aber um diesen Ausdruck so zu projizieren wie wir selbst, muß man verstehen, was es heißt, ein körperlicher Mensch zu sein. Unter anderem muß man Hände haben.

Demnach gibt es zwei verschiedene Verhältnisse, die ausgedrückt werden könnten, indem man sagt, unsere Erfahrung werde durch unsere körperliche Konstitution geformt. Im ersten Fall – also im Fall der Wand in meinem Rücken – halten wir einige Konsequenzen fest, die diese Konstitution unabhängig von der jeweiligen Charakterisierung im Hinblick auf unsere Erfahrung hat. Im zweiten Fall dagegen weisen wir darauf hin, wie diese Erfahrung in ihrer wesentlichen Beschaffenheit von unserer Konstitution geformt wird, das heißt, wie die Begriffe, mit deren Hilfe die Erfahrung beschrieben wird, ihren Sinn nur im Verhältnis zu dieser spezifischen Form der Körperlichkeit erhalten. Das Bestehen eines Verhältnisses der ersten Art wird durch eine normale Aussage über kontingente Kausalbeziehungen behauptet. Im zweiten Fall dagegen geht es um die Bedingungen der Verständlichkeit bestimmter Ausdrücke. Es ist ein Verhältnis dieser zweiten Art, auf dessen Bestehen wir uns berufen wollen, wenn wir sagen, Körper, Kultur und Lebensform trügen dazu bei, unsere Welt zu formen.

Daß es unmöglich ist, alle Äußerungen über Dinge an sich und Wahrheit als Übereinstimmung links liegenzulassen, wird erkennbar, sobald man sieht, daß es neben der Kausalität und der Verständlichkeit noch ein drittes Verhältnis zur Welt gibt. Wird die Kausalität privilegiert, landet man zum Schluß beim Naturalismus. Privilegiert man die Verständlichkeit, kann das zu zwei verschiedenen Ergebnissen führen: Entweder man hält sich an die Tendenz von Husserl und Merleau-Ponty und behauptet, die Gegenstände würden durch die Erfahrung konstituiert und aus der Erfahrung abgeleitet – dann führt die Phänomenologie zum Idealismus; oder man behauptet, ebenso wie Rorty, die Gegenstände der Wissenschaft seien weder mehr noch weniger abhängig von uns als die Alltagsdinge von der Art der Trittsteine, der warmen Zimmer und der Sonnenuntergänge – und ist in den Kerker des deflationären Realismus eingesperrt.[5]

---

5 Eine eigenständige Darstellung des deflationären Realismus gibt Arthur Fine im Rahmen seiner Beschreibung der »natürlichen ontologischen Einstellung« in: *The Shaky Game*, Chicago: University of Chicago Press 1986.

Eine Interpretation der Wissenschaft, die mit dem robusten Realismus der meisten praktizierenden Wissenschaftler vereinbar ist, setzt voraus, daß wir unsere Körperlichkeit in einer Weise deuten, die es uns gestattet, die grundverschiedenen Hinsichten, in denen wir uns mit den Dingen der Alltagswelt und den Strukturen des physikalischen Universums auseinandersetzen, zu begreifen. Erst dann können wir erkennen, wie unser Verständnis der Dinge an sich und der Wahrheit als Übereinstimmung *sowohl* aus dem direkten kausalen Kontakt mit dem Universum *als auch* aus unserem durch das Grundverständnis hergestellten Kontakt mit der Alltagswelt hervorgeht, aber sie zugleich transzendiert.

Überlegen wir uns, was alles eine Rolle spielt, wenn man nach einem Glas, das zur Hand ist, greift und daraus trinkt. Zunächst einmal muß ich das Glas sehen. Das ist gar keine geringe Leistung. Um überhaupt etwas wahrzunehmen, müssen wir uns an die kausalen Kräfte des physikalischen Universums anpassen. Als verkörperte Wesen müssen wir die Augen auf das Gesuchte richten, den der Größe des Objekts entsprechenden Abstand einnehmen und dafür sorgen, daß nichts den Blick verstellt. Aus der Kausaltheorie geht klar hervor: In dieser Weise berücksichtigt unsere Fertigkeit spontan, daß wir, um einen Gegenstand zu sehen, eine Position einnehmen müssen, in der von dem Gegenstand ausgehendes Licht auf uns einwirken kann.

Das Universum zwingt uns also dazu, ein harmonisches Verhältnis zu ihm herzustellen, und es belohnt uns mit visueller Wahrnehmung nur in dem Maße, in dem wir uns nach seinen Forderungen richten. Allerdings sind wir so geschickt, wenn es darum geht, uns ein optimales Bild von den Dingen zu machen, daß es uns normalerweise gar nicht auffällt, daß wir zunächst einmal lernen mußten, uns an die Zwänge der Natur anzupassen, um überhaupt etwas wahrzunehmen. Erst wenn uns eine Störung dazu bringt, den

Maßstab neu zu justieren oder den Standort zu wechseln, können wir bemerken, daß unsere Tätigkeit des Suchens nach dem besten Wahrnehmungszugang die Kluft zwischen dem kausalen Einwirken der sinnfreien Natur und unserem sinntragenden Wahrnehmungserlebnis überbrückt.

Um das Glas zu ergreifen, nachdem wir es visuell erfaßt haben, müssen wir die Hand an die physische Gestalt des Glases anpassen. Und um es schließlich hochzuheben und an die Lippen zu führen, muß unser Körper darauf eingestellt sein, das Gewicht des Glases richtig zu berücksichtigen. In diesem Sinn gibt John Searle folgenden Hinweis: Wenn man einen Maßkrug aus Plastik hochhebt und glaubt, er sei aus schwerem Zinn, wird man das Bier über die Schulter kippen. In der Tat ist es so, daß bei all unserem Tun und der ganzen Oben-unten-Ausrichtung der Alltagswelt die Schwerkraft einkalkuliert werden muß.

Wie Todes ausführt, gilt allgemein, daß wir nur dann wirklich etwas wahrnehmen und handelnd bewirken können, wenn wir im vertikalen Feld der Erde richtig ausgerichtet sind:

> Sind wir überhaupt im Verhältnis zum vertikalen Feld selbst ausgerichtet, können wir angemessen oder unangemessen ausgerichtet sein. Wir können von unten nach oben oder von oben nach unten ausgerichtet sein. Das vertikale Feld ist dasjenige, in dem unsere Körperrichtung ihre Orientierung erhält. Verhält es sich jedoch so, daß wir im Verhältnis zu Gegenständen im horizontalen Feld, aber nicht zum horizontalen Feld selbst ausgerichtet sind, ist es sinnlos, von einer im allgemeinen angemessenen oder unangemessenen horizontalen Ausrichtung zu sprechen. Das heißt, es hat keinen Sinn zu sagen, wir seien linksseitig-rechts oder vorderseitig-hinten.[6]

---

6 Samuel Todes, *Body and World*, Cambridge, MA: MIT Press 2001, 123.

> Das Welt-Feld, in dem wir unser nicht richtig zentriertes Selbst ausrichten müssen, hat demnach einen gewissen phänomenologischen Vorrang vor dem horizontalen Feld unserer selbstzentrierten Welterfahrung. Diese Vorrangstellung spiegelt sich in der phänomenologischen Priorität [...] unserer Fähigkeit zur angemessenen vertikalen Ausrichtung in der Welt gegenüber unserer Fähigkeit zur wirksamen Ausrichtung auf Gegenstände im horizontalen Feld der Welterfahrung. Unsere Fähigkeit, normalerweise aufrecht zu stehen, verleiht uns die Fähigkeit zum Handeln, aber nicht umgekehrt.[7]

Unser Verhältnis zum Einfluß des vertikalen Felds erweist sich als besonders erhellendes Beispiel für die spezielle Verbindung von Spontaneität und Rezeptivität, die, was unsere Einstellung zum Universum betrifft, erforderlich ist, damit wir in der Welt effektiv handeln können.

> Unsere erste Aufgabe besteht weder darin, diesem Einfluß zu entsprechen (ihn zu akzeptieren), noch darin, sich gegen ihn zu wehren. Was die Wahrnehmung betrifft, hat weder das eine noch das andere Sinn. Unsere Aufgabe besteht vielmehr darin, uns *in* diesem Feld der Einflüsse in effektiver (statt ineffektiver) Weise zu orientieren und uns in diesem Feld derart auszurichten, daß es uns zuverlässig gestattet, das zu tun, was wir in ihm zu tun haben. [...] Indem wir das Gleichgewicht halten, *werden* wir vertikal aufrecht *gehalten*, indem wir uns im Verhältnis zum ständigen Einflußfeld, in dem wir uns befinden, unsererseits aufrecht *halten*. Das Gleichgewicht ist weder etwas rein Aktives (wie das Sichbewegen) noch etwas rein Passives (wie das Bewegtwerden). Es ist sowohl aktiv als auch passiv und das eine nur durch das andere.[8]

---

7 Ebd., 124.

8 Ebd., 125. In der Einleitung zu *Body and World* betont Piotr Hoffman die Bedeutung der von Todes gegebenen phänomenologischen Erklärung des Gleichgewichts als einer Möglichkeit, die Phänomenologie vor dem drohenden Idealismus zu bewahren. Den wegweisenden und überzeugenden Einsichten von Todes sind wir, ebenso

Das Phänomen des Gleichgewichts zeigt uns, daß die Bestimmung der Gegenstände von uns abhängt, während es zugleich zeigt, daß uns diese Bestimmung nur in dem Maße gelingt, in dem wir uns an eine wahrhaft unabhängige Realität anpassen können.

Einsehen kann man das aber nur, wenn man sich der Phänomenologie bedient, um einen tiefer gelegenen Ausgangspunkt zu erreichen als den der bestimmten und begrifflich durchdrungenen Wahrnehmungswelt, von der die Analyse normalerweise ausgeht. Nur indem wir somit mehr sagen, als uns in der bisherigen Philosophiegeschichte gesagt worden ist, können wir erkennen, was Philosophen, die – wie Aristoteles – dem Common sense nahestehen, immer schon angenommen haben, nämlich daß wir mit dem Kosmos in Verbindung stehen. Jetzt können wir allerdings erkennen, daß es nicht eine körperlose, losgelöste, kontemplative Fähigkeit ist, durch die wir diese Verbindung herstellen, sondern ein beteiligter, aktiver, materieller Körper, der sich angemessen ausrichten kann, um mit den Dingen zurechtzukommen.

Der unverzagte Verfechter des deflationären Realismus wird jedoch zweifellos erwidern, natürlich müßten wir, was die Alltagswelt und das Universum betreffe, Realisten sein, doch aus ebendiesem Grund seien metaphysische Äußerungen über eine Entsprechung zwischen unseren Überzeugungen und den ansichseienden Dingen müßig. Rorty formuliert es so: »Taylor meint, sobald man aus der Erkenntnistheorie herausgefunden habe, gelange man zu einem ›kompromißlosen Realismus‹. Nach meinem Dafürhalten gerät man in eine Lage, in der die einzige Lesart des ›Realismus‹, die noch übrigbleibt, der triviale, uninteressante Common-sense-Rea-

---

wie Hoffmans verständnisvoller Erläuterung ihrer Bedeutung, zu großem Dank verpflichtet.

lismus ist, der besagt, alle wahren Überzeugungen seien deshalb wahr, weil die Dinge so liegen, wie sie liegen.«[9]

Nach Rorty können wir demnach über die Frage, was denn die Aussagen der Wissenschaft wahr mache, nicht mehr sagen als das, was wir über die Frage sagen, was für die Wahrheit unserer Ansichten über Alltagsgegenstände verantwortlich sei. In beiden Fällen bestehe Übereinstimmung mit dem Sosein der Dinge, und in beiden Fällen gebe es eine gewisse Abhängigkeit von unserer Einbettung. Dem werde nichts hinzugefügt, wenn man meint, wahre Aussagen über Fußbälle seien von unserem Körper und unseren kulturellen Vereinbarungen abhängig, während die wahren Aussagen der Wissenschaft die Dinge so beschreiben, wie sie völlig unabhängig von uns und unseren Alltagsformen der Gegenstandsdeutung sind.

Wenn wir davon ausgingen, daß unsere Überzeugungen nur von anderen Überzeugungen herrühren und begründet werden, und wenn wir nicht herauszubekommen versuchten, wie diese Überzeugungen gebildet werden, hätte Rorty recht mit seiner Behauptung, eine Korrespondenztheorie der Wahrheit füge dem durch die Bejahung der Wahrheit von Aussagen des Alltags und der Wissenschaft bereits Gesagten nichts weiter hinzu. Das heißt aber nicht, daß das Reden von Übereinstimmung nichts Wichtiges aussagt. Es sagt deshalb nichts Neues, weil es ein stillschweigender Bestandteil des Hintergrundverständnisses ist, das unserem Streben nach Alltagswissen und wissenschaftlicher Erkenntnis zugrunde liegt.

Wenn wir zurückkehren zu unserer ganz basalen, ursprünglichen Weise des In-der-Welt-Seins, wo wir dazu veranlaßt werden, auf die Dinge in dieser Welt als Angebote zu

---

9 Rorty, »Charles Taylor on Truth«, 93f. (Übers., 137f.).

reagieren, begreifen wir uns selbst als Wesen, die sich mit einer Welt auseinandersetzen, die uns hilft und dem, was wir tun können, gleichzeitig Grenzen zieht. Wir müssen die richtige Einstellung zu ihr finden, sonst werden wir Enttäuschungen oder noch schlimmere Rückschläge erleben. Die Dinge, die sich uns als Hindernisse, Stützen, Hilfsmittel – kurz, als Affordanzen – zeigen, besitzen gleichsam eine gewisse ontische Festigkeit und Tiefe. Sie stellen Bedingungen, die unseren Aktivitäten Grenzen setzen. Sie besitzen etwas, was man in der Philosophie nunmehr als ihre »Natur« zu bezeichnen pflegt – eine Natur, die wir zu respektieren und an die wir uns anzupassen haben.

Das wiederum bedeutet, daß sich die Dinge nicht nur als Angebote präsentieren, sondern auch noch andere Merkmale tragen. Sie besitzen eine Struktur, die dem, was sie uns anbieten, zugrunde liegt. Manche Dinge müssen, damit sie unsere Bedürfnisse erfüllen, starr sein, wie zum Beispiel eine Keule oder ein Stock, mit dem man Obst vom Baum schlägt. Andere müssen geschmeidig sein, wie beispielsweise ein bequemes, aus Laub aufgeschüttetes Bett. Aber die starren Dinge können nachgeben, und die geschmeidigen können hart und ungeschmeidig werden. Was sorgt dafür, daß die Dinge der jeweiligen Art »im Normalfall« entweder dies oder jenes sind? Was sorgt dafür, daß sie jetzt das eine und später das andere sind? Wer nach Antworten auf diese Fragen sucht, wird die bisher verborgene Physiognomie dieser Gegenstände erforschen, die dem Gesicht, das sie uns zuwenden, zugrunde liegt oder es erklärt.

Demnach setzt unser Hintergrundverständnis nicht nur voraus, daß wir zu Grenzbedingungen, die von uns und unserer Deutungsweise unabhängig sind, Kontakt haben, sondern es setzt außerdem voraus, daß es mit den Gegenständen der Alltagserfahrung mehr auf sich hat, als wir je explizit machen können. Das Gefühl, daß wir diese Alltagsgegenstände allmählich in den Griff bekommen, offenbare *und* verberge die Struktur, die unserer Erfahrung, daß wir mit einem von uns unabhängigen Etwas zu Rande kommen müssen, zugrunde liegt und diese Erfahrung erklärt.

Dennoch brauchen weder Rorty noch die übrigen Vertreter des deflationären Realismus an dieser Stelle nachzugeben. Sofern wir über den Realismus unserer wissenschaftlichen Wahrheitsansprüche nichts weiter sagen können, als daß sie auf einem Hintergrundrealismus unserer Alltagserfahrung beruhen, werden diese Wahrheiten im Verhältnis zu unseren Alltagspraktiken nicht mehr und nicht weniger relativ sein als unsere alltäglichen Wahrheitsansprüche. Selbst Todes' überzeugende Beschreibung unseres Hintergrundverständnisses des vertikalen Felds als *Feld* – als ein durch uns hinabströmender universeller Einfluß – sei keine Entdeckung einer vorurteilsfreien Phänomenologie, sondern sie zeige ihrerseits den Einfluß unserer modernen Auffassung von Gravitation. Aristoteles hatte keine Ahnung von Feldern, aber vermutlich kannte er trotzdem so etwas wie eine Körpererfahrung. Er erlebte seinen Körper zwar nicht als etwas, was unter dem Einfluß eines unabhängigen Felds steht, aus dem alle Akteure, die sich richtig anpassen, hilfreiche Unterstützung gewinnen können, wohl aber als einen materiellen Gegenstand mit der Tendenz, seinen natürlichen Ort im Erdmittelpunkt zu finden, also mit einer Tendenz, gegen die sich alle aufrecht stehenden Menschen wehren müssen.

Nun sieht es so aus, als sei keine Beschreibung unserer direkten, verkörperten Begegnung mit der – sei's auch als unabhängig und unerschöpflich empfundenen – Alltagsrealität dazu imstande, die Vorstellung von einem Blick von nirgendwo verständlich zu machen. Betont man das Vorhandensein eines unserer körperlichen Struktur entsprechenden Hintergrunds der Verständlichkeit, so dürfte das eher für den entgegengesetzten Blick sprechen, nämlich für den Blick von *irgendwo*, also von einem *bestimmten Ort* aus, und zwar von unserer körperlichen Einbettung aus. Mit anderen Worten: Sobald wir das andere Gesicht der Gegenstände – also die Struktur des Universums in seinem Ansichsein – zu beschreiben versuchen, bleibt uns nichts anderes übrig, als auf von uns unabhängige Grenzbedingungen zu verweisen, denen wir uns fügen müssen. Aber wie die Struktur dieser Grenzbedingungen beschrieben wird, das wird stets relativ bleiben zu unserem Vokabular, unseren Praktiken und unseren körperlichen Fähigkeiten zum Zurechtkommen.

Es liegt zwar auf der Hand, daß das Universum irgendeine unabhängige Struktur besitzt und daß wir körperlichen Wesen das richtige Verhältnis zu dieser Struktur finden müssen, um überhaupt irgendwelche Erfahrungen zu machen; aber sofern wir lediglich beschreiben können, wie diese Grenzbedingungen uns als körperliche Wesen affizieren, stecken wir nach wie vor im internen Realismus fest. Wie sollen die Vertreter des robusten Realismus es anstellen können, aus dem Hintergrundverständnis auszubrechen, das sowohl unsere Alltagsbegegnungen mit den Dingen als auch jeden Versuch, das verborgene Gesicht dieser Dinge zu begreifen, verständlich macht? Doch wenn es uns nicht gelingt, auszubrechen, haben Rorty und die Verfechter des deflationären Realismus recht mit ihrer These, alle unsere Übereinstimmungsansprüche seien notwendig intern und überflüssig.

Es hätte sich in der Tat herausstellen können, daß alles, was wir über die unabhängige Struktur des Universums herausfinden können, zu unserem momentanen Hintergrundverständnis der Grenzbedingungen, die das Universum unserem körperlichen Tun auferlegt, relativ sind. Aber überraschenderweise haben Galileo und seine Mitstreiter entdeckt, daß wir unsere unmittelbare, körperbedingte Erfahrung der Alltagswelt einklammern können. Wir können absehen von den Eigenschaften der Alltagsdinge, sofern diese Eigenschaften abhängig sind von unseren Sinnesorganen, der Gestalt und den Fähigkeiten unseres materiellen Körpers und sogar von der Erfahrung, mit einer unabhängigen Realität in Verbindung zu stehen. So kommt es, daß wir dazu in der Lage sind, ein physikalisches Universum zu entdecken und zu erforschen, das keine wahrnehmbaren Dinge mit ihren Farben, ihrer Ausrichtung, ihrer Festigkeit, ihrem Gewicht usw. enthält – ein Universum, in dem es weder Nah noch Fern, weder Oben noch Unten, weder Früher noch Später gibt. Außerdem hat sich zum Glück herausgestellt, daß diese »Entweltlichung« (von der Heidegger spricht) eine nicht bloß negative Errungenschaft darstellt, sondern daß wir, sobald die Welt der Alltagserfahrung eingeklammert ist, allgemeine Kausalgesetze entdecken sowie natürliche Arten, die auch Eigenschaften besitzen, welche ausreichen, um alle übrigen kausal zu erklären.

Aber selbst diese Entdeckung ließe sich noch idealistisch interpretieren. So macht Kant geltend, daß das, was nach dem Absehen von den Alltagseigenschaften übrigbleibt – also die Grundlage der neuen Wissenschaft: der homogene cartesianische Raum und die reine Aufeinanderfolge von Zuständen –, immer noch von unseren rezeptiven Fähigkeiten abhängt, so daß wir die Grenzbedingungen in ihrem Ansichsein nie erkennen können. Pragmatisten wie Rorty betonen, daß wir die Dinge an sich nicht erkennen können, sondern auf unser Vokabular zum Beschreiben der Dinge beschränkt bleiben müssen.[10]

10 Phänomenologen wie Husserl und vielleicht auch Merleau-Ponty kommen zu dem Schluß, deshalb müsse es sich bei den Gesetzen

Rortys Hauptthese läuft darauf hinaus, daß die Beschreibung des Universums unsere eigene Angelegenheit ist, so daß wir – selbst wenn es Grenzbedingungen gäbe – niemals dazu imstande wären, sie in ihrem Ansichsein als solche zu erkennen, sondern nur so, wie wir sie mit Hilfe unserer Begriffe erfassen. Diese These behandelt er so, als ergäbe sie sich aus einer philosophischen Argumentation, wonach die Vorstellung von einer mit der Struktur des Universums übereinstimmenden, richtigen Beschreibung sinnlos ist. Seine Kritik an Taylor besteht jedoch darin, daß er sich über die Idee lustig macht, das Universum habe seine eigene Sprache. Natürlich stimmt es, daß das Universum nicht redet. Aber ob es eine Beschreibung geben kann, die der wesentlichen Struktur des Universums entspricht und nur in einem kontingenten Verhältnis zu unserer Deutung der Dinge steht, ist eine offene Frage.

Ob die Vorstellung von einer privilegierten Beschreibung des Universums als solchen *Sinn* hat, ist eine *philosophische* Frage, die, wie wir darlegen werden, mit Ja beantwortet werden sollte. Erst dann werden wir dazu in der Lage sein, die darüber hinausgehende Frage zu stellen, ob

---

und Entitäten der Wissenschaft um Abstraktionen handeln, die zur Alltagswelt in einem Verhältnis stehen wie Landkarten zu dem entsprechenden Terrain, mit Bezug zu dem sie überhaupt erst Sinn haben. Siehe Edmund Husserl, *Die Krisis der europäischen Wissenschaften und die transzendentale Phänomenologie* (= Husserliana 6), Den Haag 1954. Nominalisten wie Ian Hacking fügen dem hinzu, daß wir, um überhaupt etwas zu beschreiben zu haben, zuerst einmal das Chaos der Daten, die unseren Instrumenten zu Gebote stehen, ordnen müssen, damit sich funktional nützliche Gruppierungen bilden lassen. Siehe Ian Hacking, *The Social Construction of What?*, Cambridge, MA: Harvard University Press 1999 (Teilübers. von Joachim Schulte: *Was heißt ›soziale Konstruktion‹?*, Frankfurt/M.: Fischer 1999). Ihnen allen ist die Konklusion gemeinsam, daß wir nie aus dem Bereich unserer Wahrnehmungsfähigkeiten, unserer Sprache und unserer Praktiken herauskommen.

es eine solche privilegierte Beschreibung *wirklich gibt* (und ob unsere Wissenschaft auf dem Weg zu dieser Beschreibung ist). Mit Hilfe philosophischer Argumente ist diese Frage nicht zu beantworten. Es könnte sein, daß der Nominalismus recht hat mit der Behauptung, alle Gruppierungen im Universum stammten von uns selbst, aber es könnte sich ebenfalls herausstellen, daß es *eine* Beschreibung oder womöglich sogar *mehrere* zutreffende Beschreibungen gibt, die mit der Struktur des Universums übereinstimmen. Hier ist es entscheidend wichtig, sich darüber im klaren zu sein, daß es sich dabei nicht um eine metaphysische oder eine rhetorische Frage handelt, sondern um eine *empirische* Frage. Die Auffassung des deflationären Realismus bezieht ihre scheinbare Plausibilität großenteils aus der apriorischen Behauptung, eine Beschreibung des Universums in seinem Ansichsein sei eine inkohärente Vorstellung, sowie aus der anschließenden Bewertung wissenschaftlicher Behauptungen aus dieser Perspektive. Wir möchten die empirischen Belege so betrachten, wie sie sich selbst darstellen.

Erstens: Wäre es möglich, daß das Universum seine eigene Verständlichkeit besitzt, mit Bezug auf die unsere Beschreibung nichts weiter wäre als unsere kontingente Form des Zugangs? Nach unserer Überzeugung lautet die Antwort: Ja, das wäre möglich, wenn es natürliche Arten mit wesentlichen Eigenschaften gibt, auf die wir uns mit Hilfe einer vorläufigen Bezeichnung beziehen können, die nicht präjudiziert, welche der zum Zwecke der Bezugnahme in Anspruch genommenen Eigenschaften gegebenenfalls die wesentlichen sind. Saul Kripke hat diese Auffassung der Möglichkeit einer realistischen Wissenschaft verteidigt, indem er auf die Funktion des sogenannten *starren Bezeichnens* hingewiesen hat, vor allem des starren Bezeichnens von Exemplaren natürlicher Arten.

Denken wir an zwei der von Kripke genannten Beispiele: Es könnte sein, daß ich zunächst einmal glänzendes, goldfarbenes Material untersuche und schließlich herausbekomme, daß sein Wesen darin besteht, das Atomgewicht 79 zu besitzen, wobei es keine Rolle spielt, ob der betreffende Stoff goldfarben ist oder nicht. Und das zweite Beispiel: Es könnte sein, daß ich Blitze provisorisch als helles Aufleuchten am Nachthimmel identifiziere und später herausbekomme, daß es sich im wesentlichen um elektrische Entladungen handelt. Eine mutmaßliche natürliche Art wird demnach zunächst mit Hilfe einer Beschreibung bezeichnet, die ein Einzelexemplar herausgreift, etwa: diesen gelblichen Stoff dort drüben. Dieses Bezeichnen bestimmt zwar den Bezug, legt den Sprecher aber nicht auf die Behauptung fest, die zum Herausgreifen der betreffenden Art benutzte Eigenschaft sei eine wesentliche Eigenschaft dieser Art.[11] Wenn man so verfährt, bleibt die Anfangsbeschreibung zwar relativ zu unseren Interessen und Fähigkeiten, läßt aber die Möglichkeit offen, daß die wesentlichen Eigenschaften der

11 Nach unserer Überzeugung setzt die Notwendigkeit, die bei Aussagen über das Wesen ins Spiel kommt, keinerlei Behauptungen über die möglichen Welten im Sinne von David Lewis voraus. Dagfinn Føllesdal z. B. spricht sich für einen ganz ähnlichen Begriff des starren Bezeichnens aus wie Kripke, aber die in Frage kommende Ontologie ist bei Føllesdal noch weniger anspruchsvoll als bei Kripke. Nach Føllesdal lassen sich Überlegungen bezüglich »aller möglichen Welten« auf Gedanken über Gegenstände zurückführen, denen wir mit Mitteln unserer Sprache auf der Spur bleiben können, obwohl viele unserer Überzeugungen bezüglich dieser Gegenstände falsch und viele ihrer Eigenschaften uns ebenso unbekannt sind wie die Art und Weise, in der sich ihre Eigenschaften im Laufe der Zeit ändern werden. Siehe Dagfinn Føllesdal, »Essentialism and Reference«, in: Lewis Hahn (Hg.), *The Philosophy of W. V. Quine*, La Salle, IL: Open Court 1986, 97-115, insbes. 107; Saul A. Kripke, *Naming and Necessity*, Cambridge, MA: Harvard University Press 1980, 15-21 (übers. von Ursula Wolf: *Name und Notwendigkeit*, Frankfurt/M.: Suhrkamp 1993, 23-30).

Sache durch Nachforschen entdeckt werden. So zeigt Kripke, daß die Funktionsweise der hinweisenden Bezugnahme die Vorstellung begreiflich macht, wir könnten Zugang haben zu natürlichen Arten, deren wesentliche Eigenschaften in keiner Weise relativ sind zu unserer Form des Zugangs zu ihnen.

Sobald wir uns aus der neuesten Lesart des vermittlungsgebundenen Bilds herausgearbeitet haben (wonach wir Gegenstände nur vermittels unserer Praktiken und nur durch Beschreibungen, die auf diesen Praktiken basieren, kennen) und es auch wirklich als Bild sehen, zeigt sich, daß die Vorstellung, wir müßten in unsere eigene Verständlichkeitsform eingeschlossen sein, so daß die Idee des Blicks von nirgendwo keinen Sinn habe, einer philosophischen Begründung bedarf (aber keine hat). Danach wechselt die Beweislast, und die Belege, die sich aus dem Fortschritt der postgalileischen Wissenschaft ergeben, sind schon alles an Belegen, was wir brauchen, um behaupten zu dürfen, daß wir tatsächlich immer besser verstehen, welche Bewandtnis es mit den Grenzbedingungen hat, auf die wir in der Wahrnehmung stoßen und die voraussetzen, daß wir zu der Struktur des Universums, wie es an sich selbst ist, in einem harmonischen Verhältnis stehen.

Diese Belege sind bekannt und galten früher als überzeugend, doch da sie im Rahmen des I/A-Bilds seitdem auf immer subtilere Weise in Frage gestellt worden sind, ist es nötig, sie hier einer neuerlichen Betrachtung zu unterziehen.

Bisher haben wir folgendes geltend gemacht: (1) Mit den *Angeboten* von seiten der wahrnehmbaren Welt kommen wir immer besser *zurecht*; (2) unser *begrifflicher* Zugang zu den *Gegenständen*, die uns umgeben, wird ebenfalls immer besser; (3) es zeichnet sich ab, daß einige unserer kulturellen Praktiken immer kohärenter werden, weniger verzerrend wirken und daher andere Praktiken verdrängen. Dem wollen wir jetzt (4) hinzufügen, daß einige Theorien über die Natur bessere Erklärungen der Funktionsweise des Universums liefern als andere und daß unsere Naturwissenschaft die bei weitem beste Erklärung gibt, über die wir verfügen.

Zunächst wollen wir nochmals unser alltägliches Zurechtkommen thematisieren. Sobald wir in der Wahrnehmungserfahrung auf Anomalien stoßen, wissen wir, wie man herausbekommt, was an unserem derzeitigen Verständnis auszusetzen ist, und nehmen dementsprechend Korrekturen vor. Betritt man beispielsweise ein Café, das viel zu groß erscheint für das Gebäude, in dem es sich befindet, schaffen wir Abhilfe, sobald wir erkennen, daß die Wände mit Spiegeln versehen sind. Dann kommt alles wieder ins Lot, und unser verwirrtes Teilverständnis der Wahrnehmung nimmt klare und zuverlässige Umrisse an. Ähnlich verhält es sich, wenn man eine fremde Stadt erkundet und einen immer besseren Überblick gewinnt, so daß man nicht mehr an jeder Ecke überrascht ist und die Orientierung verliert. Allgemein gilt: Im Zuge unserer Wahrnehmungsbegegnungen mit der Alltagswelt werden wir dazu bewogen, uns einen immer klareren und zuverlässigeren Begriff von der Umgebung zu machen.

Dieser Prozeß der Verdrängung des Überholten ist in unserer Wahrnehmungserfahrung angelegt und läßt sich so deuten, daß sich eine Theorie der Naturwissenschaft ergibt, die dem robusten Realismus entspricht. Tatsächlich stellt sich heraus, daß die Wissenschaft ihre eigene, intern erzeugte Art des Fortschreitens kennt. Anstatt jedoch den Vorschlag von Thomas Kuhn zu akzeptieren, dem zufolge die Welten von Aristoteles und Galileo aufgrund der Verschiedenheit ihrer Fragestellungen unvergleichbar sind, können wir spezifische Anomalien ausfindig machen, die den Aristotelikern Schwierigkeiten machten, während sie von Galileo erklärt werden konnten. Ein Beispiel ist das Problem, daß von Wurfmaschinen oder Kanonen abgefeuerte Geschosse nicht direkt ihrem natürlichen Ort im Erdmittelpunkt zustreben, sondern eine Parabel beschreiben. Oder um ein einfacheres (schon im 3. Kapitel herangezogenes) Beispiel zu nennen: Indem Kopernikus die Annahme machte, daß sich nicht die Sonne, sondern die Erde drehe, konnte er die Bewegung der Himmelskörper besser erklären als die Theoretiker der Epizykeln; außerdem konnten die Astronomen nun erkennen, daß es besser wäre, die Sonne nicht als einen Planeten, sondern als Fixstern zu begreifen.

Der Übergang zu einem neuen Paradigma ist unvermeidlich, da die neue Auffassung bestimmte Anomalien beseitigt, die der älteren Auffassung Probleme bereiteten. Im Lichte der neuen Theorie wird erkennbar, daß mit den alten Anomalien nicht zurechtzukommen ist, und nun hofft man, daß es, obwohl die neue Theorie ihre eigenen Anomalien mit sich bringt, langfristig möglich sein wird, auch diese Schwierigkeiten aus dem Weg zu räumen. Der auf Galileo und Newton zurückgehende Begriff der Trägheit gestattet es beispielsweise, den unauflösbaren – die ältere Auffassung der Aristoteliker behindernden – Paradoxien der *motio violenta* beizukommen. Da dieser aristotelischen Auffassung zufolge jede Bewegung durch einen gleichzeitig wirkenden Beweger erklärt werden muß, setzt kontinuierliche Bewegung kontinuierlich wirkende Kausalkräfte voraus. Doch im Fall geworfener Gegenstände oder abgefeuerter Geschosse wie Kanonenkugeln scheint es unmöglich zu sein, irgendeine derartige Kraft ausfindig zu machen. Dieses ganze Explanandum verschwindet, und eine einleuchtende Erklärung aller relevanten Phänomene wird möglich, wenn man zur Perspektive des Trägheitsprinzips übergeht, dem zufolge nicht die kontinuierliche Bewegung, sondern die *Veränderung* der Bewegung erklärt werden muß.

Ebenso kann auch das Hintergrundverständnis der Wissenschaft in einer Kultur Fortschritte machen. Daß es Kepler gelang, die astronomischen Phänomene vollständiger und klarer zu erfassen, zeigt, daß es durchaus möglich war, das aristotelische Hintergrundverständnis zu verbessern, wonach man weder versuchen könne noch versuchen sollte, die Gesamtheit der – irdischen wie der superlunaren – Phänomene in der gleichen Weise zu erklären. Das wiederum untergrub die griechische Auffassung von der Wissenschaft als *empiria* ebenso, wie Galileos Ergebnisse die mittelalterliche Vorstellung von *scientia* untergruben und schließlich zur modernen Auffassung von Wissenschaft als *Forschung* führten. Die Forschung unterscheidet sich, wie Heidegger anmerkt, insofern von *scientia* und *empiria*, als sie ein *universelles* Konzept unterbreitet und anschließend versucht, *alle* Anomalien in diesem Konzept unterzubringen, anstatt sie bloß als unnatürliche Vorkommnisse, Ungeheuer oder Wunder aufzulisten. Diese neue Auffassung der Wissenschaft als *Abbilden der Welt* wiederum ermöglicht uns ein umfassenderes und leistungsfähigeres Naturverständnis.[12] Dem Newtonschen Konzept zufolge liefern mehr Phänomene auch mehr Sinn, das heißt, sie bilden ein kohärenteres Ganzes als im Rahmen der aristotelischen Systematisierung der Alltagserfahrung.

In dieser Weise wird erkennbar, daß wissenschaftliche Revolutionen Beispiele für die Verdrängung des Überholten sind. Wenn sie nicht unverzüglich akzeptiert werden, liegt das nicht daran, daß ihnen die rationale Begründung

---

12 Martin Heidegger, »Die Zeit des Weltbildes«, in: ders., *Holzwege*, Frankfurt/M.: Klostermann 1977, 75-114. Siehe ferner: Jan Assmann, *Moses der Ägypter*, Frankfurt/M.: Fischer 2000.

fehlt, sondern daran, daß die ältere Auffassung tief verwurzelt ist. Der Beweis liegt – im Fall der Wissenschaft ebenso wie im Fall der Spiegel im Café – darin, daß es kein Zurück zur alten Betrachtungsweise gibt, sobald man die neue Gesamtanschauung begriffen hat.

Allmählich erlangen wir die Fähigkeit, Theorien aufzustellen, die den Strukturen, die wir beim alltäglichen Zurechtkommen haben berücksichtigen müssen, entsprechen sollen. Wir kommen zu der Einsicht, daß wir, um effektiv zu handeln, nicht nur der Tendenz des Körpers, in Richtung Erdmittelpunkt zu fallen, widerstehen müssen, sondern wir erkennen auch, daß wir in einem Feld von Wirkungen das Gleichgewicht halten müssen, das wir nach und nach als Gravitationsfeld aufzufassen lernen. Außerdem bringen wir immer mehr darüber in Erfahrung, wie unsere Sinnesorgane funktionieren und wie Licht- und Klangenergie übertragen werden, was seinerseits erklärt, warum wir uns in der faktisch gegebenen Weise bewegen müssen, um optimal wahrnehmen zu können.

Die Struktur der unabhängigen Natur, die unseren Handlungsmöglichkeiten Grenzen setzt und uns stützt, sobald wir mit ihr in Einklang stehen, wird demnach von unserer Wissenschaft immer besser verstanden, was sodann zurückwirkt und zu einer Verbesserung unseres Alltagsverständnisses führt. Das wiederum bestätigt unsere Überzeugung, die Wissenschaft beschreibe die Struktur des ansichseienden Universums, zu dem unser Zurechtkommen von Anfang an in direktem Kontakt steht. Aber selbst wenn Rorty einräumte, daß unsere Naturwissenschaft durch Denkweisen definiert ist, die zumindest einige Paradigmenwechsel (etwa den von der aristotelischen zur postnewtonianischen Mechanik) zur Gänze rechtfertigen, würde er dennoch die Behauptung wiederholen wollen, daß gar nichts Neues hinzukommt, wenn man sagt, das Ziel der Wissenschaft bestehe darin, zu einer richtigen Beschreibung der Wirklichkeit zu gelangen – das Reden von Übereinstimmung bringe überhaupt nichts.

Vielleicht wird Rortys These verständlicher, wenn wir den folgenden Vergleich heranziehen: Angenommen, wir schauen einer Gruppe von Jazzmusikern dabei zu, wie sie gerade ein Stück proben. Zunächst spielen sie es auf *eine* Weise, dann fängt einer der Musiker an, seine Stimme anders zu interpretieren. Nun lächeln alle und nicken, um zu verstehen zu geben, das sei viel besser. Anschließend tut ein anderer Musiker das gleiche, und das Resultat ist eine ebenso positive Reaktion. Diese neuen Improvisationen können wir uns als Analoga zu Paradigmenwechseln denken. In unserem Beispiel werden die Veränderungen von den Beteiligten einhellig als Verbesserungen anerkannt. Wir dürfen sogar behaupten, sie alle hätten das Gefühl, die Aufführung werde durch sie verbessert – ja, es sei die Natur des Stücks, die ihnen dieses Vorgehen diktiere.

Aber was käme nun hinzu, wenn man sagte, die neue Fassung komme der Idee der Musik näher? Oder: sie komme der Musik als solcher näher? Das würde bestimmt nichts weiter heißen, als daß man längst Bekanntes in ein wohltönendes metaphysisches Gewand hüllt. Es würde nichts klären, sondern nur Nebel verbreiten.

Über die Wissenschaft möchte Rorty offenbar etwas Ähnliches sagen. Selbst wenn der Übergang von Aristoteles zu Newton sozusagen durch die Regeln erzwungen wird, sagt uns das lediglich, wie wir dieses Spiel spielen. Das Spiel rechtfertigt sich selbst, oder sofern es eine darüber hinausgehende Rechtfertigung hat, besteht sie darin, daß es für uns – für die Menschen also – »funktioniert«, insofern es zu einem gesünderen, längeren, produktiveren und erfolgreicheren Leben beiträgt. Doch zu allen diesen Hinweisen kommt nichts Neues hinzu, wenn man behauptet, bei diesem Spiel gehe es darum, eine wahre Beschreibung dessen zu geben, was unabhängig von uns selbst wirklich existiert.

Wenn man sagt, etwas »funktioniere besser«, dürfte das auf die gesteigerten Prognose- und Kontrollmöglichkeiten verweisen, die sich aufgrund der modernen, postgalileischen Wissenschaft für uns ergeben haben. (Dabei gibt es freilich viele Fälle, in denen eine neue Theorie akzeptiert wird, obwohl sich noch kein technischer Nutzen eingestellt hat und obwohl sich dieser Nutzen – etwa in der Kosmologie – womöglich nie einstellen wird.) Selbst in diesem Zusammenhang werden wir die technologische Kontrolle dort, wo sie resultiert, normalerweise als Zeichen dafür werten, daß es uns gelungen ist, die zugrundeliegende Struktur richtig wiederzugeben.

Eigentlich haben wir es hier mit zwei verschiedenen Fragen zu tun: erstens mit der Frage, ob es uns, während unsere wissenschaftlichen Theorien voranschreiten, besser gelingt, die Phänomene vorherzusagen und zu kontrollieren; zweitens mit der Frage, ob das ein Beleg dafür ist, daß unsere Theorien mit einer unabhängigen Realität übereinstimmen. Darauf darf man, wie wir meinen, sicher antworten: Niemand hat den geringsten Zweifel daran, daß wir dann, wenn wissenschaftliche Theorien einander in puncto Erklärung von Anomalien verdrängen, auch von immer besseren Prognosen profitieren, während außerdem neue Bereiche erschlossen werden, in denen wir die Natur besser steuern können, damit sie unseren Zwecken dient.

Im Kreis der Philosophen dürfte es jedoch schwerer fallen, Zustimmung zu der These zu erlangen, diese Möglichkeiten der Steuerung zeigten, daß unsere Theorien immer genauer mit der Struktur des Universums in Einklang stehen. Wir für unser Teil würden geltend machen, hier verhalte es sich ähnlich wie im Bereich der Alltagswahrnehmung: Wenn wir beim Zurechtkommen spüren, daß unsere

Erwartungen zuverlässiger werden, ist das ein Zeichen dafür, daß wir die Dinge dieser Welt und ihr Verhalten besser im Griff haben. Ebenso gilt: Insofern Wissenschaft und Technik zu besseren alltagsweltlichen Prognosen und Kontrollmöglichkeiten führen, sollten wir annehmen, daß sie die Struktur des Universums besser in den Griff bekommen. Darauf können die Vertreter des deflationären Realismus jedoch erwidern: Aus der Sicht des Pragmatismus sei Kontrolle kein Beleg für Übereinstimmung, sondern bloß so etwas wie ein Nebenprodukt jener wissenschaftlichen Theorien, die wir genau deshalb kultivieren, weil sie unseren Interessen dienen. Im allgemeinen sei es ja so, daß wir nur solche Theorien subventionieren und weiterverfolgen, bei denen es sich so ergibt, daß sie uns Kontrollmöglichkeiten verschaffen. Nach dieser Auffassung ist die Kontrolle kein Zeichen dafür, daß wir die zugrundeliegende Struktur richtig wiedergeben, sondern eigentlich meinten wir mit der Behauptung, wir hätten die zugrundeliegende Struktur richtig erfaßt, daß wir über bessere Kontrollmöglichkeiten verfügen.

Wie es aussieht, reichen sogar die Verdrängung des Überholten und die Steigerung der Kontrollmöglichkeiten nicht aus, um diejenigen zu überzeugen, nach deren Meinung wir außerstande sind, aus unserer Sprache, unseren Fähigkeiten und unseren Praktiken herauszutreten. Jegliche Form von Verständlichkeit sei notwendig relativ zu *unseren Beschreibungen* und zu dem, was *aus unserer Sicht funktioniert*. Sie lassen sich nicht zu der Ansicht bewegen, der Fortschritt und die Kraft unserer Wissenschaft zeigten, daß sie tatsächlich auf die Struktur des Universums, wie es an sich selbst ist, zusteuert.

Wie könnte man sie denn überzeugen? Mag sein, daß es nichts gibt, was jemanden zu überzeugen vermag, der im kantianischen Innen-außen-Bild verharren möchte. Wir unsererseits können jedoch die als Einwand gemeinte Frage aufwerfen, ob die von Nichtrealisten hier in Anspruch genommene Unterscheidung zwischen dem, was »funktioniert«, und dem, was uns der Wahrheit näherbringt, die wirkliche Praxis der *Wissenschaftler* erklären hilft.

Betrachten wir einen vergleichbaren Fall: Angenommen, ich besuche das Endspiel der Weltmeisterschaft in Berlin und werde dabei von einem Bekannten begleitet, der aus einem jener (zurückgebliebenen) Teile Nordamerikas stammt, in denen das Fußballspiel unbekannt ist. Nun fragt er mich, was denn da vor sich gehe, und ich antworte: »Gewonnen hat die Mannschaft, die es schafft, nach den Regeln des Spiels als Sieger dazustehen.« Mein Bekannter fühlt sich brüskiert. Das hätte er auch selbst herausbekommen können! Ich kann die Sache nur besser machen, indem ich fortfahre und erkläre, was »ein Tor schießen« bedeutet, und dergleichen mehr. Der andere muß erfahren, worum es bei dem Spiel eigentlich geht.

Faßt man die Wissenschaft als »Spiel« auf, verhält es sich ähnlich: Es geht darum, herauszubekommen, wie die Dinge in unserer Umgebung – einschließlich der Faktoren und Kräfte, die auf uns einwirken – wirklich funktionieren, was auch beinhaltet, daß man die Gesetze bestimmt, die das Verhalten dieser Dinge steuern. Das kann man jedoch niemandem erklären, solange man alle Wörter vom Typ »wahr«, »richtig«, »real« vermeidet; und es gelingt ebensowenig, wie man den Bekannten im Stadion zufriedenstellen kann, ohne über »Treffer« und »Tor« zu reden.

Falls alle bisherigen Überlegungen nicht ausreichen, um den antirealistischen Leser zu überzeugen, möchten wir hier einen weiteren Gedanken anfügen: Genauso wie die phänomenologische Beschreibung unseres direkten Zurechtkommens mit Alltagsdingen zeigt, daß wir weder in unsere Haut noch in unseren Geist eingesperrt sind, sondern der gemeinsamen Welt offen gegenüberstehen, so kann es auch Phänomene geben, die im Rahmen unserer wissenschaftlichen Praxis zum Vorschein kommen und zeigen, daß unsere wahren Theorien mit einem unabhängig existierenden Universum übereinstimmen.

8
Pluralistischer Realismus

Im siebzehnten Jahrhundert wurde, wie wir eben gesehen haben, in unserer Kultur die Frage aufgeworfen, wie es um die Struktur des Universums als solchen, unabhängig von allen menschlichen Interpretationen, bestellt ist, und schließlich wurde eine Wissenschaft entwickelt, die sich einem Blick von nirgendwo zu nähern beansprucht (Kapitel 7). Ebenso haben Theoretiker im Abendland immer wieder behauptet, sie könnten hinter der Vielzahl der überall auf der Welt anzutreffenden kulturellen Einrichtungen eine invariante Struktur ausmachen – eine unabhängige menschliche Natur –, die prinzipiell von jedem und überall verstanden werden kann (Kapitel 6). Diese realistischen Thesen haben wir in den Kapiteln 6 und 7 zu rechtfertigen versucht, aber jede derartige Rechtfertigung muß sich gravierenden Einwänden stellen, die verlangen, daß wir unser Verständnis des robusten Realismus in den Natur- wie in den Geisteswissenschaften umfassender gestalten.

Im 7. Kapitel haben wir gesehen, daß Kripkes Theorie der starren Bezeichnungsausdrücke es uns ermöglicht zu verstehen, wie das Universum uns dazu bringen kann, die Bedeutung der wissenschaftlichen Begriffe ausfindig zu machen, ohne dabei wesentlich auf unsere Bedeutung verleihenden Praktiken angewiesen zu sein. Allerdings hat das starre Bezeichnen eine beunruhigende Konsequenz: Einerseits dürfen wir zwar den Schluß ziehen, insofern unsere Wissenschaft die wesentlichen Eigenschaften der natürlichen Arten entdeckt, gebe sie auch an, was es mit diesen Arten auf sich hat – egal, an welchem Ort des Universums sie existieren mögen. Doch damit nicht genug, denn andererseits werden wir zu der Folgerung genötigt, daß jeder, der diese Ausdrücke für natürliche Arten korrekt verwendet, mit Hilfe der einmal entdeckten wesentlichen Eigenschaften auf sie Bezug nehmen muß. Sofern es wirklich zutrifft, daß wir die wesentliche Eigenschaft von Gold herausbekommen haben, muß auch zutreffen, daß Gold schon im alten Ägypten das Atomgewicht 79 hatte. Und in dem Maße, in dem die Bedeutung den Bezug bestimmt, impliziert Kripkes Auffassung außerdem, daß die alten Ägypter immer dann, wenn sie erfolgreich auf Gold Bezug nahmen, unbewußt über eine natürliche Art mit dem Atomgewicht 79 redeten.

Das alles scheint bezüglich der Frage des Wesens von Gold zu implizieren, daß sich andere, frühere Kulturen, die über dieses Wesen anderer Meinung waren, einfach geirrt haben. Ansonsten gebe es nichts darüber zu sagen.

Die Anschauungen dieser Kulturen lassen sich auf der gleichen Ebene abhandeln wie sonstige verfehlte Theorien, die in früheren Epochen der abendländischen Wissenschaft erwogen wurden, also Theorien wie jene, die Dinge wie Phlogiston oder eine kalorische Substanz in Anspruch nahmen. Eine solche Substanz war unter ebendiesem Namen hypothetisch angenommen worden als ein der Wärme zugrunde liegender Stoff. Dabei sollte es sich insofern um die Bezeichnung einer natürlichen Art handeln, als das Vorhandensein der Substanz die Wärme eines Gegenstands, die relative Abwesenheit der Substanz dagegen den Mangel an Wärme erklären sollte. Doch seit über zwei Jahrhunderten ist bekannt, daß es sich dabei um einen Irrweg handelt, der nirgendwohin führt. Man hat diese Theorie dem Müllschlucker der Geschichte überlassen. Das gleiche wäre auch über die Auffassung von Gold zu sagen, die in der Renaissance der alchemistischen Praxis zugrunde lag, oder über die Goldauffassung, die in einer ganzen Reihe antiker Kulturen vorherrschte, wie zum Beispiel in der Kultur der Azteken oder der alten Ägypter, wo diese kostbare Substanz eine wichtige Rolle spielte. Eine ähnliche Haltung könnte man auch gegenüber weiteren Auffassungen einnehmen, die früher vertreten wurden, wie beispielsweise die Ansicht, Blitze seien von den Göttern geschleuderte Keile, die aus unserer Sicht ein für allemal durch die Theorie der elektrischen Entladung in die Verbannung geschickt wurde.

Doch angesichts des Umstands, daß es fremde Kulturen gibt, die andere, der unseren vielleicht durchaus ebenbürtige Welten erschließen, wollen wir die eben genannte Implikation der Auffassung Kripkes nicht akzeptieren. Freilich, aus *unserer* Sicht und unter der Voraussetzung unseres modernen, abendländischen Naturverständnisses ist eine wesentliche Eigenschaft derart beschaffen, daß sie erklärt, wie es kommt, daß die betreffende Art unter eine Vielzahl allgemeingültiger Kausalgesetze fällt, wobei diese Kausalgesetze als Gesetze aufgefaßt werden, die immer und überall gelten. Aber die Angehörigen einer fremden, beispielsweise der altägyptischen Kultur glaubten vielleicht, die wesentliche Eigenschaft des Golds sei die Heiligkeit, weshalb es auch in göttlichem Glanz erstrahle. Wie ist es nun möglich, die These, daß wahre wissenschaftliche Behauptungen mit der ansichseienden Natur übereinstimmen, zu bejahen, ohne die Implikation des wissenschaftlichen Realismus von Kripke zu akzeptieren? Danach gilt nämlich: In dem Maße, in dem unsere wissenschaftliche Auffassung der Natur zutrifft, müssen davon abweichende, von fremden Kulturen vertretene Überzeugungen bezüglich der Natur schlichtweg falsch sein. Unter dieses Verdikt fiele etwa die altägyptische Auffassung, die wesentliche Eigenschaft von Gold bestehe darin, daß es heilige Kräfte hat, die seinen Glanz verursachen. Diese Auffassung wäre also schlichtweg falsch.

Um die aufgeworfene Frage wenigstens ansatzweise zu beantworten, müssen wir bedenken, daß unsere Kultur vielleicht die einzige ist, die behauptet: Sofern unsere Theorien über die verschiedenen Arten von Entitäten im Universum zutreffen, stimmen sie mit den Arten, wie sie an sich selbst sind, überein. Andere Kulturen stellen keine Fragen über das ansichseiende Universum im Stil der modernen abendländischen Wissenschaft. Sie haben gar keine Vorstellung von einem Blick von nirgendwo. Nur weil wir tatsächlich eine solche Vorstellung haben, müssen wir die Ansicht vertreten, unsere Definition der Begriffe für natürliche Arten erfasse die Bedeutung, die diese Begriffe für jeden Sprecher haben, der sie irgendwann irgendwo korrekt verwendet.

Natürlich würde unsere wissenschaftliche Auffassung, sofern sie zutrifft, auch in der Welt der Ägypter gelten, selbst wenn die Ägypter diese Auffassung nicht verstehen könnten. Daraus folgt aber nicht, daß das, was sie unter Gold verstanden, durch unsere Wissenschaft bestimmt wird. Sie kannten zwar keine konkurrierende universelle, aus der Perspektive von »nirgendwo« gegebene Erklärung des Golds als einer natürlichen Art, aber ebensowenig waren sie Vertreter eines deflationären Realismus *avant la lettre*. Daß Gold etwas Heiliges sei, wurde vermutlich nicht als eine Behauptung aufgefaßt, die *relativ zur gängigen Beschreibung von Gold* gelte, aber ebensowenig wäre es richtig zu sagen, nach ihrer Meinung sei die Heiligkeitsthese eine universell gültige Wahrheit mit Bezug auf Gold, die von allen anerkannt werden müsse. Wenn wir zurückgehen bis zum Zeitalter der wahrhaft »polytheistischen« Kulturen, wird offensichtlich, daß die Realität komplizierter ist. Jedes Volk hat seine Götter, aber man hat eine ungefähre Vorstellung davon, daß fremde Völker ihre eigenen Gottheiten haben, ohne daß man versucht wäre, diese Gottheiten als inexistent oder unwirklich zu klassifizieren. Das ist die Form, in der die Menschen des antiken Mittelmeerraums offenbar die prekäre Situation der Religionsvielfalt verstanden, die dann für immer mehr Bewohner der »multikulturellen« Städte der Antike offenkundig wurde. Das galt für alle außer den Juden, die den verblüffenden und für viele Menschen kränkenden Anspruch erhoben, die Götter der übrigen Völker seien nichts weiter als Erfindungen, »Geschöpfe von Menschenhand«.[1] Die polytheistische Auffassung scheint jedoch unter den Menschen sehr viel weiter verbreitet zu sein. In etwa das gleiche Empfinden für eine pluralistische Ontologie des Göttlichen scheint es zum Beispiel auch bei den nordamerikanischen Ureinwohnern gegeben zu haben.

Es ist schwierig, die Ansichten zu rekonstruieren, die von den Menschen damals vertreten wurden, also zu einer Zeit, ehe sich die aus unserer Sicht unvermeidliche Frage stellte: Welche dieser verschiedenen Deutungen des Göttlichen ist die richtige? (Wobei die Skala der zu betrachtenden Fälle auch die Möglichkeit einschließt, daß alle falschliegen, da es nichts Göttliches gebe.) Jede Formulierung, mit der wir heutzutage antworten möchten, wird umständlich und nicht ganz zutreffend wirken. Doch diese Völker von einst hatten vermutlich weder das Gefühl, daß sie universelle Wahrheiten über die Natur und die Götter einfach *entdeckten*, noch das Gefühl, sie hätten die Beschreibung

---

1 Margalit und Halbertal vertreten die interessante Ansicht, die früheste der in der hebräischen Bibel ausgesprochenen Verurteilungen der Götzendienerei stelle fremde Götter als existierende Wesen hin. Die Sünde der Götzenverehrung laufe auf Untreue gegenüber dem Gott Israels hinaus und werde häufig mit Hilfe des sexuellen Bilds der »Hurerei mit falschen Göttern« erfaßt, während diese konkurrierenden Götter in späterer Zeit als reine Erfindung angesehen werden (vgl. etwa die spöttischen Äußerungen des Propheten Elija über die Propheten des Baal). Siehe Moshe Halbertal u. Avishai Margalit, *Idolatry*, Cambridge, MA: Harvard University Press 1992.

der Natur und der Götter bloß *erfunden*; höchstwahrscheinlich verließen sie sich darauf, daß ihre Lebensform die Realität aus ihrer eigenen Perspektive *offenbaren* würde. So ließen sie als selbstverständlich gelten, daß die Art und Weise, in der die Natur zum Vorschein kommt, von der jeweiligen »Art des Sehens und Befragens der Naturvorgänge« abhängt, wie es bei Heidegger heißt.[2]

Der deflationäre Realist hat recht: Sobald man erkannt hat, daß es so etwas wie ein Erschließen der Welt gibt, wäre es verfehlt, im Stil Kripkes zu behaupten, die Beschreibung der natürlichen Arten, auf die man sich in jeder Einzelwelt stützt, müsse entweder mit der alleinigen Struktur des ansichseienden Universums übereinstimmen oder falsch sein. Daraus folgt aber nicht, daß man den robusten Übereinstimmungsbegriff fallenlassen muß. Unsere eigentümliche Kultur hat tatsächlich die Frage nach der Struktur des Universums, wie es an sich selbst und unabhängig von allen kulturgebundenen Interpretationen ist, aufgeworfen und schließlich eine Wissenschaft entwickelt, die behauptet, sie nähere sich einem Blick von nirgendwo. Alle derzeit verfügbaren Belege bestätigen, daß Gold eine natürliche Art ist und daß seine wesentliche Eigenschaft, Atomgewicht 79 zu haben, alle sonstigen Eigenschaften erklärt, die im Rahmen von allgemeingültigen Kausalgesetzen eine Rolle spielen können. Freilich, fremde Kulturen können eine andere Auffassung davon haben, was überhaupt eine wesentliche Eigenschaft ausmacht, und auch eine andere Auffassung von dem, was an Gold wichtig ist; dementsprechend kann es sein, daß sie andere Eigenschaften als diejenigen herausgreifen, die als wesentlich gelten. Jede Eigenschaft des Golds – sogar beispielsweise sein Fundort – könnte

2 Martin Heidegger, »Die Zeit des Weltbildes«, in: ders., *Holzwege*, Frankfurt/M.: Klostermann 1977, 75-114, hier: 77.

von der einen oder anderen Kultur als wesentliche Eigenschaft herausgestellt werden.

Dennoch sollte man hier keinen voreiligen antiessentialistischen Schluß ziehen. Die Auffassung, Gold habe wesentlich die Ordnungszahl 79, erklärt tatsächlich die kausalen Eigenschaften von Gold – oder sie verheißt zumindest eine solche Erklärung. Daß diese kausalen Eigenschaften für uns wichtig sind, hat nur mit unserem kontingenten Zugang zum Gold zu tun, so daß es durchaus sein kann, daß sein Atomgewicht mit der Struktur des Golds, *wie es an sich selbst ist*, übereinstimmt. Dennoch braucht Atomgewicht-79-Haben nicht als *die* wesentliche Eigenschaft des Golds angesehen zu werden. Wesentlich ist sie nur relativ zu unserer Weise des Befragens der Natur, auf das sie mit der Offenbarung ihrer unabhängigen Eigenschaften reagieren soll. Es ist möglich, daß die Ägypter Eigenschaften des Golds offengelegt haben, die nur mit Hilfe ihrer religiösen Praktiken zugänglich waren.

Demnach ist das, was Gold wirklich ist, von den Praktiken der betreffenden Kultur abhängig. Dem entnehmen wir, daß der Pragmatist à la Rorty in *einem* Punkt recht hat: Man sollte keinen modernen Essentialismus szientistischer Prägung vertreten. Sofern unsere Wissenschaft zutrifft, teilt sie uns diejenige Eigenschaft des Golds mit, die ihre übrigen physikalischen Eigenschaften erklärt, doch damit braucht noch längst nicht die ganze Geschichte erzählt zu sein. Heidegger formuliert es so: »Diese Angaben der Physik sind richtig. Die Wissenschaft stellt durch sie etwas Wirkliches vor, wonach sie sich objektiv richtet. Aber [...] Wissenschaft trifft immer nur auf das, was *ihre* Art des Vorstellens im Vorhinein als den für sie möglichen Gegenstand zugelassen hat.«[3] Die-

3 Martin Heidegger, »Das Ding«, in: ders., *Vorträge und Aufsätze*, Pfullingen: Neske [4]1978, 163-185, hier: 162.

sem Zitat zufolge könnte es sein, daß die ägyptische Auffassung der wesentlichen Eigenschaft des Golds, sofern sie zutrifft, ebenfalls mit einem Aspekt der Natur übereinstimmt oder einen solchen Aspekt offenbart.

Unter Voraussetzung unserer Auffassung von der Verdrängung des Überholten vertreten wir die These, daß wir den alten Ägyptern zumindest im Prinzip unsere Wissenschaft hätten beibringen können und zugleich die Unterscheidung zwischen dem *An-sich* und dem *Für-uns*. Dann wären sie einerseits dazu imstande gewesen einzusehen, daß Gold eine in unserem Sinn natürliche Art mit der wesentlichen Eigenschaft, Atomgewicht 79 zu haben, ist. Andererseits hätten sie ebenfalls erkennen können, daß wir mit unserem entzauberten Naturverständnis den Umstand verkennen, daß die Natur etwas Heiliges ist und daß ihre Arten ein heiliges Wesen haben, das unsere Wissenschaft nicht erkennen kann. Selbst ein Blick von nirgendwo auf die Dinge, wie sie an sich selbst sind, ist nichts weiter als eine begrenzte Form ihrer Erschließung. Um nochmals eine Formulierung Heideggers zu zitieren: »[D]ieses physikalisch Vorgestellte ist zwar die Natur selbst, jedoch unweigerlich nur die Natur als das Gegenstandsgebiet, dessen Gegenständigkeit sich erst durch die physikalische Bearbeitung bestimmt und in ihr eigens erstellt wird.«[4]

Während also die physikalische Eigenschaft des Golds, nicht anlaufen zu können, von unserer Wissenschaft *kausal* erklärt wird, indem sie sich auf allgemeingültige Gesetze und ihren Blick von nirgendwo beruft, kann es sein, daß die heilige Wesenseigenschaft, in göttlichem Glanz zu erstrahlen, nur den religiösen Praktiken der Ägypter zugänglich ist. Der in den Praktiken vormoderner Kulturen enthal-

4 Martin Heidegger, »Wissenschaft und Besinnung«, in: ders., *Vorträge und Aufsätze*, 45-70, hier: 58.

tene Übereinstimmungsanspruch würde in ausbuchstabierter Form auf die Behauptung hinauslaufen, daß sie Praktiken kennen, mit deren Hilfe eine *Perspektive* auf die Realität gefunden werden kann, die mit *einem Aspekt der Realität* übereinstimmt, ohne daß behauptet wird, man verfüge über einen *Blick von nirgendwo*, der die objektive Wirklichkeit *in ihrem Ansichsein* offenbart. Nun könnte es sein, daß der von solchen Praktiken *offenbarte* Aspekt kausale Eigenschaften hat, die sich nur von diesen spezifischen Praktiken *aktivieren* lassen und die daher von einer entzauberten Wissenschaft mit dem ihr eigenen Blick von nirgendwo gar nicht ausfindig gemacht werden können. Daher könnte es sein, daß es für etwas, was vom Standpunkt unserer Wissenschaft aus geheimnisvoll oder sogar unmöglich erscheint, eine kausale Erklärung gibt, wenn man es im Rahmen einer gegebenen Menge von Praktiken betrachtet, die einen anderen Typus von Kausalität offenbaren – eine Kausalität, die zumindest unserem heutigen Wissenschaftsverständnis fremd ist. In diesem Sinn wären die beiden Erklärungen nicht miteinander zu vereinbaren. Im extremsten der denkbaren Fälle könnte es sogar sein, daß diese kulturspezifisch aktivierten kausalen Eigenschaften die von unserer eigenen Wissenschaft entdeckten kausalen Eigenschaften ausstechen. Im Fall einer Bestätigung könnten Levitation oder außersinnliche Wahrnehmung Beispiele hierfür sein. Natürlich müßte unsere auf dem Gedanken der Einheitswissenschaft basierende Physik dann revidiert werden, um solche Phänomene zu berücksichtigen. Andernfalls müßte sie preisgegeben werden.

Hinzu kommt folgendes: Derzeit sind uns zwar keine allgemeingültigen Alternativtheorien der ansichseienden Natur bekannt, aber es gibt viele Dinge, die wir nicht verstehen. Außerdem kann es noch andere Möglichkeiten geben, an die allgemeinen kausalen Eigenschaften heranzukommen, die der abendländischen Wissenschaft unverständlich bleiben müssen. Bisher ist es zum Beispiel noch nicht gelungen, den Erfolg der Akupunktur mit Hilfe der Begriffe unserer abendländischen Medizin zu verstehen, und womöglich müssen wir einfach *zwei* Theorien über den Körper akzeptieren: eine, die sich auf Moleküle und elektrische Impulse bezieht, und eine andere, die den mit den Mitteln unserer Physik nicht zu deutenden Wegen einer Form von Energie nachgeht. Vielleicht sehen wir auch Anzeichen der Notwendigkeit, zwei unabhängige Erklärungen der Realität zu geben: Die eine würde jene Aspekte der Natur, wie sie an sich selbst ist, beschreiben, die sich neutralen Beobachtern zeigen, während die andere darstellt, wie sich die Realität engagierten – eingebundenen – Menschen offenbart. Den Wissenschaftlern und Philosophen ist es bisher schließlich nicht gelungen, mechanische Theorien der physischen Wirklichkeit mit den offenbar unbestreitbaren Fakten des freien Willens, des Bewußtseins und des Sinnverstehens in Einklang zu bringen. Käme es in allen diesen Fällen zu einer Annäherung, so wäre das sicher befriedigend und würde diejenigen unter uns, die die Natur in abendländischer Weise im Hinblick auf das *Uni*-verselle erforschen, darüber beruhigen, daß unsere Theorien eine unabhängige Realität beschreiben. Aber dennoch müssen wir die Möglichkeit offenlassen, daß es nicht nur eine einzige, privilegierte Funktionsweise der Natur gibt.

Unserer entzauberten Wissenschaft zufolge gilt überall – egal, ob jemand es weiß oder sich darum kümmert –, daß Gold die Ordnungszahl 79 besitzt, da diese Eigenschaft alle kausalen Eigenschaften erklärt, die unsere Wissenschaft erkennen kann. Dennoch führen die eben angestellten Überlegungen zu der Schlußfolgerung, daß es sich nur relativ zu unserer entzauberten Weise des Befragens der Naturvorgänge so verhält, daß das Atomgewicht 79 als *die* wesentliche Eigenschaft von Gold aufgefaßt wird. Allgemeiner gesprochen: Es gibt nicht die *eine* wesentliche Eigenschaft des Golds. Angesichts der oben angestellten Überlegungen muß man Pluralist sein, wenn es um das Wesen geht.

Sobald wir uns der letzten Lesart des vermittlungsgebundenen Innen-außen-Bilds – nämlich der Behauptung, wir müßten in unsere Beschreibung der Realität eingeschlossen bleiben – entledigt haben, können wir Rorty beipflichten und einräumen, daß es die *eine* Sprache der korrekten Naturbeschreibung nicht gibt, während wir im Gegensatz zu Rorty darauf pochen, daß es *viele* Sprachen geben kann, deren jede einen anderen Aspekt der Wirklichkeit korrekt beschreibt. Unser Standpunkt ließe sich dann als *pluralistischer, robuster Realismus* kennzeichnen. Das heißt: (1) Es kann mehrere Verfahren der Realitätsbefragung geben (das ist das »pluralistische« Ingrediens). (2) Dennoch werden diese Verfahren Wahrheiten offenbaren, die von uns unabhängig sind, also Wahrheiten, deren Verständnis voraussetzt, daß wir unser Denken berichtigen und anpassen (das ist der Anteil des robusten Realismus). (3) Alle Versuche, die verschiedenen Formen der Realitätserkundung auf eine einzige Art der Fragestellung zurückzuführen, aus der sich ein einheitliches Bild oder eine einheitliche Theorie ergibt, schlagen fehl (also bleibt es bei der Pluralität).

1

Es liegt auf der Hand, daß wir hier einen Standpunkt vertreten, der im Kontext unserer heutigen Kultur nicht leicht zu verteidigen ist, und zwar (wie wir meinen) nicht so sehr in intellektueller, sondern eher in rhetorischer Hinsicht. Es gibt zwei mächtige Positionen, die heutzutage verfochten werden; und dabei handelt es sich, wie man wohl sagen darf, um den modernen Szientismus einerseits und verschiedene Spielarten des Subjektivismus und des Relativismus andererseits. Jede dieser Positionen definiert sich als eine von nur zwei möglichen Einstellungen, die in einen tödlichen Kampf mit der jeweils anderen verstrickt seien. Jede von ihnen bemüht sich daher, plausibel zu wirken, indem sie aufzeigt, was an der jeweils anderen übertrieben oder abstoßend ist. Nach szientistischer Auffassung muß jede Infragestellung der alleinigen Wahrheit der modernen Wissenschaft auf das gleiche hinauslaufen wie eine Ablehnung der Wahrheitskategorie selbst. Für Rorty und andere Autoren gibt es dementsprechend keinen anderen Ausweg aus dem Imperialismus der modernen Wissenschaft als die Infragestellung dieser Kategorie.

Der Weg, den wir hier einschlagen, stört dieses Bild, indem er eine dritte Möglichkeit ins Spiel bringt. Es kann gar nicht ausbleiben, daß wir von jeder der beiden Extrempositionen als Befürworter der anderen Partei gesehen werden, nämlich von den Rorty-Anhängern als Szientisten und von den szientistisch Gesinnten als Feinde der Wahrheit und der Wissenschaft. Von unserem Standpunkt aus gesehen, müssen wir an zwei Fronten kämpfen, um die Tragfähigkeit unseres von beiden Extrempositionen abweichenden Standpunkts zu begründen.

Ebendies haben wir auf den vorigen Seiten getan, indem wir gezeigt haben, inwiefern die gültigen Ansprüche der modernen Wissenschaft auf Einsicht in die Dinge an sich nicht in Widerspruch stehen zu der Möglichkeit, daß es eine Mehrzahl von aufschlußreichen Betrachtungsweisen der Welt (der Natur, des Kosmos, des Universums?) gibt.

Dieser Standpunkt kann jedoch von einer Seite aus angegriffen werden, die wir bis jetzt noch nicht betrachtet haben. Man kann nämlich meinen, wir hätten letztlich doch vor dem Szientismus kapituliert. Vielleicht könne die moderne Wissenschaft als ein Unterfangen dargestellt werden, das von einer einzigen unbewiesenen Annahme abhängt, von der wir ebenfalls ausgehen, ohne weiter darüber nachzudenken.

Ist diese Vorliebe für die Einheit im Gegensatz zur Mannigfaltigkeit nicht bloß ein abendländisches Vorurteil? Sollten wir nicht – ebenso wie Nietzsche und andere Nominalisten – aller Einheit gegenüber mißtrauisch sein, da wir sie den Dingen aufoktroyieren, um mit ihnen zurechtzukommen? Es könnte doch sein, daß die unhintergehbare Mannigfaltigkeit – wie in der Quantenphysik etwa – ein besserer Beleg für die Existenz einer unabhängigen Realität ist. Selbst wenn das Bedürfnis nach Einheit in der Einheit unseres Körpers und der dem Körper entsprechenden (zweifellos gegebenen) einheitlichen Wahrnehmung gründet, fragt es sich doch, ob das nicht zeige, daß diese Vorliebe für die Einheit bloß ein weiteres Vorurteil ist, das wir überwinden sollten.

Es gab, wie oben bereits erwähnt, frühere Stadien der menschlichen Kultur, in denen die Existenz fremder Götter anerkannt wurde, ohne die Frage aufzuwerfen, wessen Vorstellung vom Göttlichen eigentlich die richtige sei. Diese Betrachtungsweise wurde dann in die Vergangenheit abgedrängt, wofür zum Teil der (jüdisch-christlich-muslimische) Monotheismus verantwortlich ist, zum Teil aber auch die bedeutenden philosophischen Entwicklungen in der antiken Welt. Platon und Aristoteles gingen bei ihren Konstruktionen von der Auffassung aus, daß wir ein einziges, kohärentes System des Kosmos zu verstehen versuchen. Der Schritt hin zur Einheit wurde bereits damals getan. Die moderne Wissenschaft ist die Erbin dieses Vorgehens, doch sie gibt ihm einen neuen Drall. Der wiederum liegt in der Vorstellung, der privilegierte Blick sei ein Blick von nirgendwo, der alle unsere Teilperspektiven hinter sich läßt.

Daneben gibt es privilegierte Perspektiven auf die Realität, die kein Blick von nirgendwo zu sein beanspruchen, wohl aber Betrachtungsweisen, die jeden anderen Blick verdrängen. Die Skala dieser Perspektiven reicht von Platons Behauptung, der Philosoph sei dieser Schau teilhaftig, sobald er aus der Höhle hervortritt, bis hin zu Religionen wie dem späteren Judentum, dem Buddhismus und dem Christentum, die zwar eine wahre und allgemeingültige Betrachtungsweise für sich in Anspruch nehmen, ohne jedoch eine Vorstellung von einem Blick von nirgendwo zu kultivieren.

Aber obwohl diese Auffassung der Einzigartigkeit des Universums im Rahmen unserer Zivilisation auf eine ehrwürdige Tradition zurückblicken kann, könnte man trotzdem die Frage aufwerfen, ob es sich wirklich bloß um ein Vorurteil handele. Wir selbst meinen, die Antwort müsse »ja und nein« lauten. Ja, es handelt sich tatsächlich um ein abendländisches »Vorurteil«, sofern wir damit ein fest verankertes Merkmal unserer Weltsicht meinen. Außerdem ist es, wie oben schon angedeutet, ein Merkmal, von dem man behaupten darf, daß es in unserem Gefühl der Einheit des Körpers wurzelt. Dagegen ist es kein »Vorurteil«, wenn man darunter eine die Forschung einrahmende Annahme versteht, die ihrerseits nicht die Möglichkeit zuläßt, im Verlauf dieser Forschung untermauert oder widerlegt zu werden. Daß eine einheitsstiftende Perspektive einem Aspekt der Realität entspricht, wird durch den Erfolg unserer totalisierenden Form der Wissenschaft (Forschung) ebenso bestätigt wie durch unser Voranschreiten zu einer Verschmelzung der Horizonte (siehe Kapitel 6). Kurz, die Frage der Einheit und der Mannigfaltigkeit muß letzten Endes und im weitesten Sinne des Wortes *empirisch* entschieden werden, nämlich auf der Basis dessen, was sich zu guter Letzt als wahr herausstellt.

Dafür spricht, daß die Entscheidung über diese grundlegend wichtige Frage »Einheit oder Mannigfaltigkeit?« noch nicht gefallen ist. Richtig ist: Die Annahme, daß unsere scheinbar unvereinbaren Realitätsdeutungen, sofern sie wahr sind, konvergieren müssen, stützt sich auf unser Basiskriterium dafür, daß wir die Realität optimal im Griff haben. Mit zwei kontradiktorischen Wahrnehmungen (etwa: »Das Café, das ich eben betreten habe, ist sowohl groß als auch klein«) können wir uns nicht zufriedengeben. Andererseits müssen wir uns an den folgenden Gedanken gewöhnen: In der alltäglichen Wahrnehmung müssen alle Perspektiven auf einen Gegenstand letztlich eine Einheit bilden, doch was die physische und die menschliche Natur betrifft, kann es sein, daß sie aus verschiedenen Perspektiven zugänglich sind, die ihrerseits womöglich unvereinbare, aber zumindest nicht aufeinander zurückführbare Wesensmerkmale der ansichseienden Dinge offenbaren.

Selbst wenn wir uns auf die Geschichte der eigenen Kultur beschränken, haben wir schon eine ganze Reihe verschiedener Phasen hinter uns: Zuerst sollte die Natur kultiviert und dann beherrscht oder als das von Gott geschaffene Buch gelesen werden; später wurde sie verdinglicht und ausgebeutet, während sie heute als eine Ressource gesehen wird, die möglichst flexibel ausgestaltet und so optimiert werden soll, daß ihre Möglichkeiten maximal ausgenutzt werden können. Nunmehr scheint sich auch die vorsokratische Auffassung der Natur als einer hervorquellenden, verweilenden und absterbenden Entität[5] wieder zur Gel-

---

5 Siehe Heidegger, *Einführung in die Metaphysik*, Tübingen: Niemeyer 1953. Vgl. Hubert L. Dreyfus u. Sean Dorrence Kelly, »Conclusion: Lives Worth Living in a Secular Age«, in: Dreyfus u. Kelly, *All Things Shining. Reading the Western Classics to Find Meaning in a Secular Age*, New York: Free Press 2011, 190-223.

tung zu bringen, indem sie als Gaia-Hypothese in Erscheinung tritt, der zufolge die Natur uns gegenüber den Anspruch vertritt, wir sollten sie bewahren. Die verdinglichende Auffassung der Natur wurde bereits in der romantischen Dichtung in Frage gestellt. Bei Wordsworth heißt es etwa:

> [...] da habe ich
> eine Präsenz gefühlt, die aufwühlt mit der Freude
> sublimen Denkens, ein erhabenes Empfinden
> für etwas, das weit tiefer eingewoben ist:
> des Heimstatt ist das Licht der untergehnden Sonnen –
> das Weltmeer ringsumher – und die lebendge Luft –
> das blaue Firmament – und in des Menschen Seele
> eine Bewegung und *ein* Geist, die Triebkraft
> alles Denkenden, und aller Gegenstände allen Denkens,
> und alles Seiende durchdringend. [...][6]

Unsere Ja-und-nein-Antwort auf den Vorwurf, die Bejahung der Einheit sei nur ein Vorurteil, ließe sich auch auf andere Weise zusammenfassen: Es ist richtig, daß wir geneigt sind, nach einer einheitlichen Theorie, die von allen Phänomenen handelt, zu suchen; und in diese Richtung werden wir vielleicht nicht nur von den Traditionen unserer Kultur gedrängt, sondern auch von der Art und Weise, in der wir innerweltlich als Körperwesen existieren. Die Fähigkeit, zwei bisher unverknüpfte Theorien zu vereinheitlichen, steigert unser Vertrauen in beide. Das Scheitern der wiederholten Versuche, die Konvergenz von Physik und Chemie zu erklären, führte im neunzehnten Jahrhundert zu erheblichen Zweifeln an den Grundlagen der Chemie.

---

6 William Wordsworth, »Lines Written a Few Miles Above Tintern Abbey«, übers. von Wolfgang Schlüter: »Verfasst auf einer Anhöhe, einige Meilen fern der Tintern-Abtei«, in: Wordsworth, ›*I Wandered Lonely as a Cloud*‹: *Balladen, Sonette, Versepen*, Straelen: Straelener Manuskripte 2011, 165.

Als man jedoch Belege dafür fand, daß diese beiden Wissenschaften tatsächlich konvergieren, wurde dieser Erfolg mit Erleichterung begrüßt und als zuverlässiges Zeichen dafür gewertet, daß es eine einzige, unabhängige Realität gibt, die von beiden beschrieben wird.

Ein weiteres wichtiges Beispiel für diese Suche nach Einheit ist die Vielzahl der Versuche, eine Synthese aus aristotelischer Philosophie und jeweils einer der drei großen monotheistischen Religionen herzustellen. Den Anfang machte der jüdische Denker Maimonides, dessen Werk verschiedene islamische Philosophen anregte, wie zum Beispiel Ibn Sina und Ibn Ruschd (Avicenna und Averroes), die ihrerseits Thomas von Aquin und dessen großen Versuch einer Synthese beeinflußten. Dabei ist es interessant festzuhalten, daß das Unvermögen, eine vollständige Synthese herzustellen, bei Ibn Ruschd zu einer Theorie der »doppelten« Wahrheit führt – zu einer Relativierung wichtiger Wahrheiten auf den einen oder den anderen Bezugsrahmen, weil die betreffenden Aussagen ohne die Relativierung unweigerlich zu kollidieren scheinen. Dieses Vorgehen hat einiges mit gewissen Formen des modernen »Antirealismus« gemein. Affinitäten lassen sich beispielsweise feststellen, wenn man an Kants Auflösung der Antinomien denkt. Thomas von Aquin hingegen sprach sich für einen *einheitlichen* Realismus ohne Kompromisse aus und stellte sich die Aufgabe, eine vollständige Konvergenz herbeizuführen. Ob sein Unterfangen Erfolg hatte oder nicht, ist in manchen Kreisen natürlich nach wie vor umstritten. Im Anschluß an den von Pascal verkündeten Leitsatz, der Gott Abrahams, Isaaks und Jakobs sei nicht der Gott der Philosophen, reagierte Kierkegaard auf Hegel – den letzten der großen Vereinheitlicher – und nannte überzeugende Argumente für die Auffassung, jedes derartige Unterfangen müsse scheitern.

Kurz, daß wir Abendländer uns an Kohärenz und Einheit gebunden fühlen, kann auch als partikulare Perspektive gesehen werden, aus der die physikalische und die menschliche Natur erforscht werden. Trotzdem kann es nicht gelingen, diese Betrachtungsweise selbst aus dem Blickwinkel allgemeiner metaphysischer Anschauungen (wie Nominalismus oder Perspektivismus à la Nietzsche) in Frage zu stellen, obwohl es durchaus möglich ist, ihren Anspruch auf Einzigkeit und Überlegenheit aufs Korn zu nehmen.

Derzeit kennen wir zwar keine physikalischen Alternativtheorien, die mit unserer eigenen Theorie nicht zu vereinbaren sind, aber es gibt vieles, was wir nicht verstehen. Bereits erwähnt haben wir weiter oben das Beispiel der Akupunktur, die bisher allen Versuchen einer Deutung im Sinne der abendländischen Medizin spottet. Vielleicht werden wir letzten Endes einfach akzeptieren müssen, daß es zwei Erklärungen des Körpers gibt, die nicht innerhalb eines kohärenten Rahmens miteinander verbunden werden können. Hier gibt es drei Möglichkeiten, sie zu einer einzigen Theorie zu verbinden: (1) Künftige Untersuchungen können zeigen, daß diese beiden Wissenschaften es mit grundverschiedenen Fragen zu tun haben, so daß sich die Antworten auf die eine nicht im geringsten auf unsere Theorien über den anderen Bereich auswirken. Ähnlich verhält es sich nach einigen Autoren mit den Fragen der Naturwissenschaft einerseits und den Fragen des religiösen Glaubens andererseits.[7] (2) Ferner kann es geschehen, daß der eine Ansatz den anderen schlicht verdrängt und als unzulänglich erweist. Er sei nicht dazu in der Lage, Anomalien aufzulösen, mit denen die bessere Auffassung durchaus zu Rande kommt. Das wäre so ähnlich wie im Fall der aristotelischen Theorie der Bewegung, die von der postgalileischen Mechanik zum al-

7 Siehe Stephen Jay Gould, *Rocks of Ages. Science and Religion in the Fullness of Life*, New York: Random House 1999.

ten Eisen geworfen wurde. (3) Möglich wäre es auch, daß die eine Wissenschaft eine allgemeinere Theorie aufstellt, der man die gültigen Ergebnisse der anderen Theorie als Spezialfälle einverleiben könnte (so wie die Theorie Einsteins die Bewegungsgesetze Newtons verdrängt und in sich aufgenommen hat). Weder (1) noch (2) scheinen aussichtsreiche Lösungen des rätselhaften Verhältnisses zwischen der Akupunktur und unserem derzeitigen Verständnis der modernen wissenschaftlichen Medizin anzubieten, denn die Bereiche der von ihnen behandelten Beschwerden überschneiden sich, und keine der beiden scheint schlichtweg falsch zu sein. Vielleicht kann man sich eine Variante der Möglichkeit (3) denken, in deren Rahmen eine umfassendere und tiefer reichende Theorie der Zukunft die Erfolge beider Ansätze als Spezialfälle erklären kann. Aber heute zeichnet sich nichts dergleichen auch nur ganz entfernt am Horizont ab.

Es gibt aber noch schlimmere Fälle. In den bisher fruchtlosen Bemühungen von Wissenschaftlern und Philosophen um eine Versöhnung ihrer mechanischen Theorien der physikalischen Realität mit den offenbar unbestreitbaren Tatsachen der Willensfreiheit und des Bewußtseins kann man sogar Anzeichen dafür erblicken, daß zwei *inkompatible* Theorien nötig sein werden. Angesichts der abendländischen Geschichte der Theoriebildung und des Glaubens an die Einheit der Vernunft wäre eine Annäherung in diesen Fällen bestimmt befriedigend und eine Bestätigung der Vermutung, daß unsere Theorien eine unabhängige Realität beschreiben. Aber zugleich müssen wir die Möglichkeit offenlassen, daß es nicht nur *eine* Art und Weise gibt, in der das Universum funktioniert. Sofern man nicht auf die Einheit als Test für Realität festgelegt ist, brauchen diese separaten Realitäten nicht zu bedeuten, daß keine mit der Realität übereinstimmende Beschreibung existiert, aber sie werden bedeuten, daß es mehrere dieser Beschreibungen gibt.

Eine derartige Möglichkeit wirft die umfassendere Frage auf, ob eine Theorie der als sinnfrei aufgefaßten physischen Natur mit einer Erklärung zu vereinbaren ist, der zufolge der Kosmos Sinn trägt und den Menschen eine bevorzugte Stellung einräumt. Einer positiven Antwort kann man sich nähern, indem man zu zeigen versucht, daß unsere Wissenschaft die christliche Vorstellung von einem Universum stützt, in dessen Mittelpunkt der Mensch steht. Angesichts des Umstands, daß die Basis unserer Wissenschaft in der Entdeckung eines Universums besteht, dessen Kausalgesetze uns selbst und den von uns intendierten Sinn völlig außer acht lassen, wirkt diese Strategie nicht sonderlich verheißungsvoll. Bestenfalls läßt sich auf diese Weise zeigen, daß die Existenz unseres faktisch gegebenen Universums höchst unwahrscheinlich ist. Aber jedes spezifische Universum wäre ebenso unwahrscheinlich und könnte zur Entstehung bewußter Wesen anderer Art führen. Daher gibt es für eine Wissenschaft wie die unsrige keine Möglichkeit zu erklären, wie es hätte kommen können, daß das Universum um unseretwillen geschaffen wurde.

Ein verheißungsvollerer (und an [1] gemahnender) Ansatz wird von Dostojewskij in *Die Brüder Karamasow* verfolgt. Eine der Zielsetzungen des Buchs besteht darin, eine existentielle Erklärung christlicher Begriffe wie Schuld, Auferstehung und Wiedergeburt sowie der christlichen Sakramente (zum Beispiel Taufe und Beichte) zu geben und zu zeigen, inwiefern diese Begriffe und Praktiken auf wichtige Aspekte der Conditio humana ansprechen, ohne mit den Gesetzen der Physik und der Chemie in Konflikt geraten zu müssen.[8]

8 Als Dmitrij von Claude Bernards Forschungen zum Nervensystem hört, glaubt er irrtümlicherweise, er müsse seinen Glauben an die Existenz der Seele aufgeben und könne sein Verbrechen durch Lei-

In der Mitte des Buchs hat Aljoscha ein Erlebnis, das ihm Ausblick gewährt auf unseren besonderen Platz im Kosmos: »Wie wenn die Fäden von all diesen zahllosen Welten Gottes mit einem Male in seiner Seele zusammenliefen und sie erbebte.«[9] Aus Dostojewskijs Sicht gibt es keinen Konflikt zwischen diesem Erlebnis und der modernen, wissenschaftlichen Erklärung des entzauberten Universums. Solange wir keine kausalen Behauptungen aufstellen, die unserer wissenschaftlichen Kosmologie widersprechen, kann ein solches Erlebnis des Sinns des Kosmos und unseres Orts in ihm so verstanden werden, daß es uns Zugang zu einer ansichseienden Realität verschafft, die in keiner Hinsicht davon abhängt, wie wir sie beschreiben, und in der die Menschen dennoch eine zentrale Stellung einnehmen.

---

den sühnen: »Stell dir vor: Also dort, in den Nerven, das heißt im Schädel, das heißt im Hirn, gibt es diese Nerven (hol sie der Teufel!) ... Also, da gibt es solche Schwänzchen, das heißt, die Nerven haben solche Schwänzchen. Nun, und sobald die dort anfangen zu zittern ... Siehst du, zum Beispiel, ich richte meine Augen auf irgend etwas, so! Und schon zittern sie, diese Schwänzchen [...], deshalb sehe ich und denke anschließend ... weil es die Schwänzchen gibt und keineswegs, weil ich eine Seele habe [...]. Diese Wissenschaft, Aljoscha, ist einfach großartig! Es wird einen neuen Menschen geben [...]. Und trotzdem, schade um Gott!« (Buch XI, Kapitel 4; übers. von Swetlana Geier, Frankfurt/M.: Fischer 2006, 936) Aljoscha reagiert, indem er Dmitrijs Schlußfolgerung einfach ignoriert und ihn dazu ermutigt, einen anderen Sinn des Begriffs »neuer Mensch« zu finden. Wenig später sagt Dmitrij: »Bruder, in diesen vergangenen zwei Monaten habe ich in mir einen neuen Menschen erlebt, ein neuer Mensch ist in mir auferstanden! [...] er hätte sich niemals offenbart, wenn nicht dieser Blitz eingeschlagen hätte« (XI, 4; Übers., 940). Im Gegensatz zu dem neuen Menschen der Wissenschaft (den Dostojewskij keineswegs ablehnt) stellt Dmitrijs ebenso gültige existentielle Auffassung eine Verbindung her zwischen Leiden, Auferstehung und Freude.

9 Ebd., VII, 4 (Übers. 584).

Daß es prinzipiell eine Vielzahl dieser nicht aufeinander zurückführbaren und sogar miteinander unvereinbaren Perspektiven auf die Realität gibt, spräche natürlich dafür, daß es nicht nur *eine* Daseinsweise der Natur und somit nicht nur *eine* mit ihr übereinstimmende Wahrheit gibt. Das braucht aber nicht zu heißen, daß es *keine* Daseinsweise der Natur an sich gibt, also daß alle natürlichen Arten Konstruktionen sind, die sich relativ zu unseren (»perspektivistisch« verstandenen) Interessen verhalten (wie Nietzsche und die postmodernen Autoren behaupten), oder daß keine deskriptive Betrachtungsweise der kausalen Struktur der Wirklichkeit entsprechen und von ihr gerechtfertigt werden kann (wie Rorty zu meinen scheint). Vielmehr sollten wir zu dem Schluß kommen, daß es mehrere Möglichkeiten der Naturbeschreibung gibt, die allesamt wahr sein können.

Der *pluralistische, robuste Realismus* kann demnach sowohl den *reduktionistischen Realismus* vermeiden, nach dessen Auffassung die Wissenschaft alle Daseinsweisen erklärt, als auch den *wissenschaftlichen Realismus*, nach dessen Auffassung es nur *eine* Aufgliederung des Universums in Arten gibt, so daß jeder, der sich der entsprechenden Terminologie bedient, auf das Bezug nimmt, worauf auch unsere Ausdrücke für natürliche Arten Bezug nehmen. Gleichzeitig weist der pluralistische, robuste Realismus den Anspruch des *deflationären Realismus* zurück, wir seien außerstande, den Gedanken, daß wahre Aussagen der Wissenschaft mit dem Sosein der Dinge an sich selbst übereinstimmen, sinnvoll zu deuten.

Sobald wir das vermittlungsgebundene Bild mit seinen letztlich ungültigen apriorischen Gründen für die Erfindung immer subtilerer Formen des Antirealismus überwunden haben, erschließt unsere Alltagserfahrung des unmittelbaren, körperlichen Kontakts zu einer unabhängigen Realität einen Raum für eine ganze Skala von Erklärungen unserer wesentlichen Natur sowie der Natur des Universums. So bekommen wir den nötigen Freiraum für eine empirische Untersuchung, um festzustellen, welche dieser Erklärungen gegebenenfalls mit Aspekten der Realität übereinstimmen und wie diese diversen Aspekte gegebenenfalls zusammenpassen.

2

Genauso wie uns die Tatsache, daß es viele verschiedene Möglichkeiten der Realitätsdeutung gibt, dazu bringt, unser Verständnis der physischen Natur in Frage zu stellen, so bringt uns die Vielfalt der Kulturen mit ihrer jeweils eigenen Vorstellung vom Menschsein dazu, unser Verständnis der menschlichen Natur in Frage zu stellen.

Ungefähr ein halbes Jahrhundert ehe Kripke seine Theorie der starren Bezeichnungsausdrücke aufstellt, entfaltet Heidegger eine ähnliche Idee, um seinen Versuch einer Bestimmung der wesentlichen Merkmale dessen, was er beim Menschen als »Dasein« bezeichnet, zu begründen. Er erkennt, daß er, um über die wesentlichen Merkmale des Menschen zu sprechen, nicht schon am Anfang seiner Untersuchung behaupten kann, er wisse, um welche Merkmale es sich handelt. Wo soll er also ansetzen? Um dieses Problem zu lösen, entwickelt Heidegger eine Theorie der »unverbindlichen« Bezugnahme. Diese Bezugnahme, so meint er, werde durch die »formale Anzeige« ermöglicht. Die unverbindliche Bezugnahme setzt an, indem sie provisorisch auf Entitäten eines bestimmten Typs verweist und sich dabei nur kontingenter Merkmale bedient, um so mit Hilfe einer Untersuchung der angemessenen Art zu versuchen, gegebenenfalls zu den wesentlichen Merkmalen der betreffenden Art vorzustoßen.[10]

Die Entdeckung der formalen Anzeige gestattet es Heidegger, am Anfang von *Sein und Zeit* eine provisorische Definition des Daseins zu geben: Es sei ein Wesen, um das es ihm selbst je geht. Weitere Untersuchungen des Sinns menschlicher Praktiken im Rahmen der hermeneutischen Methode Heideggers zeigen, daß das Dasein zu sich selbst Stellung bezieht, indem es »Zeug« benutzt, um eine Aufgabe zu erfüllen, etwa die Aufgabe des Lehrers oder des Zimmermanns. Es zeigt sich also, daß das Wesen, das zu seinem Sein Stellung bezieht, spüren muß, worauf es ankommt, so daß es eine spezifische Rolle übernimmt, und daß es im Zurechtkommen mit dem Zeug aufgeht, um die Vorhaben auszuführen, die diese Rolle verlangt. Heidegger kennzeichnet diese dreifache Struktur des In-der-Welt-Seins mit Hilfe der Ausdrücke »geworfen«, »aufgehen« (bzw. »verfallen«) und »Entwurf«, und dabei zeigt er, wie diese Struktur es dem Dasein ermöglicht, eine Welt zu erschließen. Als dasjenige Wesen, das eine Lichtung bzw. eine Welt erschließt, hat das Dasein keine wesentliche Struktur außer der Grundstruktur des In-der-Welt-Seins. Wie sich herausstellt, liegt die wesentliche Struktur des Daseins demnach darin, daß es ein offener Erschließer einer Welt ist.[11]

---

10 Siehe Martin Heidegger, *Sein und Zeit*, Tübingen: Niemeyer [19]2006, 116. Hier spricht Heidegger von »einer unverbindlichen formalen Anzeige von etwas, das im jeweiligen phänomenalen Seinszusammenhang vielleicht sich als sein ›Gegenteil‹ enthüllt«. Siehe ferner Heidegger, *Vorlesungen zur Phänomenologie des religiösen Lebens*, in: ders., *Gesamtausgabe*, Band 60, hg. von Matthias Jung, Thomas Regehly u. Claudius Strube, Frankfurt/M.: Klostermann [2]2011.

11 Charles Spinosa, Fernando Flores u. Hubert L. Dreyfus, *Disclosing New Worlds. Entrepreneurship, Democratic Action, and the Cultivation of Solidarity*, Cambridge, MA: MIT Press 1997.

Der späte Heidegger erkennt, daß diese Fähigkeit zur Welterschließung es den menschlichen Kulturen ermöglicht, verschiedene Welten mit jeweils anderem Stil zu erschließen, in denen den Menschen eine jeweils andere Natur zugeschrieben wird. Im Abendland etwa hat man die Menschen in aufeinanderfolgenden Epochen immer wieder anders beschrieben, zunächst als Pfleger der Natur, dann als Heger alles Seienden, als vernünftige Tiere, als Geschöpfe Gottes, als Subjekte im Gegensatz zum Universum der Objekte oder (gegenwärtig) als Optimierer von Ressourcen, die möglichst viel aus ihren Anlagen herausholen wollen. Für jede dieser Beschreibungen gilt: Wird sie als ausschließliche Kennzeichnung unseres Wesens aufgefaßt, verdeckt sie die übrigen und versperrt der Wahrheit, daß wir Welterschließer sind, den Weg; wird sie dagegen richtig verstanden und als eine von vielen möglichen Formen des Menschseins aufgefaßt, bestätigt sie, daß unser wesentliches Merkmal darin besteht, Welterschließer zu sein, und daß diese wesentliche Seinsweise es uns ermöglicht, die Rolle der Sprache ebenso zu verstehen wie die Tatsache, daß jede Kultur eine Auffassung des Sinns des menschlichen Lebens in sich birgt.

Dementsprechend verbürgt jede spezifische Auffassung der menschlichen Natur eine spezifische Auffassung der menschlichen Werte bzw. der Rechte des Menschen. So verweisen die unterschiedlichen Definitionen des Menschen als eines vernünftigen Tiers auf jeweils verschiedene Erläuterungen menschlichen Gelingens. Die Skala reicht von Platons strenger Vorstellung von einem ausschließlich vernunftbestimmten Leben über die Aristotelische Theorie eines im gelungenen Leben hergestellten Gleichgewichts der hierarchisch geordneten menschlichen Werte bis hin zu Kants Akzentuierung der Autonomie des vernünftigen Handlungsvermögens. Von theistischen Auffassungen wird unser höchstes Gut durch Bezugnahme auf ein bestimmtes

Verhältnis zu Gott definiert. Die moderne, individualistische Vorstellung von der moralischen Ordnung begreift uns im wesentlichen als Träger von Rechten. Und so weiter.

Heidegger versucht offenkundig, ein entscheidendes Merkmal des menschlichen Lebens zu formulieren. Er weist darauf hin, daß die Menschen dazu fähig sind, ganz unterschiedliche Lebensformen hervorzubringen, und tatsächlich verschiedene Lebensformen hervorgebracht haben. Aber dieser Hinweis ändert nichts daran, daß wir vor einer diffizilen Frage stehen. Wir können nämlich nicht umhin, uns zu fragen, ob alle diese Lebensformen auf gleichermaßen gültigen Auffassungen des Menschseins beruhen, sofern damit gemeint ist, daß man die höchsten und besten Seiten des menschlichen Potentials in die Tat umsetzt. Unsere Welt von heute, in der ganz verschiedenartige Kulturen in engen Kontakt miteinander gebracht werden und dazu gezwungen sind, miteinander zu verkehren, kann uns dazu bewegen, Unterschieden mit Verständnis zu begegnen und keinen Anstoß an Verhaltensweisen zu nehmen, die unsere Vorfahren als »befremdliche« Gebräuche der anderen angesehen hätten.

Allerdings scheint nicht jede Kultur einen Sinn für das Gute zu haben, der allen gleichermaßen akzeptabel erscheint. Standpunkte, die es entschuldigen, wenn anderen – unter welcher Definition auch immer – unnötige Leiden zugefügt werden, haben aus unserer Sicht ein wichtiges Merkmal des Menschseins nicht erkannt. Aber muß unser Gefühl der moralischen Empörung nicht relativ zu den verbindlichen Werten unserer Kultur sein? Wenn wir uns einen Überblick über die Geschichte und die menschlichen Kulturen verschaffen, hören wir eine verwirrende Kakophonie von Stimmen, die unvereinbare Ansprüche erheben. Gibt es eine von unserer partikularen, kulturgebundenen Perspektive unabhängige Möglichkeit, die verschiedenen kulturspezifischen Auffassungen dessen, was dem Menschen wesentlich ist, in eine Rangfolge zu bringen und zu kritisieren? Besteht auch nur die geringste Hoffnung darauf, daß wir, was diese Fragen betrifft, jemals zu einem Konsens gelangen werden? Oder daß wir zumindest eine sei's auch nur bescheidene Form der Annäherung zustande bringen – vielleicht indem wir einige Möglichkeiten ausschließen, vielleicht indem wir uns allgemein einig werden, bestimmte Elemente als wesentliche Aspekte jeder Definition des menschlichen Wesens gelten zu lassen?

Nach unserer Überzeugung sind einige Schritte, die in eine der beiden Richtungen gehen, bereits getan worden. Erstens sind manche Argumente, die wir jetzt zumindest im Rückblick als gültige Verdrängungsargumente rekonstruieren können, im Laufe der Menschheitsgeschichte bereits zum Vorschein gekommen. Eines dieser Argumente wurde im 3. Kapitel schon kurz berührt: Vor anderthalb Jahrhunderten war es den Frauen in allen liberalen, demokratischen Gesellschaften (bzw. in allen Gesellschaften, die auf dem Weg zu der heute so gekennzeichneten liberalen Demokratie waren) untersagt, bei Wahlen abzustimmen. Selbst unter den Frauen war nur eine Minderheit dafür, den Frauen das Stimmrecht zu geben. Argumente, die damals äußerst überzeugend wirkten, schützten den Status quo gegen die kleine, mutige Minderheit derjenigen, die für das allgemeine Stimmrecht eintraten. Angeblich fehlten den Frauen die Fähigkeit, das Urteilsvermögen, die Selbstbeherrschung und die Objektivität, oder sie waren (wenn man ihre eigentliche Rolle im Leben bedachte) nicht interessiert und engagiert genug, um die Rolle der Staatsbürgerin wahrzunehmen. Solche Argumente sind inzwischen beiseite gefegt worden.

Doch dabei handelt es sich nicht bloß um den deutlichen Sieg einer historischen Kraft über eine andere. Vielmehr wollen wir in diesem Fall von rationaler Verdrängung sprechen, denn unter anderem dank der tatsächlich gewonnenen Erfahrung im Hinblick auf die Beteiligung von Frauen erscheinen die diversen Argumente, die auf einen in ihrem Wesen verankerten Mangel an Fähigkeiten oder Interessen abheben, schlicht grotesk. Wir fragen uns, was mit den Menschen, die solche Argumente vorgebracht und bejaht haben, los war, und es fällt uns schwer, den Glauben an ihre Intelligenz oder ihre Ehrlichkeit nicht zu verlieren. Was diesen zuletzt genannten Verdacht betrifft, liegen wir falsch und begehen einen Anachronismus, aber das ändert nichts daran, daß diese Argumente nicht mehr rational vertreten werden können. Als man den Frauen bestimmte Formen von Verantwortung vorenthielt und sie auf andere Lebensbereiche einschränkte, galten gewisse Ansichten über ihre Fähigkeit oder Eignung zur Politik als gesichert. Heute dagegen widersprechen solche Ansichten dermaßen klar den banalen Fakten unseres Alltagslebens, daß sie absurd erscheinen.

Um mit Ernst Tugendhat zu sprechen: Man darf die Verdrängung des Überholten so beschreiben, daß wir einen »Erfahrungsweg« zurückgelegt haben, auf dem man nicht umkehren kann.[12] Früher waren beide Anschauungen rational möglich; jetzt gilt das nur noch für *eine* von ihnen.

Etwas Analoges ließe sich über die Abschaffung der Sklaverei in unserer Zivilisation sagen. Diese eigentümliche Institution beruhte auf bestimmten Mythen, die man nur so lange für wahr halten konnte, als die faktische Situation der Unterdrückung ihnen einen gewissen Anstrich von Plausibilität verlieh. Sobald sich dieser Zustand verändert, verlieren die Mythen buchstäblich ihre Glaubwürdigkeit.

---

12 Ernst Tugendhat, *Selbstbewußtsein und Selbstbestimmung*, Frankfurt/M.: Suhrkamp 1979, 275.

Zweitens haben wir es erlebt, daß es im Hinblick auf bestimmte Themen zu teilweisen Annäherungen zwischen völlig verschiedenen Grundanschauungen gekommen ist. Auch in diesem Zusammenhang liefern bestimmte Aspekte der Frauenrechte Belegmaterial. Im Rahmen einiger Zivilisationen – wie im Fall der oben genannten abendländischen Beispiele – haben Verdrängungsargumente Veränderungen nach sich gezogen. Aber auch im Verhältnis zwischen den Zivilisationen gibt es Konvergenzen. In der islamischen Republik Iran etwa gelten zwar nach wie vor strenge Einschränkungen hinsichtlich des Lebens der Frauen, aber immerhin haben sie das Stimmrecht. Die Überlegungen, die diesem Wandel zugrunde liegen, sind allerdings einem anderen Weg gefolgt als dem westlichen. Dieser Wandel hat innerhalb eines islamischen Rahmens und unter islamischen Voraussetzungen stattgefunden; doch in dieser einen Hinsicht sind beide an einem vergleichbaren Ort angelangt.

Das können wir auch als Teil einer allgemeineren Entwicklung sehen, durch die sich ein möglicher globaler Konsens bezüglich der Menschenrechte in unserer Welt durchsetzt. Dieser Annäherungsprozeß hätte, wie es bei Rawls heißt, den Status eines »überlappenden Konsenses«.[13] Das heißt, die verschiedenen Parteien halten zwar an ihren unterschiedlichen Grundanschauungen über Menschen, deren Natur und ihr Wohl fest (Rawls selbst spricht hier von »umfassenden« Theorien des Guten), aber dennoch können sie sich insofern einigen, als sie bestimmte Normen als die richtigen bejahen. Man darf wohl geltend machen, daß sich ein solcher Konsens seit dem Zweiten Weltkrieg immer weiter entwickelt hat. Auf diesem Weg wurden ver-

---

13 John Rawls, *Political Liberalism*, New York: Columbia University Press 1993 (übers. von Wilfried Hinsch: *Politischer Liberalismus*, Frankfurt/M.: Suhrkamp 1995).

schiedene Schritte zurückgelegt, wie zum Beispiel die Allgemeine Erklärung der Menschenrechte und weitere internationale Vereinbarungen, diverse (wenn auch mit Mängeln und Vorurteilen behaftete) internationale Interventionen im Namen der Menschenrechte, der Internationale Gerichtshof in Den Haag usw. Auch wenn sich dieser Konsens in seiner stärkstmöglichen Form entwickelte, würde sich dabei niemals Einhelligkeit der religiösen und ethischen Einstellung ergeben, sondern allenfalls ein Annäherungsprozeß, bei dem man sich trotz der verschiedenen Einstellungen und aus unterschiedlichen Gründen auf eine bestimmte Liste von Normen einigt.[14]

Es kann also sein, daß das Gebiet der Differenzen enger wird, und zwar nicht nur de facto (wie etwa im Fall der Konsumgüter), sondern gleichsam auch de jure. Das heißt, der Bereich der Differenzen wird vielleicht kleiner sein als früher. Außerdem kann es geschehen, daß er in der Zukunft weiter schrumpft.

Aber wir können dieses enorme Gebiet der divergierenden Anschauungen auch noch in anderer Weise durchsuchen und die Frage aufwerfen: Welche Elemente bzw. welche Einsichten stehen dermaßen fest, daß sie in jede einigermaßen glaubwürdige Auffassung des menschlichen Wesens und des menschlichen Wohls aufgenommen werden müßten? Eines dieser Elemente ist vielleicht dieses: daß die Menschen Welterschließer sind. Aber Heideggers eigene Darstellung bleibt, wie wir eben gesehen haben, absichtlich leer, um alle spezifischen Formen der Selbstinterpretation und Welterschließung des Daseins zuzulassen. Gibt es jenseits der notgedrungen leeren Strukturen der Welterschlie-

14 Siehe Charles Taylor, »Conditions of an Unforced Consensus on Human Rights?«, in: ders., *Dilemmas and Connections*, Cambridge, MA: Harvard University Press 2011, Kapitel 6.

ßung irgendwelche wesentlichen Strukturen spezifischer Art?

Wenn ja, könnte man hoffen, sie im Bereich der invarianten Struktur des menschlichen Körpers zu finden. Hier kann man, um sich weiterhelfen zu lassen, Merleau-Ponty und Todes heranziehen. Merleau-Ponty gibt, wie wir schon gesehen haben, eine detaillierte Darstellung der Rolle, die der Körper im Prozeß der Wahrnehmung spielt, und erläutert vor allem, wie der aktive Körper uns die Erfahrung vermittelt, in direktem Kontakt zur Realität zu stehen. Er begreift den Körper, wie auch Todes bemerkt, als ein »Ich kann«, was wiederum bedeutet, daß ich dazu gebracht werden kann, auf die von gewissen Angeboten ausgehenden Aufforderungen zu reagieren, indem ich mich so bewege, daß ich sie bestmöglich in den Griff bekomme. Doch Todes weist darauf hin, daß uns Merleau-Ponty keinen Aufschluß darüber gibt, inwiefern die Fähigkeit unseres spezifisch geformten Körpers zur Ausführung bestimmter Bewegungsweisen unerläßlich ist, damit es für uns überhaupt eine Welt gibt. Sofern es solche kulturinvarianten Strukturen tatsächlich gibt, werden sie vielleicht allen Erklärungen unserer Natur Grenzen setzen. Eventuell können sie sogar einen Beitrag zum spezifischen Inhalt aller akzeptablen Theorien leisten.

Dieser Ansatz, einen Inhalt ausfindig zu machen, der in jede Auffassung des menschlichen Wesens und des menschlichen Wohls Eingang finden müßte, damit man sie als glaubwürdig, ja vielleicht auch nur als verständlich ansehen könnte, ist bisher kaum erforscht worden, doch es gibt spannende Hinweise auf das, was er zeigen könnte. Wie wir gesehen haben, stellt unsere aufrechte Haltung offenbar eine kulturelle Invariante dar, die sich in diversen kulturgebundenen Vorstellungen von Würde und Tugendhaftigkeit widerspiegelt. Es ist nicht ohne weiteres klar, ob wir eine

Kultur verständlich fänden, in der sich die »Hochgestellten« und Mächtigen vor den »Niedrigen« verbeugen oder auf den Boden werfen oder in der es eine Kränkung wäre, den anderen »aufrecht« zu nennen.[15]

Ein weiterer Aspekt der universellen Rolle unseres Körpers, den wir ebenfalls schon erwähnt haben, ist unser Gefühl, in dem von Todes genannten Feld der Einflüsse das Gleichgewicht halten zu müssen. Im Rahmen seiner Analyse der Voraussetzungen des Gleichgewichthaltens merkt Todes an, daß wir eine Kraft spüren, die von oben kommt und durch uns hindurchströmt. Außerdem verlangt diese Kraft, daß wir uns nach ihr ausrichten. Tun wir es nicht, stürzen wir; doch wenn es uns gelingt, werden wir mit der Fähigkeit belohnt, uns unseren Aufgaben und anderen Personen stellen zu können und effektiv zu handeln. Einerlei, wie eine gegebene Kultur den Ort des Menschen in der umfassenderen Realität interpretiert – es kann sein, daß sie ein gewisses Gefühl dafür berücksichtigen muß, daß wir uns nach einer nicht unserer Kontrolle unterstehenden Macht richten müssen, die von uns verlangt, ein harmonisches Verhältnis zu ihr herzustellen, und die uns belohnt, sobald es uns gelingt. Abschließend ist das bereits (im 6. Kapitel) erwähnte Gefühl der Interkorporalität zu nennen, das folgendes beinhaltet: Berücksichtigt man die Art und Weise, in der unser Körper funktioniert, stehen unsere Wahrnehmun-

---

15 Es kann keineswegs als selbstverständlich gelten, daß Verstöße gegen diesen überall verbreiteten Sinn für die Bedeutung von Hoch und Niedrig überhaupt verständlich sind. Jede derartige Handlung muß besonders hervorgehoben und durch einen speziellen Sinn ausgezeichnet werden, so wie es Jesus im Neuen Testament tut (Matthäus 20,24-28; Johannes 13,13-15). Es bezeugt jedoch die alles durchdringende Stärke unseres Sinns für die Bedeutung von Hoch und Niedrig, daß es keiner – nicht einmal unserer christlichen – Kultur gelungen ist, die Niedrigkeit der Höchstgestellten zu institutionalisieren.

gen und Handlungen, sobald wir uns der Welt öffnen, in unmittelbarer Verbindung zu den Wahrnehmungen und Handlungen anderer Personen.

Es kann sein, daß jeder ethische Sinn für das Gute, jeder moralische Sinn für das Rechte und vor allem jeder religiöse Sinn für die Verpflichtung gegenüber einer Macht, die nicht unserer Kontrolle untersteht, diesen wesentlichen Merkmalen unserer spezifisch menschlichen Form der Verkörperung entsprechen muß. Todes hatte geplant, eine phänomenologische Argumentation zur Stützung genau dieser These auszuarbeiten, aber er starb, ehe er den Plan ausführen konnte. Ob sich eine solche These auch im Detail untermauern läßt, bleibt abzuwarten, doch es kann keinen Zweifel daran geben, daß unsere aufrechte Haltung überall eine Rolle spielt, wo es darum geht, unsere Welt zu formen und unsere Daseinsweise von der der Tiere zu unterscheiden. Gewiß verdient diese Idee es, daß man sie eingehender untersucht.

3

Betrachten wir die Geschichte aus einer längerfristigen Perspektive, können wir vielleicht eine gewisse Annäherung erkennen. Denken wir beispielsweise an die Umwälzungen der »Achsenzeit«.[16] Sie wurden von ähnlichen Veränderun-

16 Siehe Karl Jaspers, *Vom Ursprung und Ziel der Geschichte*, Zürich: Artemis 1949. Die japanische Zivilisation scheint am wenigsten von dieser achsenzeitlichen Wende erfaßt worden zu sein. (Vgl. Robert N. Bellah, »The Heritage of the Axial Age: Resources or Burden«, und Shmuel Noah Eisenstadt, »The Axial Conundrum between Transcendental Visions and Vicissitudes of Their Institutionalizations: Constructive and Destructive Possibilities«, beide in: Robert

gen in verschiedenen Weltzivilisationen ausgelöst, und dementsprechend können wir einige Affinitäten erkennen zwischen der Philosophie im Zeitalter von Platon und Aristoteles einerseits und den Lehren der hebräischen Propheten im alten Israel andererseits sowie dem neuen Denken, das wir in China mit dem Namen Konfuzius in Verbindung bringen, im alten Indien dagegen mit den neuen Lehren der Verfasser der Upanischaden sowie Buddhas und anderer Reformer. Diese großen Veränderungen legen, wie es scheint, gemeinsame Merkmale an den Tag: einen neuen Universalismus, eine kritische Haltung gegenüber dem bisherigen religiösen Leben, die Einführung höherer Vorstellungen vom Guten und eine gewisse Konzentration auf die religiöse und moralische Entwicklung des Individuums. Es ist nicht nur so, daß diese Entwicklungen in ihrem jeweiligen Kontext definierten, was später als höhere Lebensform angesehen wurde, sondern sie führten auch zu unumkehrbaren Veränderungen der Gesellschaften, in denen sie stattfanden.

Damit kommen wir zum »Sperrklinkeneffekt«.[17] Dabei handelt es sich um historische Übergänge, nach deren Abschluß es den Menschen unmöglich ist oder sogar un-

---

N. Bellah u. Hans Joas [Hg.], *The Axial Age and Its Consequences*, Cambridge, MA: Belknap Press of Harvard University Press 2012, 447-468 bzw. 277-293.) Aber selbst die japanische Zivilisation hat einen gewissen Sperrklinkeneffekt erlebt, insofern sie von religiösen Formen der Nachachsenzeit beeinflußt wurde (nämlich vom Buddhismus und in neuerer Zeit bis zu einem gewissen Grad vom Christentum). Diese Einflüsse sind in einem gewissen Maß neutralisiert worden, aber selbst das ist etwas anderes, als in einer Welt zu leben, in der die von Umbrüchen der Achsenseit aufgeworfenen Fragen noch gar nicht gestellt worden sind.

17 Charles Taylor, *A Secular Age*, Cambridge, MA: Belknap Press of Harvard University Press 2007, 273 (übers. von Joachim Schulte: *Ein säkulares Zeitalter*, Frankfurt/M.: Suhrkamp 2009, 465).

denkbar erscheint, zu der früher vorherrschenden Einstellung zurückzukehren. Die achsenzeitlichen Umwälzungen waren zweifellos von dieser Art. Aber man kann hier auch an andere Veränderungen denken, beispielsweise an den Übergang zu staatlich zentralisierten und städtischen Gesellschaften und an den – in neuerer Zeit – unaufhaltsam vorangehenden Fortschritt der Industrialisierung, der Staatenbildung und der Globalisierung. Aber hier verhält es sich anders als bei gewissen Paradigmenwechseln in der Wissenschaft (wie etwa im Fall des Wechsels von der Aristotelischen zur Newtonschen Mechanik) und einigen weniger umfassenden Veränderungen (des eben erörterten Typs) im Rahmen unserer ethischen Einstellung. Denn anders als bei diesen Veränderungen haben viele Menschen von heute bei jenen Übergängen das Gefühl, man habe zwar einiges gewonnen, aber zugleich vielleicht etwas anderes unwiederbringlich verloren.[18] Es fällt schwer, sich auszumalen, wie es anders sein könnte.[19]

Alle diese Veränderungen beinhalten gewisse Konvergenzen, aber genauso wie im Fall der Menschenrechte reflektieren diese Annäherungen fortwährende, unumkehrbare Verschiedenheiten. Der weltumspannende Konsens in puncto Menschenrechte erscheint vielen Menschen gültig, aber in verschiedenen Umgebungen aus völlig verschiedenen Gründen. Manche werden das Recht auf Leben auf den Gedanken der Gottesebenbildlichkeit des Menschen stützen, andere auf das buddhistische Prinzip *ahimsa*, wieder andere auf die kantianische Vorstellung von der Würde

---

18 Siehe Pierre Clastres, *La société contre l'état*, Paris: Minuit 1974. Die Veränderungen der Achsenzeit werden von Taylor (in dem bereits genannten Buch *Ein säkulares Zeitalter*) erörtert.

19 Siehe Gopal Sreenivasan, »What Is the General Will?«, in: *Philosophical Review* 109 (2000), 545-581.

des Menschen als eines vernünftigen Akteurs und nochmals andere auf das utilitaristische Prinzip der Leidensvermeidung. Was unsere tiefsten Basisgründe betrifft, sind wir einem Konsens nicht näher gekommen. Es mag zwar sein, daß wir übereinstimmend der Meinung sind, Fortschritte erzielt zu haben, wenn wir beispielsweise eine neue Menschenrechtskonvention unterzeichnen, aber zugleich sind wir grundverschiedener Meinung darüber, worin dieser Fortschritt eigentlich besteht. Verwirklichen wir damit die Träume der Aufklärung des achtzehnten Jahrhunderts? Oder nähern wir uns dem Willen Gottes? Oder schreiten wir vorwärts auf dem Pfad Buddhas?

Darin spiegelt sich das Verhältnis, das wir zwischen den verschiedenen Umwälzungen der Achsenzeit wahrnehmen. Es steht außer Zweifel, daß es beispielsweise zwischen den Lehren Platons, der Propheten Israels und Buddhas gewisse Affinitäten gibt, aber dennoch bleiben tiefreichende, basisontologische Differenzen bestehen.

4

Auf der wissenschaftlichen wie auf der kulturell-ethischen Ebene ist zu erkennen, daß es triftige Gründe moralischer wie intellektueller Art gibt, die dafür sprechen, weiterzumachen und eine Vereinigung der Perspektiven anzustreben, aber nicht minder gute Gründe dafür, unsere diesbezüglichen Aussichten nicht allzu optimistisch einzuschätzen. Das ist die prekäre Situation, der unser robuster, aber zugleich pluralistischer Realismus besonders gerecht wird. Dabei handelt es sich keineswegs um die dogmatische Überzeugung, eine Vereinigung sei gar nicht möglich, sondern bloß um gesunde Urteilsenthaltung bezüglich der Frage, ob die Vereinigung letzten Endes gelingen kann. Damit geht die Einsicht einher, daß es sich durchaus lohnt, sich für die fortschreitende Vereinigung einzusetzen, und daß es sich bei einigen von uns sogar um einen Glauben handelt, der uns dazu drängt, es immer weiter zu versuchen.

Register

Charles Taylor im Suhrkamp Verlag

Die Formen des Religiösen in der Gegenwart. Aus dem Englischen von Karin Wördemann. stw 1568. 101 Seiten

Hegel. Aus dem Englischen von Gerhard Fehn. stw 416. 772 Seiten

Laizität und Gewissensfreiheit. Charles Taylor / Jocelyn Maclure. Aus dem Französischen von Eva Buddeberg und Robin Celikates. 148 Seiten. Gebunden

Multikulturalismus und die Politik der Anerkennung. Aus dem Amerikanischen von Reinhard Kaiser. Mit Kommentaren von Amy Gutmann, Stephen C. Rockefeller, Michael Walzer, Susan Wolf und einem Beitrag von Jürgen Habermas. stw 1929. 165 Seiten

Negative Freiheit? Zur Kritik des neuzeitlichen Individualismus. Aus dem Englischen von Hermann Kocyba. Mit einem Nachwort von Axel Honneth. stw 1027. 320 Seiten

Quellen des Selbst. Die Entstehung der neuzeitlichen Identität. Aus dem Englischen von Joachim Schulte. stw 1233. 912 Seiten

Ein säkulares Zeitalter. Aus dem Englischen von Joachim Schulte. 1297 Seiten. Gebunden

Das Unbehagen an der Moderne. Aus dem Englischen von Joachim Schulte. stw 1178. 144 Seiten

NF 171/1/9.11

Wieviel Gemeinschaft braucht die Demokratie? Aufsätze zur praktischen Philosophie. Aus dem Englischen von Holger Fliessbach u. a., aus dem Französischen von Hans Günter Holl. stw 1569. 288 Seiten

Zu Charles Taylor

Michael Kühnlein/Matthias Lutz-Bachmann (Hg.). Unerfüllte Moderne? – Neue Perspektiven auf das Werk von Charles Taylor. stw 2018. 874 Seiten

NF 171/2/9.11